广州市教育科研规划课题"基于GeoGebra初中动态几何问题的深度教学研究"
（编号202418982）阶段性研究成果

技术赋能 深度教学

—— GeoGebra 与中学数学的深度融合

刘护灵 著

· 广州 ·

版权所有　翻印必究

图书在版编目（CIP）数据

技术赋能　深度教学：GeoGebra与中学数学的深度融合/刘护灵著. -- 广州：中山大学出版社，2025.3. -- ISBN 978-7-306-08360-9

Ⅰ. ①G634.603

中国国家版本馆CIP数据核字第2025UJ1238号

出　版　人：	王天琪

策划编辑：李　文

责任编辑：李　文

封面设计：林绵华

责任校对：曹丽云

责任技编：靳晓虹

出版发行：中山大学出版社

电　　话：编辑部 020-84110776，84113349，84111997，84110779，84110283
　　　　　 发行部 020-84111998，84111981，84111160

地　　址：广州市新港西路135号

邮　　编：510275　　传　真：020-84036565

网　　址：http://www.zsup.com.cn　E-mail：zdcbs@mail.sysu.edu.cn

印　刷　者：广州市友盛彩印有限公司

规　　格：787mm×1092mm　1/16　16.25 印张　350 千字

版次印次：2025年3月第1版　2025年3月第1次印刷

定　　价：50.00元

如发现本书因印装质量影响阅读，请与出版社发行部联系调换

前　言

在新一轮的课程改革中，信息技术与数学教学的深度融合正以它独特的方式影响着数学教育系统结构的变革。GeoGebra 作为一款开源的，集几何、代数、概率、统计和微积分等于一体的动态数学软件，支持中文指令，可以进行数式、变量及关系运算。代数区、绘图区、运算区及表格区等功能区既相对独立，又互联互通，能够实现数形结合和多维度地表征数学对象。基于 GeoGebra 数学软件，教师一方面可以开发数学学科资源，满足学生个性化学习的需求，另一方面可以引导学生开展自主探究，实现深度学习。GeoGebra 带给我们的不仅更加方便快捷的教学，更是理想的深度学习平台和深度教学工具，可以说，"懂得 GeoGebra，她就给你独到眼光，让你洞悉数学世界"。

GeoGebra 软件不仅免费而且功能强大，但很多中小学老师却感觉 GeoGebra 入门比其他画板软件困难。如何才能做到"快多好省"地学习 GeoGebra 呢？笔者经过多年的实践认为，GeoGebra 的学习和数学解题的学习过程类似，分析典型例题是学会数学解题的基本途径，GeoGebra 的学习也需要在复现经典案例中学习，而且和解题的要求一样，不能在求得某题的答案后赶紧做下一题，而是要在典型的问题上适当停留，通过回顾和反思，探究一题多解，思考变式问题，从特殊到一般化进行探究，即以典型问题为母题，衍生出多种变式，从多个角度思考问题，领会各个指令的作用，达到举一反三、触类旁通的目的。

笔者从接触 GeoGebra 开始，就深深地被她的魅力所吸引，通过 GeoGebra 进行可视化的制作和探究过程，可以化解"数学学科具有高度的抽象性、严密的逻辑性和广泛的应用性，难学、枯燥"的窘境。2018 年开始立项研究动态数学软件 GeoGebra 在初中、高中的教学应用，先后主持与 GeoGebra 有关的三个课题获得广州市（区）及广州市教研院、广州市中学数学学会的立项并结题，制作了数万个 GeoGebra 精品课件，在"GeoGebra 与数学深度融合"公众号平台上发表 GeoGebra 基础教程 30 多个、进阶制作教程 200 多个、教学案例上千个，在全国各地开展信息技术（GeoGebra）的应用培训 30 多场，积累了丰富的课件制作技术和可应用于教学的精品案例。

为了更好地分享笔者的研究经验和成果，本书精选了若干个一线教师或学生亟须掌握的基础、进阶技术和近 30 个典型的案例结集出版。全书立足于一线教师和学生教与学的要求，共六章。第一、第二章介绍 GeoGebra 的基本设置、基本操作和初学者亟须掌握的基本技巧；第三章介绍 12 个常用的 GeoGebra 课件进阶技术；第四、第五章是全书最核心的内容，结合初中、高中课本和中考、高考给出的 29 个经典案例，探讨初中、高中数学中的难点和热点；第六章是对 GeoGebra 和数学教学深度融合的思考，引导读者自主探究，提升数学学科核心素养。在典型的案例上力争多个方法（一题多解），归纳通法（多解归一），是本书的亮点之一。

GeoGebra 的学问博大精深，GeoGebra 的更新和技术迭代也一直在进行，希望本书能起到一个引子的作用。虽然网上也有各种学习的视频资源（包括笔者曾经做过的），但是，阅读纸质材料，能给人带来沉浸思考的乐趣，这也是本书出版的目的之一。希望本书能成为更多感兴趣的读者的参考资料。

在学习 GeoGebra 的过程中，笔者一直和 GeoGebra 学习群的各位老师、朋友进行了多次热烈的探讨和交流，感谢名单附在本书的结尾。这里特别提出要感谢的是，在本书的出版过程中，中山大学出版社的李文编辑、华南师范大学教务处彭上观博士给了很多的帮助，华南师范大学数学科学学院刘喆副教授给了建设性的修改意见，江苏省常州市第五中学张志勇老师，广州市天河区教师发展中心刘永东老师，广州市铁一中学钟进均老师，广州市东涌中学霍锐泉老师，湖北省石首市第一中学万述波老师，湖南师范大学袁智强教授，广东省江门五邑大学王喜建副教授，华南师范大学数学科学学院苏洪雨、谭枫、俞海波等教授给了许多鼓励和具体的建议。

虽然本书旨在通过 GeoGebra 软件实现信息技术与中学数学课程的深度融合，构建以学生为主体的师生互动智慧课堂，但受书籍的篇幅所限，为了让读者可以获取更多、更新的 GeoGebra 软件制作技术和教学案例，笔者专门开设了微信公众号，读者可以直接扫描二维码或者在微信上搜索公众号"GeoGebra

与数学深度融合",实时关注更多的信息和技术。

  本书适用各个学段的数学或理科教师、教研员或者对 GeoGebra 感兴趣的读者学习时参考,也适合感兴趣的小学生、中学生、大学生和研究生学习使用。

  由于作者的水平有限,书中难免有不足之处甚至错误,请广大读者不吝赐教,批评指正。

刘护灵

2024 年 7 月

目　　录

第1章　GeoGebra 经典 5 的下载和基本设置 ……………………………… (1)
　1.1　下载和安装 ……………………………………………………………… (1)
　1.2　基本设置 ………………………………………………………………… (2)
　　1.2.1　字号 ………………………………………………………………… (2)
　　1.2.2　勾选"只显示新点标签" …………………………………………… (3)
　　1.2.3　设置坐标轴和网格 ………………………………………………… (4)
　1.3　字母标签显示为罗马字体 ……………………………………………… (6)
　　1.3.1　逐个字母进行修改 ………………………………………………… (6)
　　1.3.2　利用按钮的脚本批量修改字母的标签 …………………………… (7)
　1.4　简化设置的一个妙招 …………………………………………………… (9)
　1.5　灵活使用绘图区 1、绘图区 2、3D 绘图区 …………………………… (9)
　1.6　一点小建议：直接学习指令，理解指令和指令的嵌套 ……………… (10)

第2章　GeoGebra 初学者亟须掌握的问题 ……………………………… (13)
　2.1　如何学习他人的作品 …………………………………………………… (13)
　2.2　如何快速输入问题或题目 ……………………………………………… (14)
　2.3　如何输入简单的函数、直线、圆锥曲线 ……………………………… (16)
　2.4　如何绘制分段函数和给定区间的函数 ………………………………… (17)
　　2.4.1　分段函数 …………………………………………………………… (17)
　　2.4.2　给定区间函数 ……………………………………………………… (19)
　2.5　如何制作自定义工具提高效率 ………………………………………… (20)
　2.6　如何输入静态文本和动态文本 ………………………………………… (23)
　2.7　如何进行静态或动态涂色 ……………………………………………… (24)

2.8 如何利用 GeoGebra 软件制作精美的试卷图形 …………… (30)

第 3 章 12 个常用的 GeoGebra 课件进阶技术 …………… (34)

3.1 如何绘制三等分点（角）或 n 等分点（角） …………… (34)

    3.1.1 如何绘制三等分点或 n 等分点 …………… (34)

    3.1.2 如何绘制三等分角或 n 等分角 …………… (35)

3.2 如何绘制重叠面积 …………… (38)

3.3 如何快速绘制翻折的动态效果 …………… (39)

    3.3.1 直接使用"对称"指令绘制准确的静态效果 …………… (39)

    3.3.2 利用"伸缩"指令绘制翻折的动态效果 …………… (40)

3.4 如何利用"最小值点"指令进行精准绘图 …………… (42)

    3.4.1 利用"最小值点"精确绘制图形 …………… (42)

    3.4.2 最小值点指令练习 1 …………… (44)

    3.4.3 最小值点指令练习 2 …………… (47)

3.5 如何绘制折线上的匀速动点 …………… (48)

3.6 如何绘制分段轨迹和让轨迹逐渐出现 …………… (56)

3.7 如何利用脚本制作"启动（暂停）""跟踪（不跟踪）"等按钮 …………… (58)

    3.7.1 制作"启动（暂停）"按钮 …………… (59)

    3.7.2 制作"跟踪（不跟踪）"按钮 …………… (59)

3.8 如何让动点或滑动条在指定位置暂停 …………… (60)

3.9 如何制作连续动画 …………… (61)

3.10 如何利用脚本制作三视图的按钮 …………… (63)

3.11 如何利用图层进行快速分页 …………… (65)

3.12 如何绘制周期函数 …………… (68)

    3.12.1 问题分析 …………… (68)

    3.12.2 秘诀在于取整运算的 floor、ceil 或 round 函数 …………… (69)

    3.12.3 利用取整函数绘制周期函数的原理 …………… (69)

    3.12.4 试验推广 …………… (70)

3.12.5　问题正解 ·· (71)
　　3.12.6　周期函数还可用序列＋平移 ····························· (74)

第4章　GeoGebra 软件制作初中若干经典案例 ·················· (75)
　4.1　神奇的正方体的堆积及其变式问题 ···························· (75)
　4.2　月历制作 ·· (79)
　4.3　美丽的图形——$\sqrt{n}$ 的长度 ····································· (82)
　4.4　美丽多彩的毕达哥拉斯螺旋 ···································· (85)
　4.5　绚丽多姿的勾股树（迭代的经典） ···························· (89)
　4.6　渗透祖国数学文化的圆周率的计算 ···························· (97)
　4.7　利用信息技术探索位似图形的性质 ···························· (99)
　4.8　最短路径的一个经典问题和拓展 ······························ (101)
　4.9　最值系列之旋转相似（瓜豆原理）的制作 ·················· (103)
　4.10　灵活使用序列、迭代、映射等指令绘制有规律的点阵 ····· (107)
　4.11　多分享数学解题、GeoGebra 软件制作中的失败 ·········· (111)
　4.12　妙用"整体旋转"绘制一类中考考题 ······················· (116)
　4.13　利用 GeoGebra 软件研究初中常见的各种几何模型 ······ (121)
　　4.13.1　特例感知 ··· (121)
　　4.13.2　模型提炼 ··· (123)
　　4.13.3　模型变式或拓展 ··· (124)
　　4.13.4　模型相关的中考题 ······································ (125)
　4.14　巧用迭代方法绘制一类规律问题 ···························· (126)
　4.15　利用迭代＋追加指令，绘制一类以列表长度为迭代次数的
　　　　规律图形 ·· (131)
　4.16　灵活使用一元迭代、二元迭代或多元迭代 ·················· (136)

第5章　GeoGebra 制作高中若干经典案例 ······················· (144)
　5.1　GeoGebra 软件绘制过点和函数相切的切线（修正原切线指令的
　　　不足） ·· (144)

5.2 函数的极值点（分数文本和根式文本的处理） …………… (149)

5.3 列表描点连线研究对勾函数 ………………………………… (152)

5.4 制作神奇的放大镜（"看清"指数、对数函数的交点） …… (157)

5.5 从"阿波罗尼斯圆"到"阿波罗尼斯球" …………………… (160)

5.6 斜率之积是定值的点的轨迹（椭圆、双曲线等） …………… (164)

5.7 圆锥曲线的统一定义（隐式曲线） …………………………… (166)

5.8 椭球和正方体棱的交点个数探究 ……………………………… (168)

5.9 巧用"球的交点"绘制立体几何问题 ………………………… (173)

5.10 递推数列之统一迭代法（"加一维"迭代） ………………… (177)

5.11 追加指令的进一步应用（表格文本和表格不同列的涂色） ……………………………………………………………… (179)

5.12 绘制彩色、动态、精美的频率分布直方图 ………………… (183)

5.13 妙用矩阵的逆反运算绘制平面、空间向量基本定理 ……… (192)

  5.13.1 平面向量基本定理的制作步骤 ……………………… (196)

  5.13.2 空间向量基本定理的制作步骤 ……………………… (198)

第6章 关于 GeoGebra 软件和数学教学深度融合的思考 ………… (201)

6.1 在纸笔考试不变的情况下，信息技术（含 GeoGebra）的作用是什么 ……………………………………………………… (201)

6.2 融合案例1：探寻架设问题解决的桥梁
——基于 GeoGebra 对 2023 年广东省中考第 23 题的深度探究 …………………………………………………………… (204)

6.3 融合案例2：培养直观想象，发展理性思维
——以 2023 年广州市中考第 24 题的教学为例 ………… (213)

6.4 融合案例3：让学习可见，让思维发生
——以 2022 年广州市中考第 25 题的探究为例 ………… (223)

6.5 融合案例4：借助信息技术（GeoGebra）探究一道高考模拟题的曲折过程 ……………………………………………… (232)

6.6 融合案例5：始于直观想象，终于逻辑推理

——以2022年全国新高考Ⅰ卷第8题为例 ……………（237）

参考文献 ………………………………………………………（243）

后记

——"可可托海的牧羊人"的故事和GeoGebra软件案例学习 ……（245）

第 1 章　GeoGebra 经典 5 的下载和基本设置

1.1　下载和安装

作为功能强大的数学动态软件，GeoGebra 软件的下载和非商业使用都是免费的，哪怕是偏远山区的教师或学生也能轻松获得和使用它！

读者可在各种搜索引擎搜索"geogebra"，或者输入网址 https：//www.geogebra.org/，进入官网，或者进入陈超老师制作的中国镜像网站 https：//ggb123.cn/，可以看到首页，如图 1-1-1 所示。

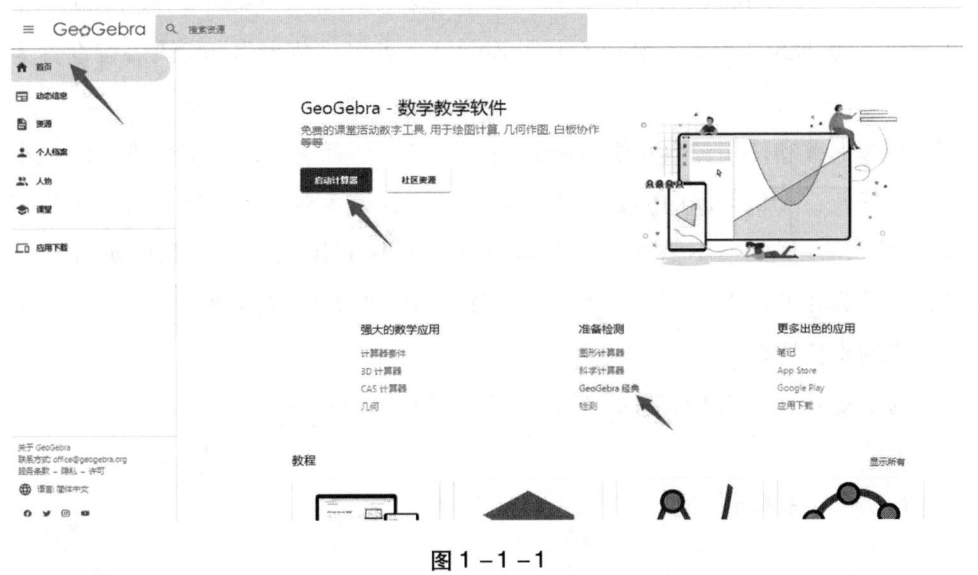

图 1-1-1

点击"启动计算器"，或者"准备检测"中的"GeoGebra 经典"，即可无须安装，直接在线使用，但如果想保存作品，则需要点击登录（若没有账号，则先注册一个）。

点击"应用下载"，可以看到丰富的产品，如图 1-1-2 所示。

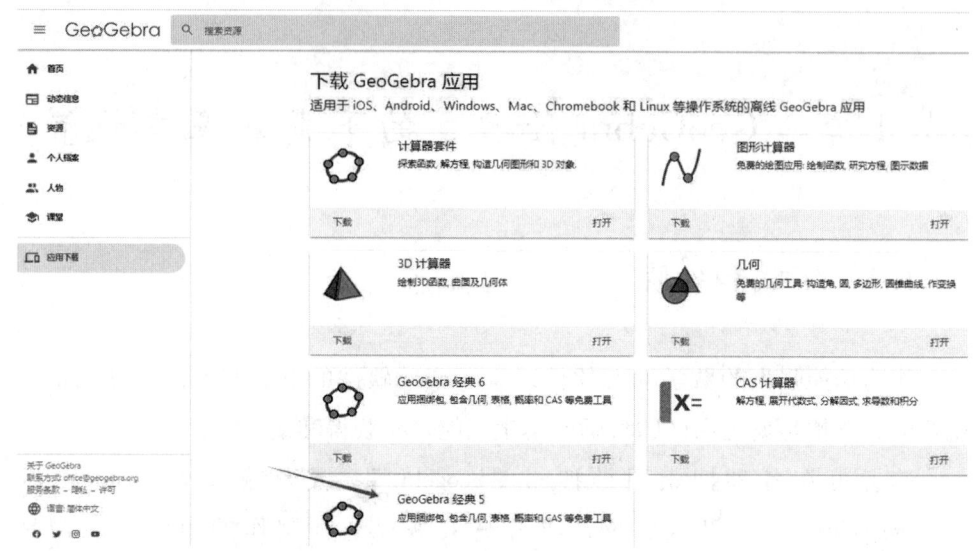

图1-1-2

点击"GeoGebra 经典5"版本（本书主要使用经典5版本，截至2023年11月，最新的5.2版本安装包不超过80 M），点击"安装"，默认语言设置为"简体中文"。

能否下载和使用经典6版本呢？当然可以！笔者认为，使用经典5的版本有三大好处：①目前国内的教程大部分以经典5为版本；②经典6的版本其实和网页版是一样的，不需要另外下载安装，直接利用网页制作和网页分享即可，但计算和处理能力不一定比经典5强；③经典5版本的指令栏，对于中文输入法的支持比较好。

为了更好地使用GeoGebra软件，建议进行如下设置。

1.2 基本设置

GeoGebra软件可以让使用者按照自己的习惯和需求对界面进行设置，非常方便、灵活。以下设置仅仅是根据笔者个人习惯，目的是使得所做的课件更加精美。

1.2.1 字号

字号和自身使用的电脑显示器屏幕有关。如笔者的台式机显示器屏幕为

20寸，笔者一般设定字号为"16点"，其他尺寸或不同分辨率的显示器，请根据自己需求设定，如图1-2-1所示。

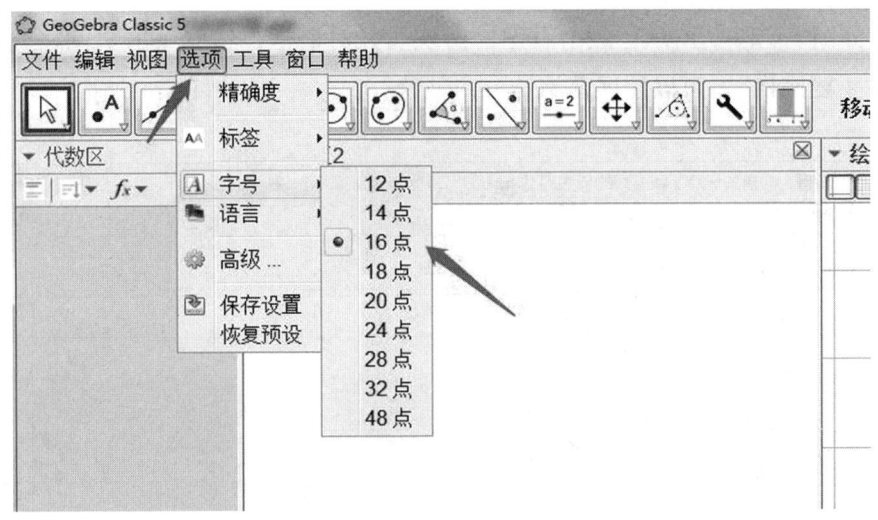

图1-2-1

1.2.2 勾选"只显示新点标签"

如图1-2-2所示，点击"选项"→"标签"→"只显示新点标签"。

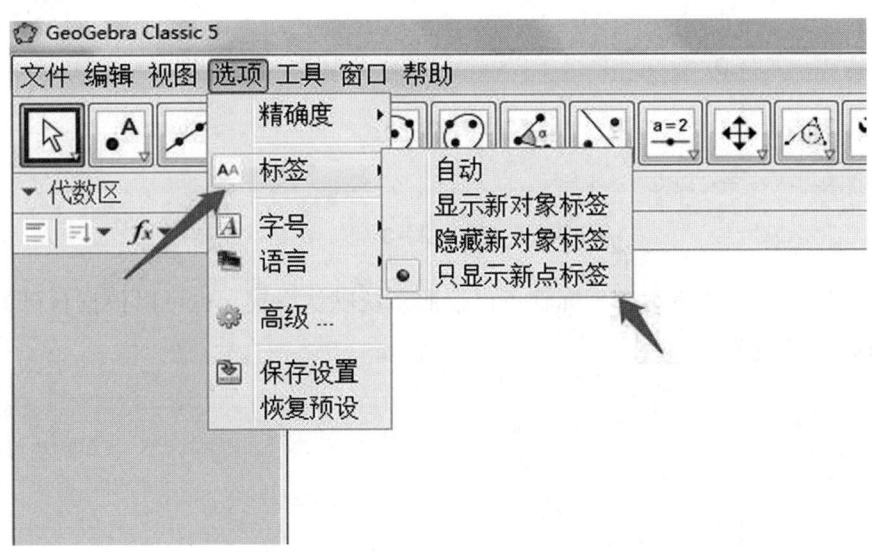

图1-2-2

目的：可以让图形干净一些。

1.2.3 设置坐标轴和网格

如图1-2-3所示，点击右键，出现属性对话框，然后点击"网格"，选择"主要网格"，可以使屏幕简洁一些。

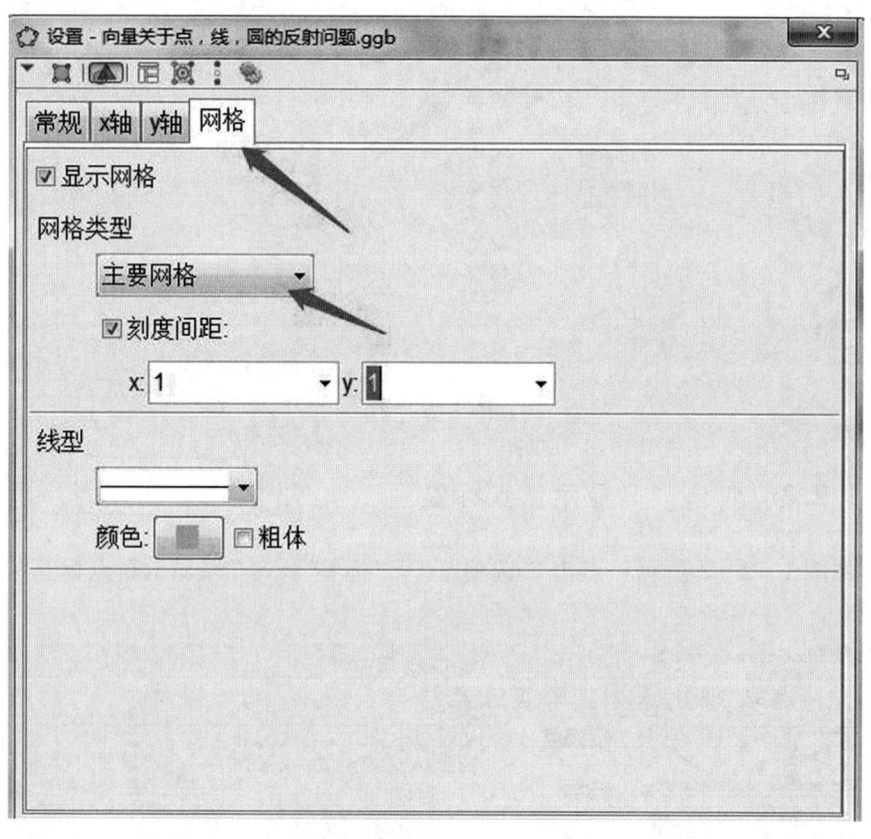

图1-2-3

如图1-2-4所示，坐标轴可以按照系统默认设置，也可以根据自己的需要进行灵活设置。

图 1-2-4

注意：设置完之后，点击"选项"→"保存设置"，这样在这台电脑上，下次打开之后就不需要重新设置了。如图 1-2-5 所示。

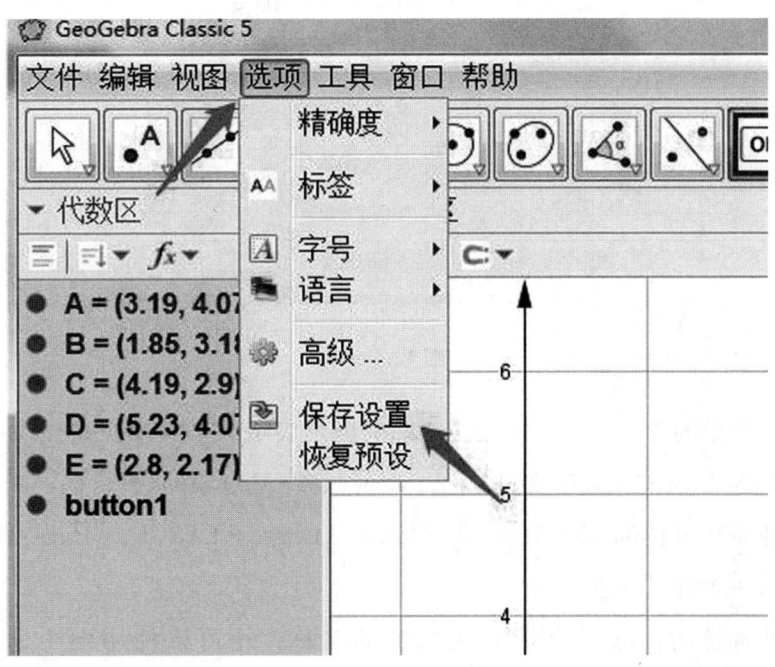

图 1-2-5

1.3 字母标签显示为罗马字体

GeoGebra 软件原始的字母标签并不像几何画板那样"好看"。但是它也提供了利用 LaTeX 进行美化的方法。修改标签的方法如下。

1.3.1 逐个字母进行修改

如图 1-3-1 所示,选择"点",然后点击右键,在该点的 Caption(标题)属性中输入" $\large{%n}$ "。

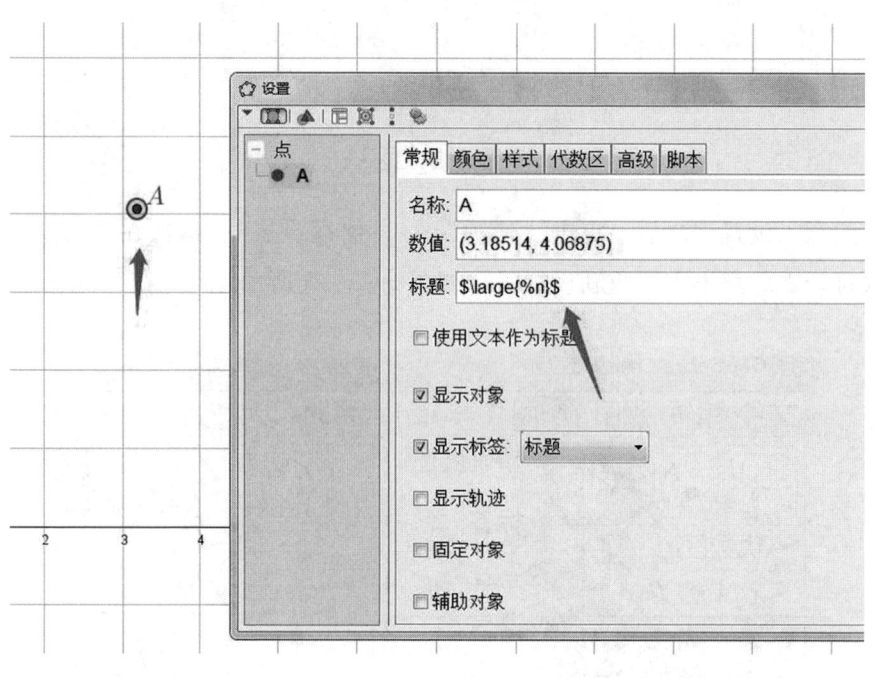

图 1-3-1

这个命令的含义如下:两个 $ 之间的内容表示一个数学公式,\large{} 是一个 LaTeX 命令,%n 是对象的名称(name),%v 是对象的数值(value)。类似的命令还有\tiny;\small;\normal;\large;\Large;\LARGE;\Huge;\huge,大家可以每一个都试一下。

修改标签时,除了直接输入标签的名称,还可以使用两个通用参数"%n"、"%v",如图 1-3-2 所示。这样写有一个好处:如果想修改多个标签，则在设置好一个标签后，把设置好的内容拷贝到其他对象的属性栏里即可，从而减少击打键盘的次数。

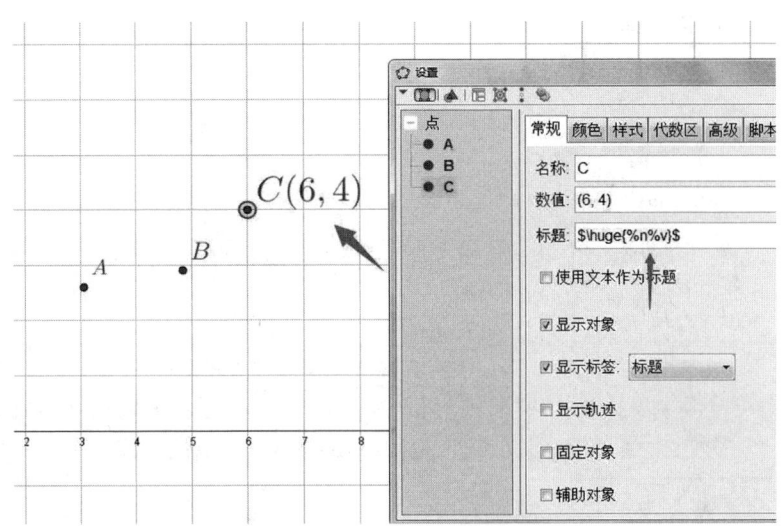

图 1-3-2

一般而言，最大字号命令是\Huge{ }，而使用此命令得到的字母大小约等于使用文本缩放命令\scalebox{2.5}{ }得到的字母大小。

如果想要显示更大的标签字母，则可以使用文本缩放命令，将缩放倍数设置得大一点即可。也就是说，在显示效果上：

\Huge{B} ≈ \scalebox{2.5}{B}

在修改标签文本的大小时，名称参数 %n 和数值参数 %v 同样适用于文本缩放命令中。

但上述的方法要对每个点进行设置，如果点的数目比较多，会比较麻烦。

1.3.2 利用按钮的脚本批量修改字母的标签

在 GeoGebra 软件里添加一个按钮，在它的属性里单击脚本写入：

```
var allPoints = ggbApplet.getAllObjectNames("point");
for (index in allPoints) {
    var commandStr = "SetCaption(" + allPoints[index] + ", \" $ \Large{%n}$ \")";
```

　　　　ggbApplet. evalCommand(commandStr) ;

　　}

然后"确定"即可,如图 1 – 3 – 3 所示。

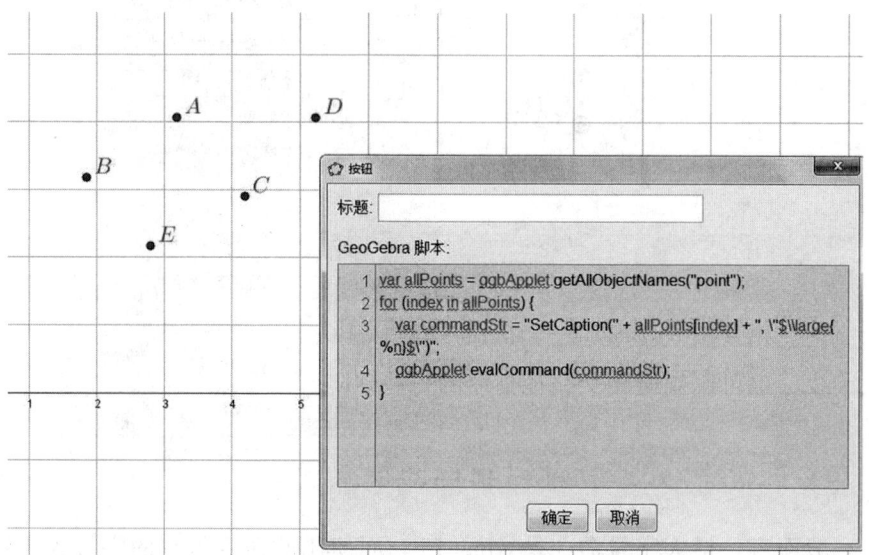

图 1 – 3 – 3

　　建议使用者把上述这一段文字保存在一个记事本中,这样可以随时打开进行复制和粘贴。

还可以是下面这段文字:

var allPoints = ggbApplet. getAllObjectNames("point") ;
for (index in allPoints) {
　　var commandStr = "SetCaption(" + allPoints[index] + ", \" $ \scalebox
{1.3}{{%n}} $ \")";
　　ggbApplet. evalCommand(commandStr) ;
}

　　其中的数值"1.3"可以任意调整,这样更加方便。

　　注意:这段文字可以在笔者的公众号—历史文章中搜索"标签"获得。

1.4 简化设置的一个妙招

选择一个"高手"制作的 GeoGebra 文件（其所带的自定义工具较为适合自己的教学需求），打开之后点击"选项"→"保存设置"，可以把他人的自定义工具、风格保存下来，省时省力！

如笔者的 GeoGebra 文件有较多的自定义工具，设置的风格比较适合初中数学教学，可以酌情选用。

注意：GeoGebra 网页版或 GeoGebra 经典 6 的设置和上述经典 5 的类似，大家也可以自行探索和设定。

1.5 灵活使用绘图区 1、绘图区 2、3D 绘图区

GeoGebra 软件非常"体贴"地设置了 3 个绘图区，而且这三个绘图区是可以相互联动的，笔者一般把绘图区 2 放在左边，在绘图区 2 放置原题和原图（静态图），而在绘图区 1 或 3D 绘图区绘制动态图，如此布局既可体现"审题"的重要性，同时也体现了 GeoGebra 软件静态和动态相互融通的特点，如图 1-5-1 所示。

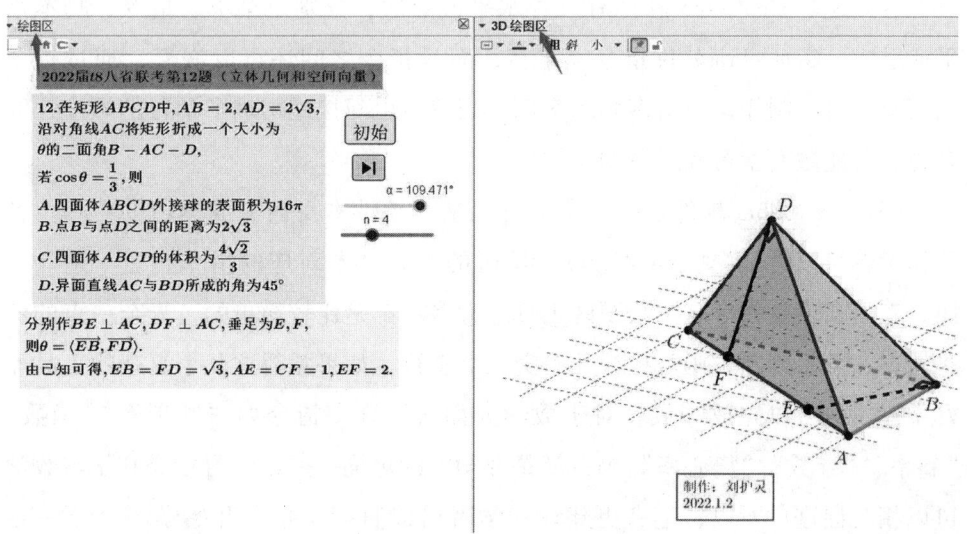

图 1-5-1

绘图区的激活，可以使用指令：

设置活动视图（<视图编号 1 或 "G" – 绘图区 | 2 或 "D" – 绘图区 2 | –1 或 "T" – 3D 绘图区 | "A" – 代数区 | "S" – 表格区 | "C" – CAS >）

设置活动视图（平面）：

在 GeoGebra 软件中，可以设置任何平面的平面视图，具体创建方法：在 3D 绘图区中选中平面，按右键创建平面视图。这个对于立体几何非常方便！

说明："设置……"的指令很多，可以实现各种需要的效果。如果忘记了，可以随时查询指令汇编或者 GeoGebra 文件中的指令帮助。

1.6 一点小建议：直接学习指令，理解指令和指令的嵌套

与几何画板等软件相比，GeoGebra 软件融合了现代数学的知识，所以它不是一个纯粹的画板，GeoGebra 制作课件时，主要是用指令实现，指令有五六百条，非常丰富，也正因为有指令，所以它跟现代数学，包括向量、复数、离散数学、数学分析、解析几何、高等代数、概率论等众多数学知识联系起来了。

有人说学 GeoGebra 软件有三种水平或层次，分别是菜单、指令、脚本水平或层次。GeoGebra 软件指令很丰富，而且指令之间还可以嵌套，通过指令的嵌套，可以制作出丰富多彩的案例，当然，也间接地增加了学习的难度，或者说有可能激发学习和思考的乐趣！

好在 GeoGebra 软件是一个完全可以基于软件本身而完成学习的工具。各位初学者可以尝试先把 GeoGebra 绘图区的工具（及对应的指令）过一遍。一般，工具名就是指令名。绘图区工具绝大多数都是比较简单的，复杂一点的就是轨迹、关系判断、函数检视几个交互类工具。如果觉得这几个复杂的工具不好掌握，也可以先放一放。对于数学人而言，许多指令如"映射""函数""斜率""导数""离心率"等，就是数学上的名词，所以学习指令和学习数学可以相互促进！所以，笔者更建议初学者可以直接从指令开始学习（不一定像几何画板一样从菜单工具栏开始），逐渐理解嵌套指令的好处。

指令的查阅可以看唐家军老师的翻译文章《GeoGebra5 经典版指令汇编》，目前更新到 20190306 版，此后 GeoGebra 软件仍在不断地更新，还有一些重要的新指令，如"折线图"等，指令汇编并没有加入。

读者也可以查看 GeoGebra 软件自带的"指令帮助"，里面有常用的指令说明，如图 1-6-1 所示。

图 1-6-1

当然，官网 https：//wiki.geogebra.org/的在线指令帮助，也是很好查询的资料。

GeoGebra 软件的脚本可以利用编程实现，这使得它的功能非常强大！而且它免费开源，许多爱好者都可以对其进行改进，所以深受人们的喜爱。

为了让国内的读者更好地使用 GeoGebra 软件，本书使用的是对中文指令支持较好的经典 5 版本，同时也做一个简要的说明：截至目前，在中文指令中，除中文外，其他符号都须使用英文状态下的，否则指令会报错。

第 2 章　GeoGebra 初学者亟须掌握的问题

GeoGebra 软件功能极其强大，常用、常思才能更加熟悉。笔者也是经历了由懵懂到熟练的过程。从初学者角度，笔者结合自身的学习和实践，大致梳理了如下的问题。

2.1　如何学习他人的作品

GeoGebra 官网和各 QQ 学习群有大量 GeoGebra 课件，可供学习的资源非常丰富！每一个 GeoGebra 课件自带作图过程，如图 2－1－1 所示，它自动记录每一步的构图过程（不包括脚本）。查看作图过程的方法：依次点击菜单栏的"视图"→"作图过程"。构图过程的存在，使得 GeoGebra 不存在什么秘密，有利于别人读懂原作者的思路，进而去模仿和创造。实际上，GeoGebra 软件最难的地方，在于抽象的数学知识＋复杂的指令嵌套，初学者需要有耐心，从简单到复杂地学习。

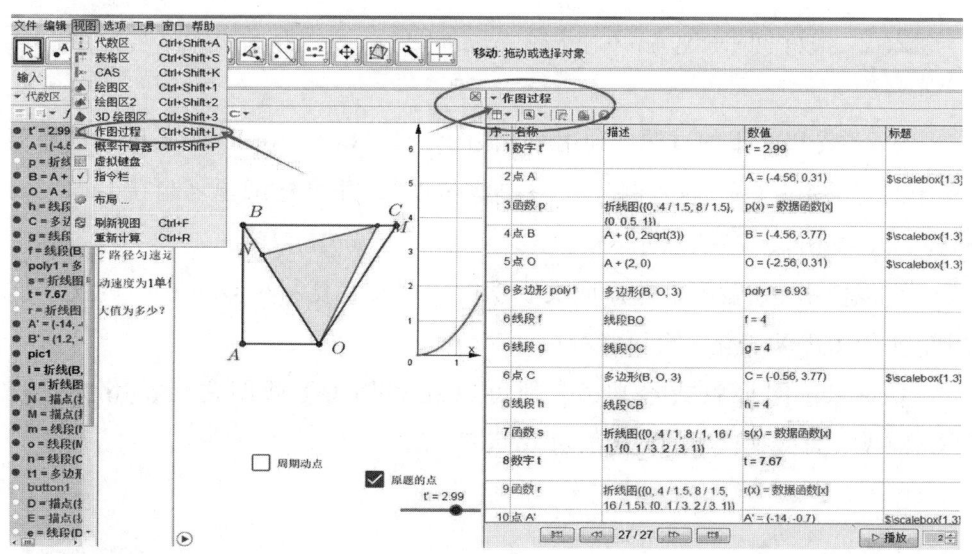

图 2－1－1

至于脚本的查看也很简单，如图 2-1-2 所示，你只要点击按钮的属性，查看"脚本—单击时"或"脚本—更新时"或"脚本—全局 JavaScript"，这有助于我们理解和学习。

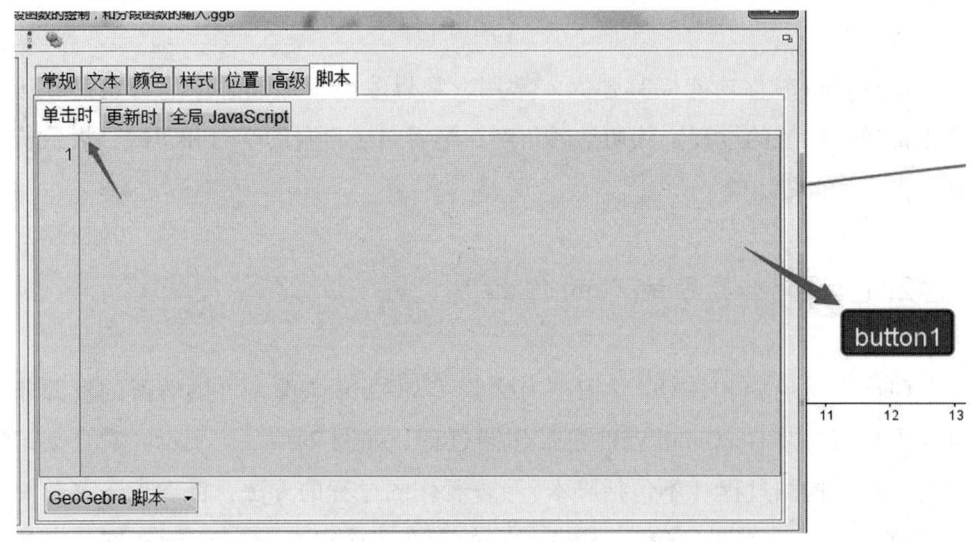

图 2-1-2

脚本内容和编程有一定的关系，如果仅仅是制作中小学课件，只要掌握常见的赋值、设置标题、设置跟踪等脚本就够用了。

2.2 如何快速输入问题或题目

Word 或 PDF 上的试题，利用 QQ 截图工具（Ctrl + Alt + A）截图后选择菜单中的"编辑"→"插入图片"→"剪贴板"，即可把试题复制在 GeoGebra 软件上，如图 2-2-1 所示。

可以使用 QQ 截图中的提取文字功能，把文字复制在 GeoGebra 的文本框中，加上 LaTeX 美化，会更好看！

GeoGebra 网页版或经典 6，则可以在利用 QQ 截图之后，用快捷键"Ctrl + V"直接把试题的截图放进 GeoGebra 中。

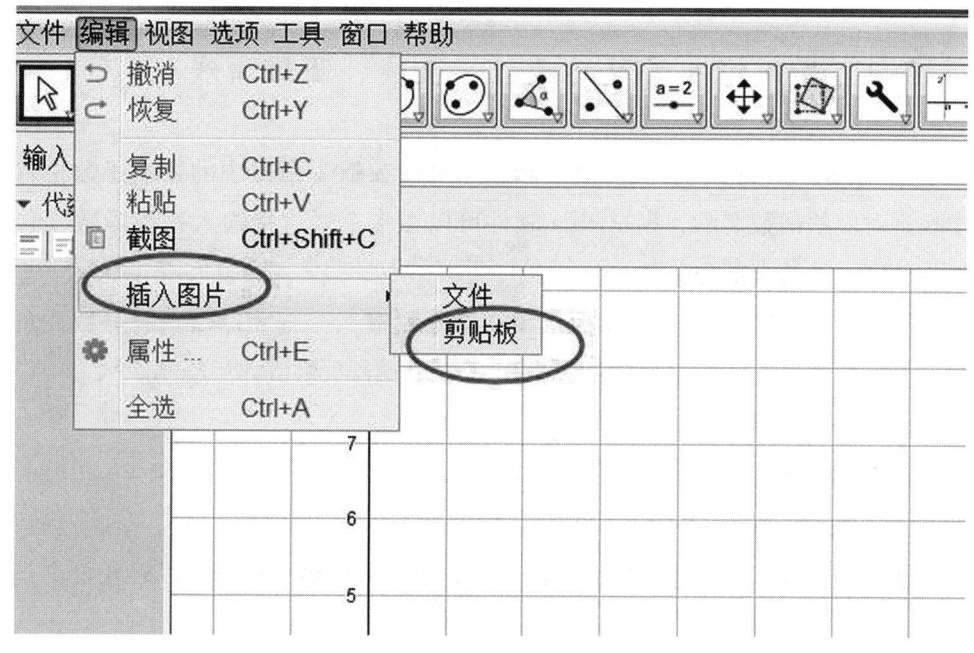

图2-2-1

还可以在菜单栏的"图片"中插入试题的截图（需要事先存储好图片），如图2-2-2所示。

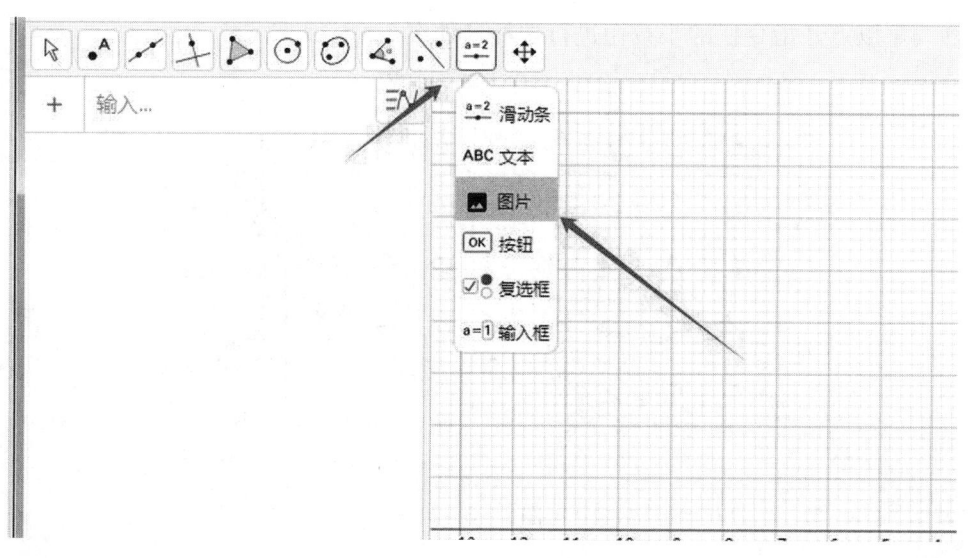

图2-2-2

2.3 如何输入简单的函数、直线、圆锥曲线

GeoGebra 软件内置了很多数学函数，可以在指令帮助中的数学函数栏目中找到对应的函数名称，GeoGebra 软件可以在指令栏直接输入这些函数（包括小学到大学的大部分函数）。

【说明】①上标用"^"，例如：x 在指令栏输入："x^3"。②遇有分数或负数，最好加括号。③给定区间的函数用 if 语句或者布尔值方法绘制。

【例1】作函数 $f(x) = x^2 + 1$，$x \in [1, 3]$。

方法 1，指令：$f(x)$ = if $[1 <= x <= 3, x^2 + 1]$。

方法 2，指令：$(x^2 + 1) / (1 < x < 3)$。

注意：方法 2 使用布尔值限定的方法，具有一般性，而且可以轻松推广到 3D 绘图。

【例2】作函数 $f(x) = x^2$，$x < -2$ 或 $x > 2$。

方法 1，指令：if $[x < -2 \vee x > 2, x^2]$。

说明："且"用符号 & 或者 ∧ 连接，"或"用 ∨ 或者 ∥（两个短竖线），"非"用英文状态下的感叹号！或者 ¬ 实现。

可以点开指令栏的小按钮进行选择，如图 2-3-1 所示。

图 2-3-1

方法 2，指令：$x^2 / (x < -2 \| x > 2)$。

【例 3】作函数 $y = \sin x$，$y > 0$。

指令：if $[\sin (x) > 0, \sin (x)]$。

【例 4】（2022 年高考甲卷第 5 题）函数 $y = (3^x - 3^{-x})\cos x$ 在区间 $\left[-\dfrac{\pi}{2}, \dfrac{\pi}{2}\right]$ 的图像大致为（　　）。

指令：$(3\wedge x - 3\wedge(-x)) \cos (x) / (-\pi/2 < x < \pi/2)$。

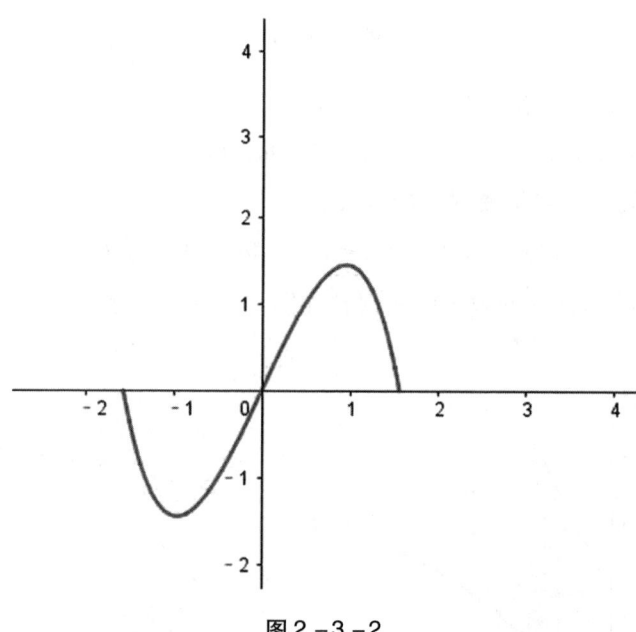

图 2-3-2

注：π 这样输入——按着 Alt + P，或者输入 pi。

解析几何中直线、圆、椭圆等曲线，可以直接输入方程，得到的是隐式曲线，这个输入方法和上述类似，此处不再举例。

2.4　如何绘制分段函数和给定区间的函数

2.4.1　分段函数

主要有"如果"指令法和"数值与布尔值混合运算"法。其中，"如果"指令法是通法，而且适应性广，也比较好理解。

如图 2-4-1 所示的函数为例。

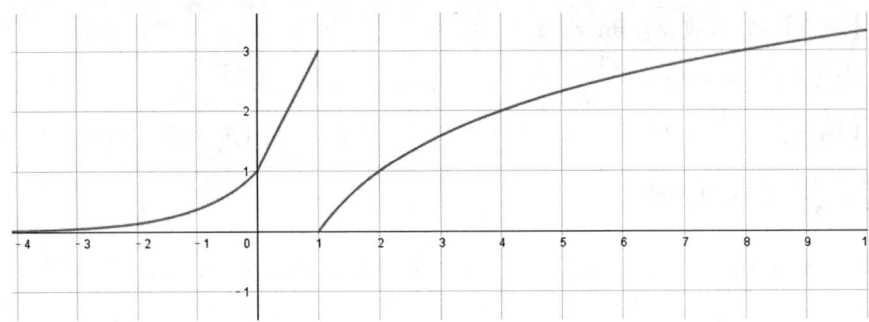

图 2-4-1

方法 1，"如果"指令法。

如果 $(x \leq 0, e^{\wedge}x, 0 < x \leq 1, 2x+1, \log(2, x))$。

方法 2，数值与布尔值混合运算法。

$e^{\wedge}x \ (x \leq 0) + (2x+1)(0 < x \leq 1) + \log(2, x)(x > 1)$

但用此法绘制得到的效果图错误，如图 2-4-2 所示。

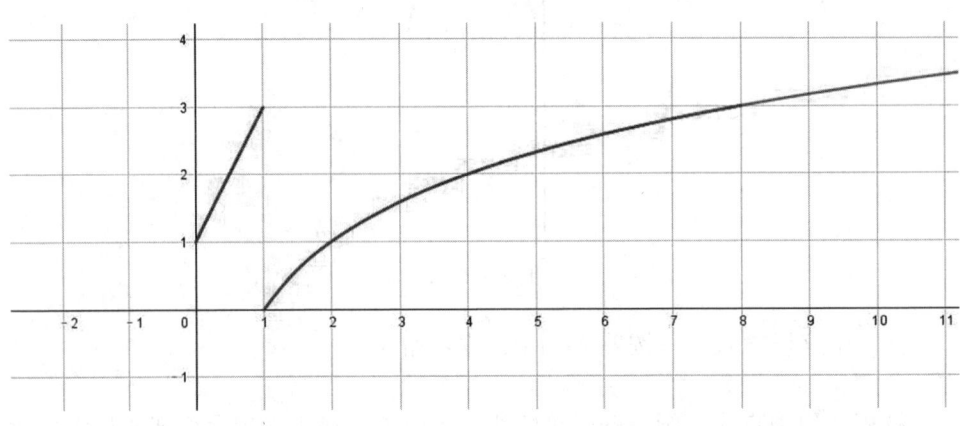

图 2-4-2

这需要修改，但方法和初高中的数学不一样，所以，建议使用"如果"指令法。

至于在文本中分段函数的输入方法和方程组的输入方法类似，可以使用 LaTex，即如图 2-4-3 所示，在文本框输入：

$f(x) = \backslash \text{begin} \{\text{cases}\} \ e^{\wedge}x, x < =0 \backslash\backslash 2x+1, 0<x \leq 1 \backslash\backslash \log\_2 x, x>1 \backslash \text{end} \{\text{cases}\}$

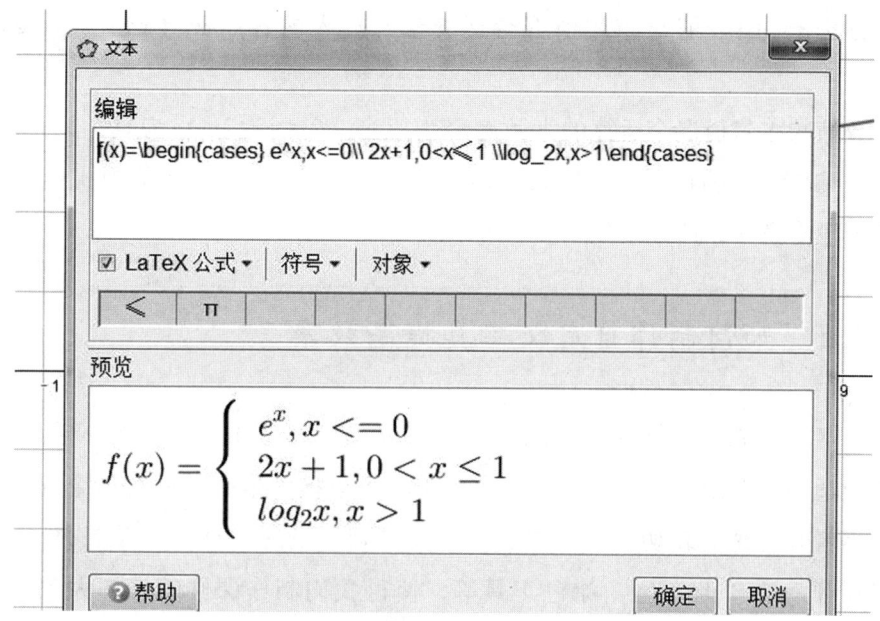

图2-4-3

顺便提一下，输入方程组，既可以使用 LaTeX，也可以使用表格文本。

如在指令栏输入：表格文本 ({{"$2x+3y=5$","$5x+8y=12$"}},"$\{v$")

和在文本框输入：\ begin {cases} $2x+3y=5$ \\ $5x+8y=12$ \ end {cases}

效果对比如图2-4-4所示。

$$\begin{cases} 2x+3y=5 \\ 5x+8y=12 \end{cases}$$ 表格文本

$$\begin{cases} 2x+3y=5 \\ 5x+8y=12 \end{cases}$$ LaTeX效果

图2-4-4

2.4.2 给定区间函数

[例] 绘制 $\sin x$ 在 $[0, 2\pi]$ 内的图像。

方法1：用"如果（if）"指令，输入内容：如果（$0 \leq x \leq 2pi$，sin（x））。

方法2：用"函数（Function）"指令，输入内容：函数（sin（x），0，$2pi$）。

方法 3：用数值与布尔值混合运算法，输入内容：sin（x）/（0≤x≤2pi）。

数值与布尔值混合运算的大致解释为：当（0≤x≤2pi）为真，其布尔值为 1，所以绘制出此范围下的 sin（x），而其他范围下，其布尔值为 0，而 0 作为除数没有意义，所以不显示。

2.5 如何制作自定义工具提高效率

GeoGebra 软件工具栏自带的工具并不算多，但是和几何画板一样，它可以方便地制作自定义工具，利用自定义工具可以极大地弥补原有指令的不足。例如笔者开发的"新切线"工具，金晓亮老师开发的"动点"工具，还有赵林老师开发的"渐变色"涂色工具等，使得我们制作课件的效率大大提高，也使得课件更加精美。还有些自定义工具可以用来做迭代工具，如勾股树、花篮簇的自定义工具等。

那么如何制作自定义工具呢？下面以制作初中最需要的"过线段外一点的垂线段"为例进行说明。步骤如下：

（1）利用点工具和线段工具，绘制出点 A 和线段 BC，其中 GeoGebra 把线段 BC 自动命名为 f；

（2）D = 交点（垂线(A，直线（B，C）），直线(B，C)）（说明：也可以利用工具栏的垂线和直线 BC 的交点，分步绘制，得到点 D）。

（3）h = 线段（A，D），i = 线段（D，描点（f，0）），α = 角度（A，D，描点（f，1））（说明：描点（f，0）是指线段的第一个端点，描点（f，1）指线段的第二个端点）。

这样得到图 2-5-1 的基本图形，并且角度 α 的属性中，范围设置为 0°→180°→"隐藏"。

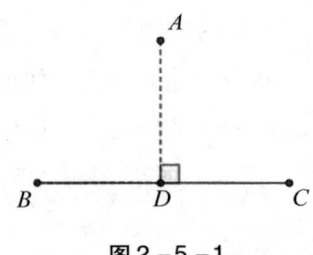

图 2-5-1

(4) 点击菜单栏的"工具"→"新建工具",如图 2-5-2 所示。

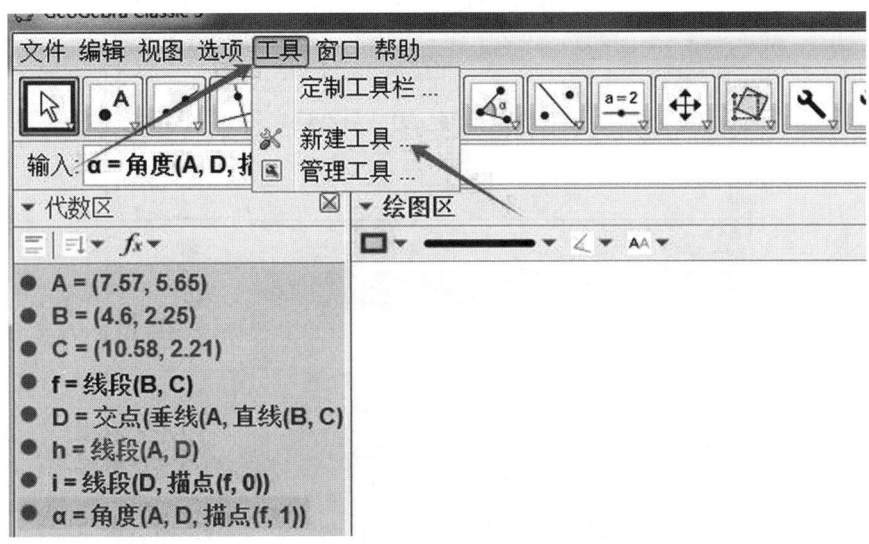

图 2-5-2

(5) 在弹出的对话框中,通过点击左边的代数区的对象,输出对象、输入对象、名称与图标等,如图 2-5-3、图 2-5-4、图 2-5-5 进行设置:

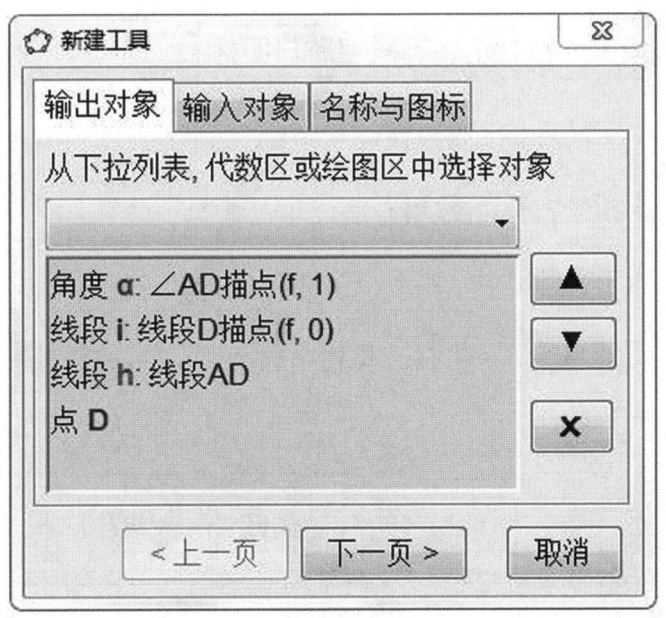

图 2-5-3

图 2-5-4

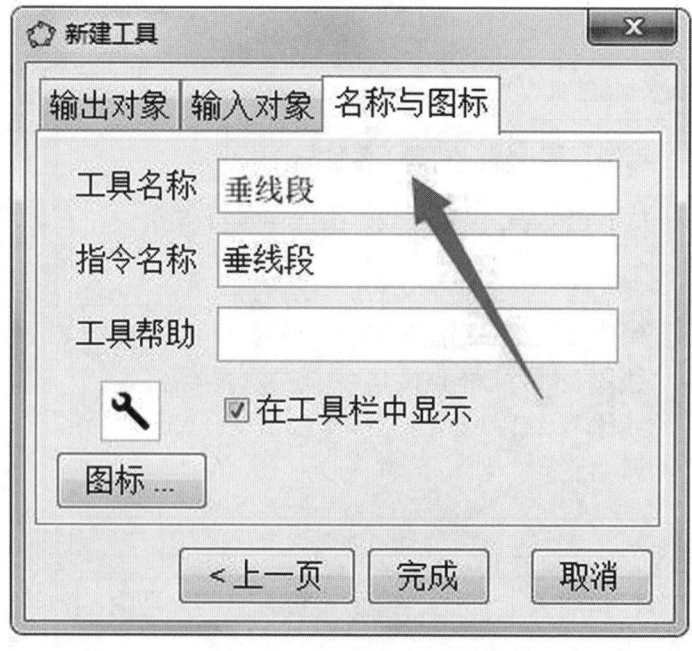

图 2-5-5

然后点击"完成",即可创建一个实用的自定义工具了。可以在新建一个点和一条线段,进行测试是否成功,如果你想一直保存,则点击"选项→保存"设置,即可。

自定义是否能用,关键在于输出对象是否由输入对象产生,这一点要注意。

2.6 如何输入静态文本和动态文本

在 GeoGebra 软件中 LaTeX 命令的主要使用环境是文本对话框,首先选择"文本"工具,然后在绘图区单击鼠标就可以打开文本对话框。

在文本对话框中的"LaTeX 公式"和"符号"这两个下拉列表中预设了许多常用的符号和命令,可以用鼠标选择使用,这大大减少了记忆量。

"对象"下拉列表中默认有一个"空白公式框"(empty box),当需要显示动态文本的时候,这个工具非常有用,"空白公式框"相当于一个"计算器"。

动态文本包含了对象的值,并随对象的变化而改变。动态文本的做法是:打开文本工具后,点击"对象"下面的"空白公式框"或已有的对象,在里面进行编辑。以勾股定理为例,输入内容如图 2-6-1 和图 2-6-2 所示。

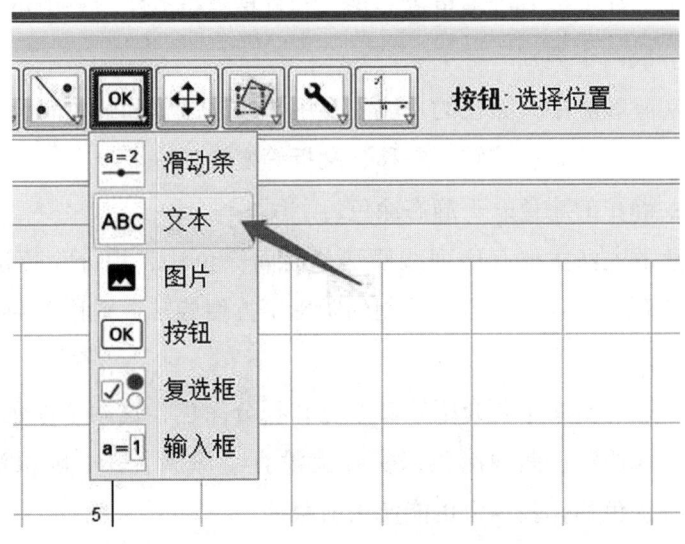

图 2-6-1

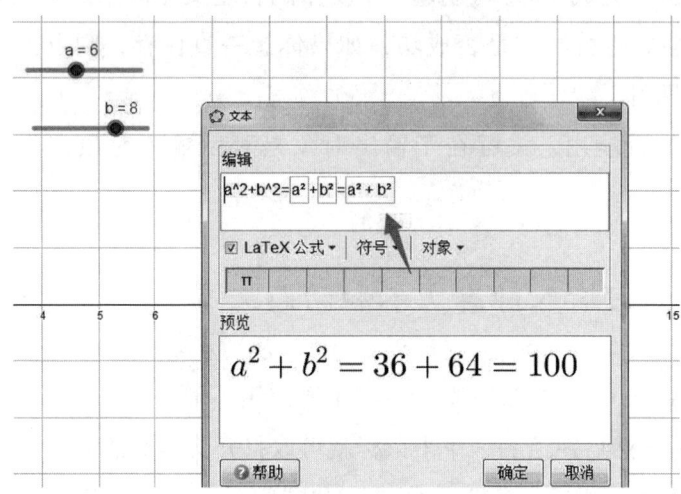

图 2-6-2

2.7 如何进行静态或动态涂色

萧茂若老师曾写过涂色十法的文章，肖建伟老师总结过涂色的 8 个方法，赵林老师也发表过涂色的文章，这些都可以在肖建伟老师的群（GeoGebra 教学交流群）中下载。

本文在上述研究的基础上更进一步，并且把涂色方法结合中小学数学教学的要求，划分成两个类别。

因为在实际教学中，涂色的功能主要用于绘制试题和解决问题。即我们希望涂色的结果能够动态的旋转、平移、翻折等变换！

类型一：静止的涂色——静态涂色。

静态涂色的方法主要有序列线段法、曲面涂色法、积分涂色法（可求面积）和轨迹涂色法，这 4 种方法绘制的阴影不方便旋转、平移等变换。主要用途是编制试题。

静态的涂色，本文主要介绍轨迹涂色和积分涂色，这两个涂色是"涂满"的，其他序列线段法、曲面涂色法实际上没有"涂满"——障眼法而已，而且能用后两种涂色的，基本上也能使用前两种。

【例1】 如图2-7-1所示，设 $CA = r$，求阴影部分的面积。

方法1，轨迹涂色。

步骤1：在代数区利用鼠标点击 Ctrl + 键，获得列表：$l1 = \{e, d, c\}$。

步骤2：G = 描点（$l1$）。

步骤3：loc1 = 轨迹（$G + 0, G$）。

即可完成静态涂色的效果，如图2-7-3所示。

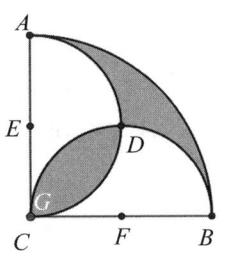

图2-7-1

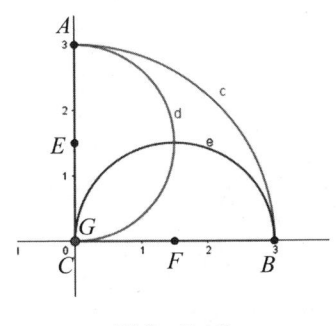

图2-7-2

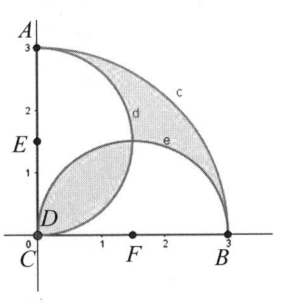

图2-7-3

轨迹涂色的缺点：不可求面积、不可旋转等变换，仅仅起到"示意"的作用。注意，轨迹涂色对于封闭的图形，还要注意集合中元素的次序——必须首相连，否则会出现"涂色到外面"的不良效果！当然，如果先绘制可变（平移、旋转等）的列表，然后在该列表上用轨迹涂色，也能动态涂色。

方法2，积分涂色——可求面积，不可旋转。

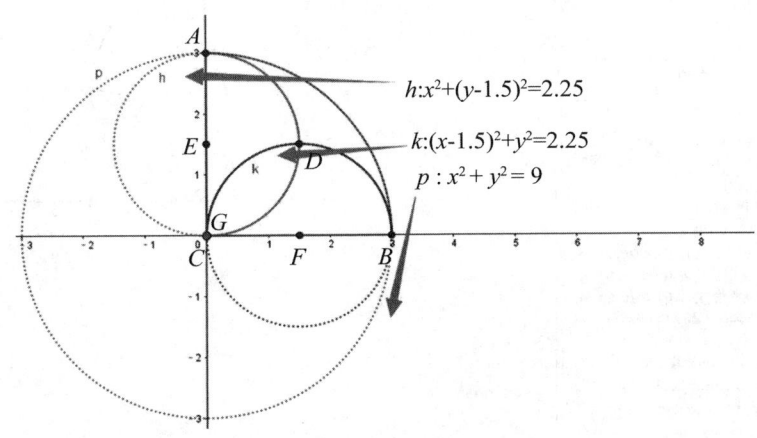

图2-7-4

积分法的基本前提是必须求出相应的函数。

步骤1：此例设半径为3，而且此例求函数的方法可以直接画圆，然后拉到绘图区，就可以看出这三个方程，然后转化为函数即可。

这样得到上述4个函数分别是（此例需要4个函数）：

$q: y = \text{sqrt}(2.25 - (x - 1.5)^2)$

$r: y = \text{sqrt}(9 - x^2)$

$s: y = 1.5 + \text{sqrt}(2.25 - x^2)$

$t: y = 1.5 - \text{sqrt}(2.25 - x^2)$

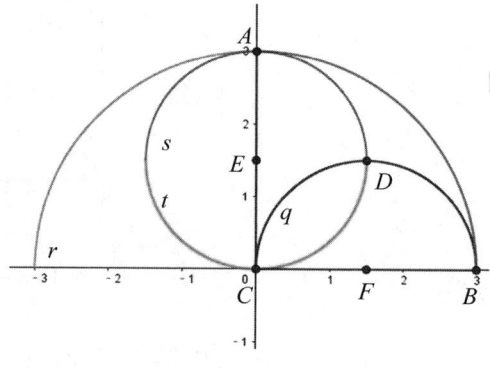

图2-7-5

步骤2：输入指令：a = 积分介于(q, t, 0, x(D))。

效果如图2-7-6所示。

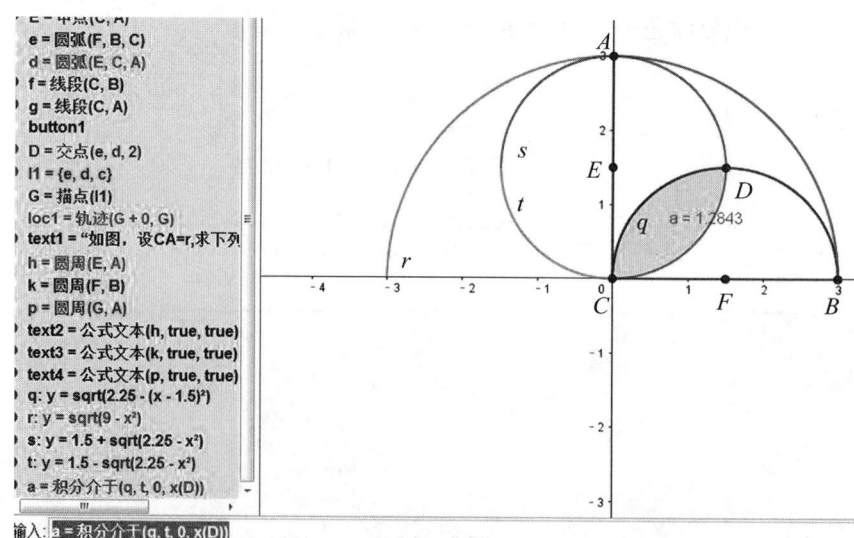

图2-7-6

同理，如下输入：

b = 积分介于 $(r, s, 0, x(D))$

i = 积分介于 $(r, q, x(D), x(B))$

最后效果如图 2-7-7 所示。

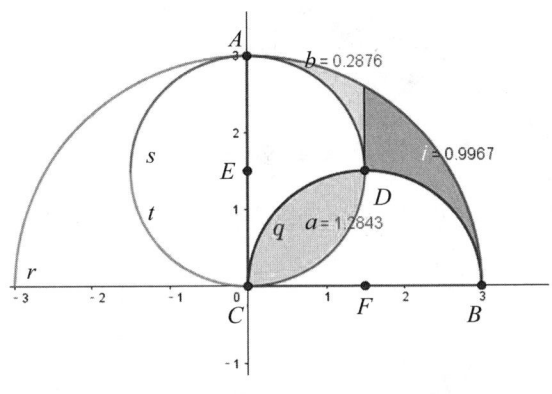

图 2-7-7

把三个积分结果相加，即为面积，$j = i + b + a$（图 2-7-8）。

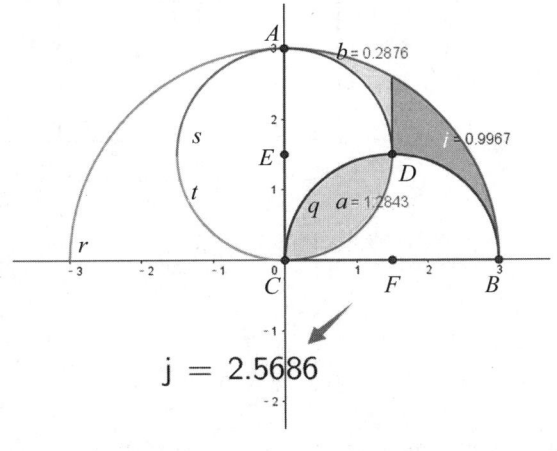

图 2-7-8

当然，隐藏一些不必要的元素，可以美化如下（图 2-7-9）。

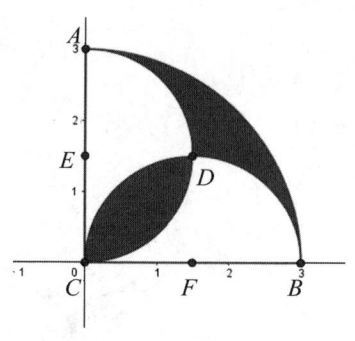

图 2-7-9

积分涂色可以计算面积,对于一些不是小学的阴影题目也可以破解,如笔者之前的案例(图 2-7-10)。

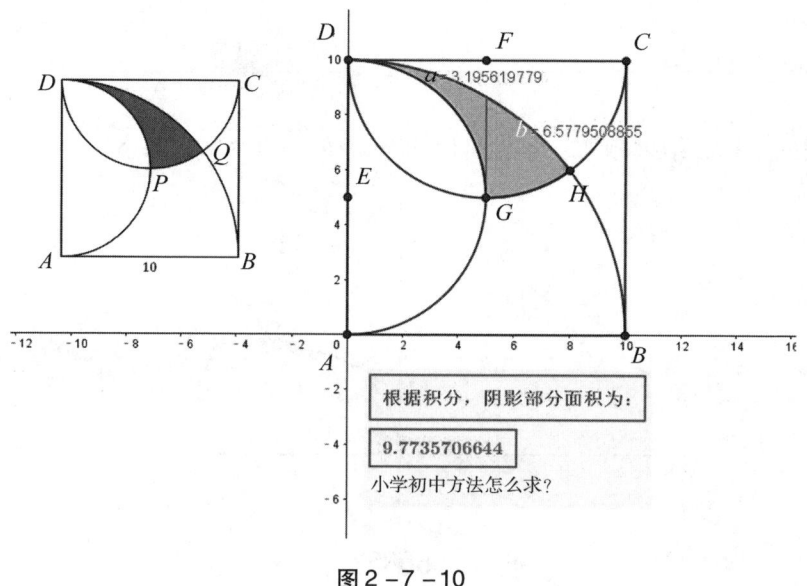

图 2-7-10

此题的面积实际小学、初中是不好求的!但是积分可以求面积!

类型二:可以动态变换的涂色——可以旋转、平移、翻折等变换,进而解题。

动态涂色的方法一般有直接法、序列描点产生多边形法、曲线法等。

方法 1,直接法,即圆弧等本身可以涂色。

步骤 1:指令或工具如下

c_1:圆弧(E,C,D)

d_1:圆弧(F,D,C)

得到结果如图 2-7-11 所示。

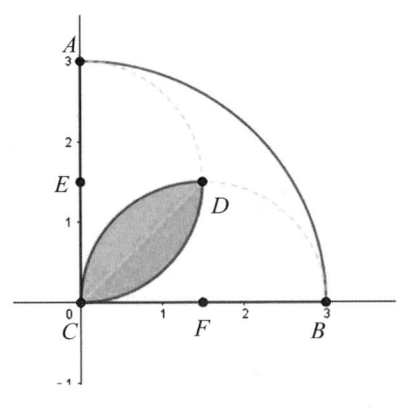

图 2-7-11

但是上部分,本例暂时还得用轨迹或积分涂色,如图 2-7-12 所示,目标是得到如图 2-7-13 所示的旋转解题效果。

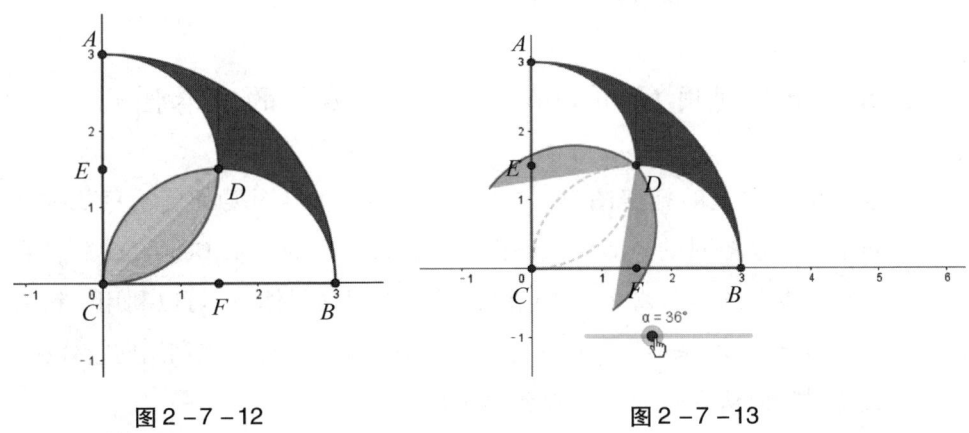

图 2-7-12   图 2-7-13

即创建了 90°的角度滑动条之后,指令为:旋转(c_1,α,D)旋转(d_1,$-\alpha$,D)。

方法 2,曲线法。

曲线法绘制的图形和圆弧等本身一样可以直接涂色。此例曲线指令较为简单。笔者再举一个稍微复杂的案例。

【例 2】求图 2-7-14 中阴影部分的面积。

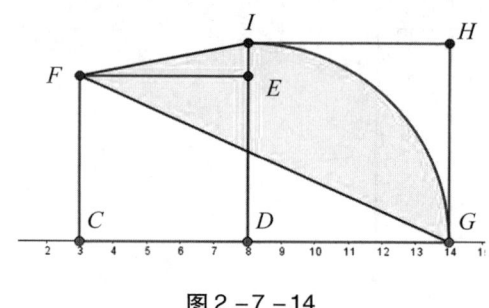

图 2-7-14

【解】曲线指令为：$r = $ 曲线（如果（$0 \leqslant t \leqslant \pi/2$，$D + (6; t)$，$I + $ 向量 $(F-I)(t-\pi/2)$），t，0，$1 + \pi/2$）。

方法 3，序列描点产生多边形法。

例 2 的指令为：poly3 = 多边形（序列（描点（$l1$，$k/200$），k，0，200））

相当于描绘 201 条边的多边形，所以也可得到近似的面积！

此例对于两个圆弧也可以使用序列多边形法！这个方法绘制的多边形可以进行旋转、平移、翻折等动态变化的。

2.8 如何利用 GeoGebra 软件制作精美的试卷图形

要绘制出试卷上的精美图形，要注意三点：① 绘图要准确，只要你的 GeoGebra 软件算法是对的，即可保证作图是比较精准的；② GeoGebra 软件自带的标签和课本上的不一致（例如点的标签不是罗马斜体），可以利用一键修改标签进行美化；③ GeoGebra 软件自带的数轴不美观，但可以利用向量代替。

下面探讨如何从 GeoGebra 复制到 Word。

如果直接利用 QQ 截图或微信截图，得到的效果如图 2-8-1 所示。

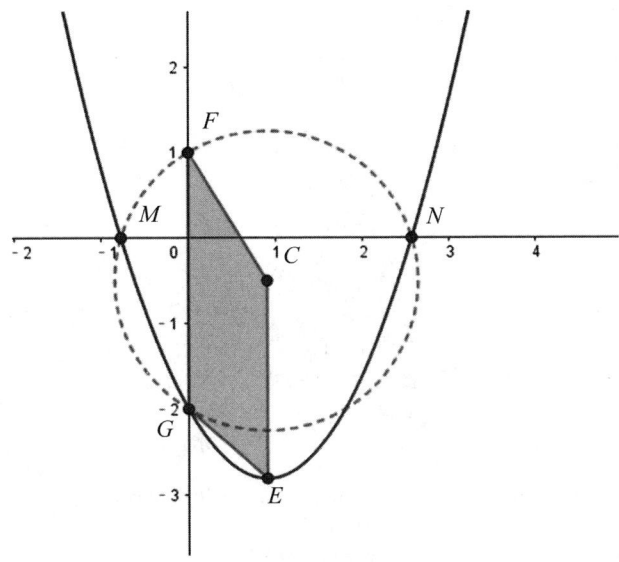

图 2-8-1

此时的图底色在 Word 中是带"白色"的,怎么样变成透明色呢?

第一步:移动边框,设置绘图区的大小,如图 2-8-2 所示。

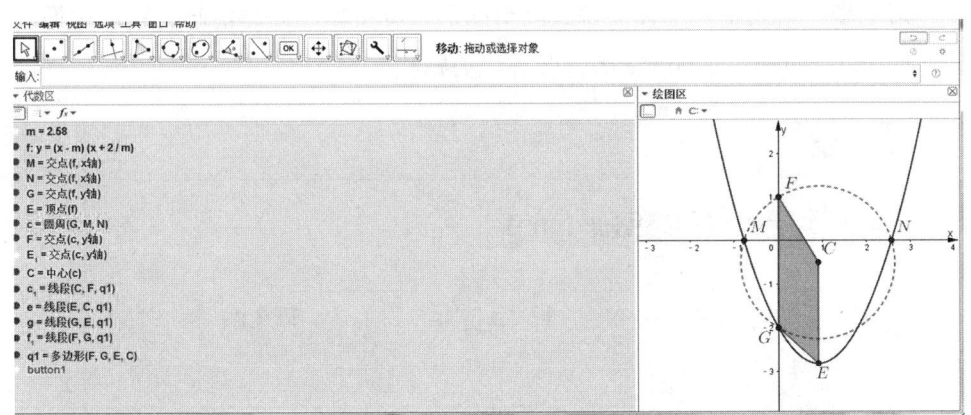

图 2-8-2

第二步:点击"文件"→"导出"→"图片",如图 2-8-3 所示。

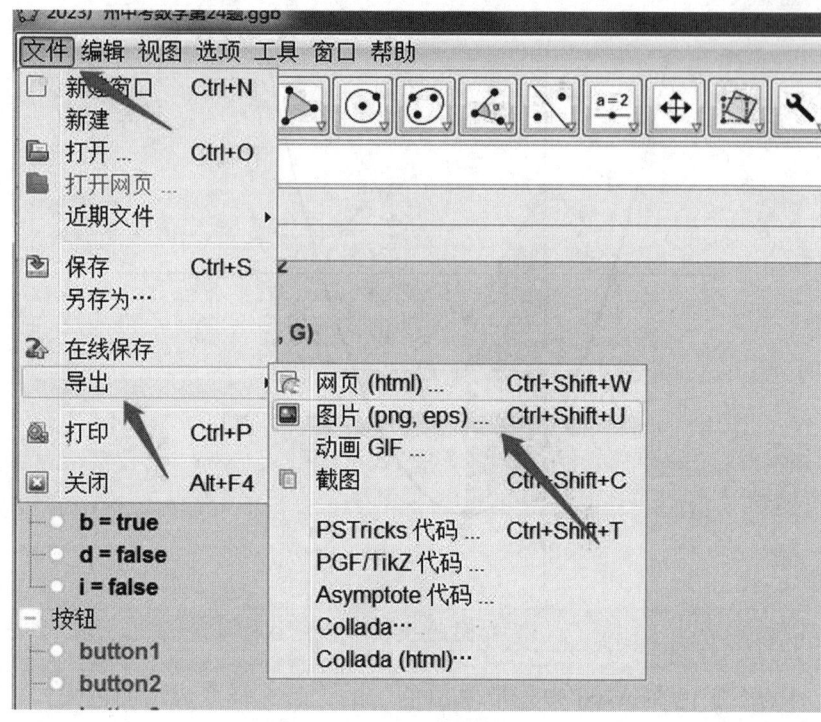

图 2-8-3

第三步：格式中，选择便携式网络图形，分辨率越高越清晰，一般按照默认选择 300，勾选"透明"，然后点击"剪贴板"。

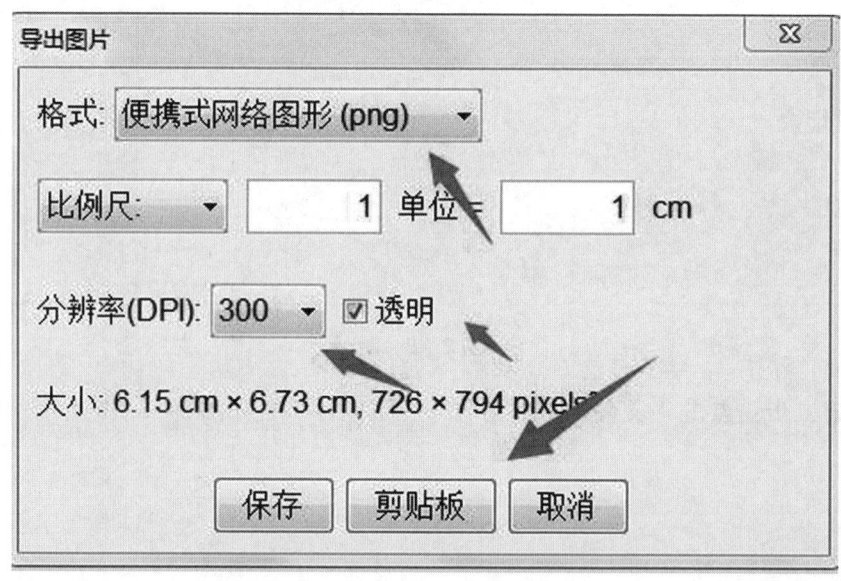

图 2-8-4

则得到的效果如图 2-8-5 所示。

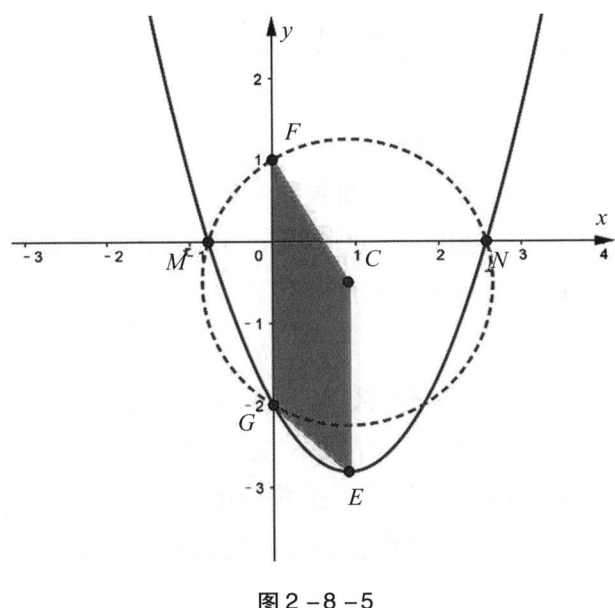

图 2-8-5

这样图片的底色在 Word 就变成透明的了。如果不用自带的坐标轴，也可以在属性中选择"不显示 x 轴""不显示 y 轴"，然后利用向量工具绘制两个向量，再利用文本工具输入 x，y，即可得到如图 2-8-6 所示的精美图形了。

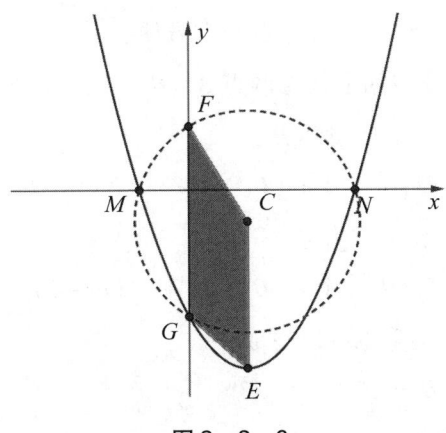

图 2-8-6

第 3 章 12 个常用的 GeoGebra 课件进阶技术

GeoGebra 软件功能强大，一般而言，学习或使用一段时间，就可以制作出教学所需要的课件。本章从一线教师教学实用的角度，选择常用的 GeoGebra 软件使用技巧，方便读者直接借鉴和使用。

3.1 如何绘制三等分点（角）或 n 等分点（角）

在中小学数学问题中，n 等分点和 n 等分角是一个常见的问题。如果是中点或者角平分线，直接利用中点指令或角平分线即可。但是如何绘制 n 等分点和 n 等分角呢？

3.1.1 如何绘制三等分点或 n 等分点

在 GeoGebra 软件中，点在数学中有多个含义，可以是点，可以是一对坐标，可以是向量，也可以是复数。例如，$A+B$ 可以理解为向量或复数的加法。

所以在 GeoGebra 中绘制三等分点非常方便！

【例1】已知平面或空间上任意两点 A，B，连接 AB 得到线段 f。

方法1：直接利用点的向量运算。

$C = A + (B - A)/3, D = A + (B - A)/3 \times 2A + (B - A)/3 \times 2$

推广到任意 n 等分点：

$G = A + (B - A)/n, H = A + (B - A)/n \ (n - 1)$

方法2：上述向量运算也可以写成：

$E = (A + 2B)/3, L = (2A + B)/3$

推广到任意 n 等分点：

$P = (A + (n-1)B)/n, Q = ((n-1)A + B)/n$

方法3：直接利用描点指令。

$M =$ 描点 $(f, 1/n)$，$N =$ 描点 $(f, 1 - 1/n)$

以上的作图效果如图 3-1-1 所示。

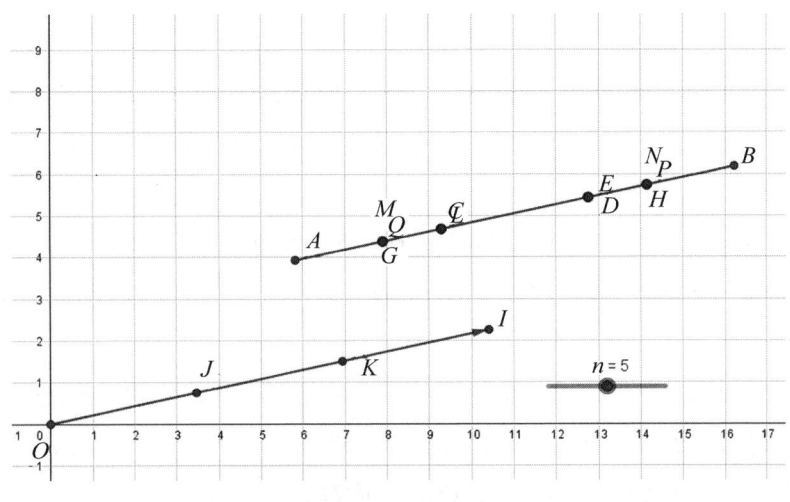

图 3-1-1

此外还可以利用位似指令等方法。

反思：利用描点指令最简单！几乎不用任何计算。

3.1.2　如何绘制三等分角或 n 等分角

GeoGebra 软件可以直接进行 n 等分角，但不是尺规作图，而是利用了度量。

方法多样！这里只介绍利用序列指令。

【例1】绘制如图 3-1-2 所示图形。

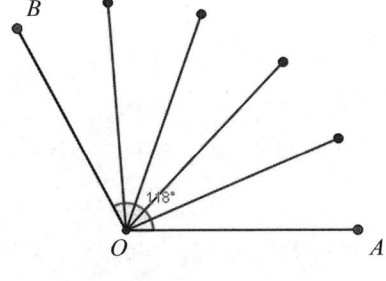

图 3-1-2

【解】绘制过程：

(1) 创建一个角度滑动条 α，范围任意，创建一个整数滑动条 n，范围 2-8；

(2) 在指令栏输入或者利用工具绘制如下：$O=(0,0)$，$A=$描点（x 轴），$B=$旋转（A，α，O），$f=$线段（O，A），$g=$线段（O，B），$\beta=$角度（A，O，B）；

(3) $l1=$序列（旋转（A，$k\alpha/n$，O），k，1，$n-1$）；

(4) $l2=$映射（线段（O，p），p，$l1$）。

即可完成上述 n 等分角的制作。

拉动滑动条 n，可以得到任意 n 等分角的情形，非常生动、简便！

【例2】已知，$\angle AOB=90°$，$\angle COD=60°$。

(1) 若 OC 平分 $\angle AOD$，求 $\angle BOC$ 的度数；

(2) 若 $\angle BOC=\dfrac{1}{14}\angle AOD$，求 $\angle AOD$ 的度数；

(3) 若同一平面内三条射线 OT、OM、ON 有公共端点 O，且满足 $\angle MOT=\dfrac{1}{2}\angle NOT$ 或者 $\angle NOT=\dfrac{1}{2}\angle MOT$，我们称 OT 是 OM 和 ON 的"和谐线"。

思考：这里的"和谐线"和三等分角类似，但又有所不同，不同之处在于至少有两条边需要运动变化的！更关键的是，初始角的范围设定为（0°，180°），如何绘制？

从求解过程可以得知，"和谐线"和初始角的范围有关，为了简便起见，假设初始角为 0°到 90°。作图效果如图 3-1-3 所示。

【解】绘制过程：

(1) 创建 2 个角度滑动条 α 和 β，其中 α 范围为 0°~90°，β 范围为 0°~180°，当然这些范围可以先随意设定，在解题中再重新修改范围；

(2) 利用指令或工具得到基本图形：$O=(0,0)$，$A=$描点（x 轴），$B=$旋转(A,α,O)，$f=$线段（O，A），$g=$线段(O,B)；

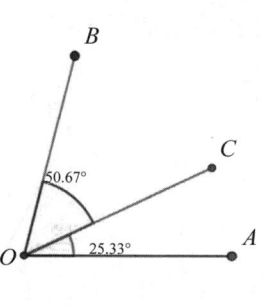

图 3-1-3

(3) 利用极坐标的知识，得到由角度 β 控制的点 C，即 $C = O + (f; \beta)$；

(4) 利用指令或工具：$h = $ 线段（O，C），$\gamma = $ 角度（A，O，C），$\delta = $ 角度（C，O，B）；

(5) 创建整数滑动条 n，范围 $0 \sim 4$；

(6) 通过计算得到"和谐线"的四种情况，这样可以用一个列表表示，即：$l1 = \{\alpha/3, \alpha * 2/3, 2\alpha, 360° - \alpha\}$；

(7) 如图 3-1-4 所示，在滑动条 n 的更新脚本写上：

if（$n == 0$，赋值（β，0°））

if（$n == 1$，赋值（β，$l1$（1）））

if（$n == 2$，赋值（β，$l1$（2）））

if（$n == 3$，赋值（β，$l1$（3）））

if（$n == 4$，赋值（β，$l1$（4）））

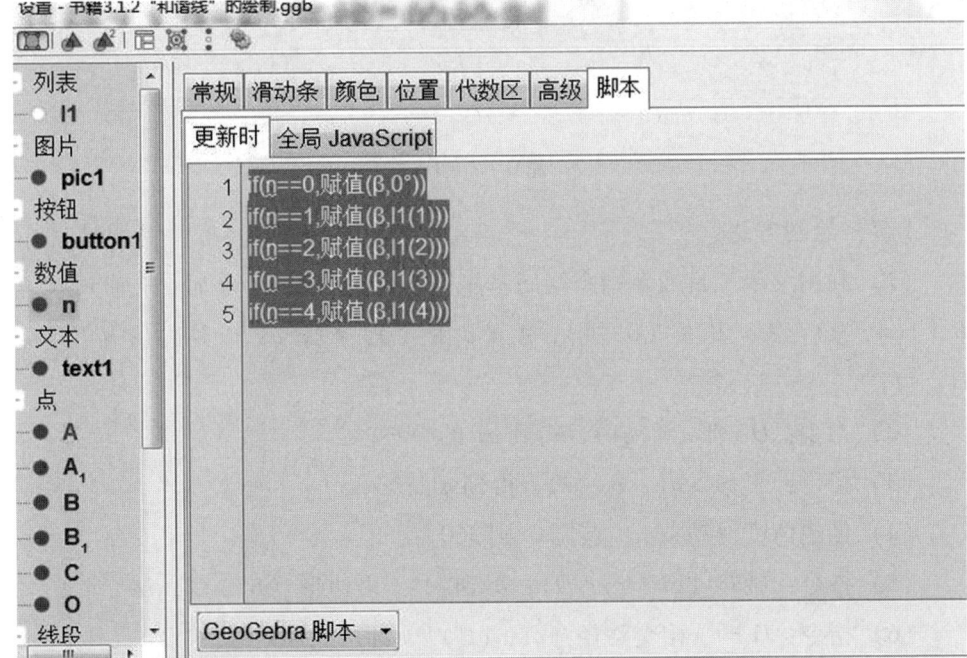

图 3-1-4

3.2 如何绘制重叠面积

在 GeoGebra 软件中，绘制重叠面积非常方便，利用相交路径的指令即可绘制。

【例1】如图 3-2-1 所示，正方形 ABCD 的对角线相交于点 O，点 O 又是另一个正方形 A'B'C'O 的一个顶点。如果两个正方形的边长相等，那么正方形 A'B'C'O 绕点 O 无论怎样旋转，两个正方形重叠部分的面积总等于一个正方形面积的四分之一。想一想，这是为什么？

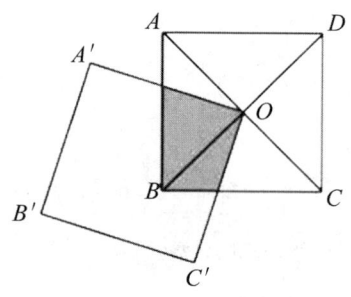

图 3-2-1

【解】绘制方法：

（1）利用菜单工具或者指令绘制基本图形：B = 交点（x 轴，y 轴），C = B +（4，0），A = B +（0，4），A = B +（0，4），q1 = 多边形（B，C，D，A）；

（2）指令：O = 形心（q1），得到 q1 的中心；

（3）指令：平移（q1，B - O），得到 q1'；

（4）创建角度滑动条 α，范围 0°到 360°；

（5）指令：旋转（q1'，α，O），得到 q1" = 多边形（B'，C'，D"，A'）；

（6）指令：l1 = ｛相交路径（q1，q1"）｝，即可完成效果。

绘制的效果如图 3-2-2 所示。

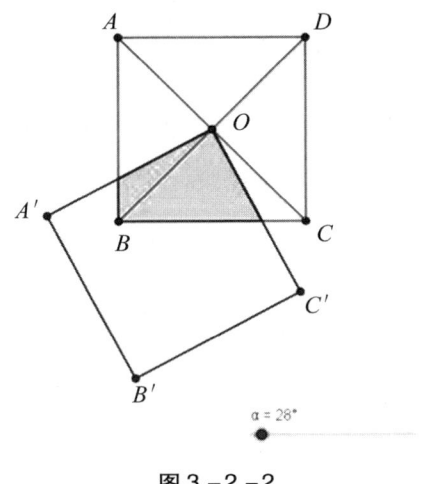

图 3-2-2

注：在相交指令外面加一个花括号，目的是得到一个列表，避免出现太多的点和线，也可以规避相交路径指令的一些缺陷。

3.3 如何快速绘制翻折的动态效果

翻折的本质是轴对称，而 GeoGebra 中有"对称"的指令或工具，如果是绘制静态的图形，直接使用"对称"的指令或工具即可实现翻折的效果。

但是如果想呈现"动态变化"的效果，则在 2D 区域，利用"伸缩"指令绘制翻折最简单，在 3D 区域，则可以直接利用"旋转"指令绘制翻折的动态效果。

3.3.1 直接使用"对称"指令绘制准确的静态效果

【例1】如图 3-3-1 所示，在矩形 $ABCD$ 中，$AB=2$，$AD=\sqrt{7}$，动点 P 在矩形的边上沿 $B \to C \to D \to A$ 运动。当点 P 不与点 A、B 重合时，将 △ABP 沿 AP 对折，得到 △$AB'P$，连接 CB'，则在点 P 的运动过程中，求线段 CB' 的最小值。

【解】绘制步骤：

(1) B = 交点 (x 轴, y 轴)，$C=B+$（sqrt (7), 0），$A=B+$ (0, 2)，$D=A+C-B$，$f=$ 折线 (B, C, D, A)；

(2) 创建滑动条 a，范围 0～1；

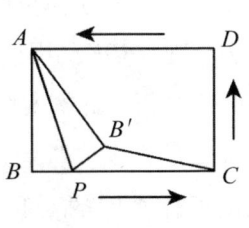

图 3-3-1

(3) P = 描点 (f, a)；

(4) g = 线段 (A, P)，B' = 对称 (B, g)；

(5) 然后利用线段工具把剩余的线段连接，即 h = 线段 (A, B')，i = 线段 (B', P)，j = 线段 (A, B)，k = 线段 (B', C)；

(6) loc1 = 轨迹 (B', a)。

如图 3-3-2 所示。

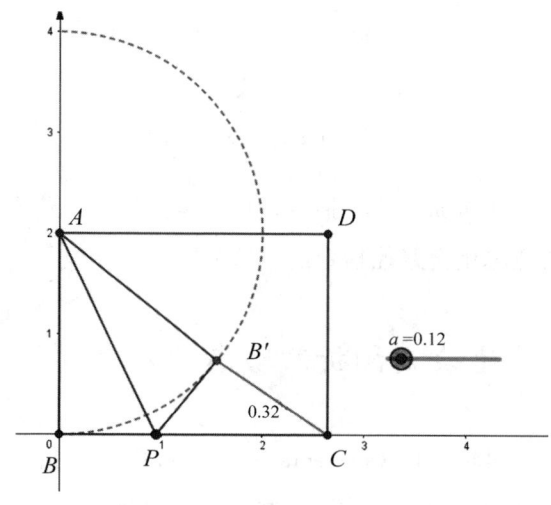

图 3-3-2

由如图可知点 B' 的轨迹是隐形圆，所以此题的答案，即线段 CB' 最小值为 $\sqrt{11}-2$。严谨的数学推导留给读者。

3.3.2 利用"伸缩"指令绘制翻折的动态效果

【例2】如图 3-3-3 所示，在 $\triangle ABC$ 中，$AB = 6$，$AC = 8$，$BC = 10$，D 为 AB 边上一点（不与 A，B 两点重合），将 $\triangle ACD$ 沿 CD 折叠，点 A 的对应点 E 落在 BC 的下方，则 $\triangle BDE$ 的周长 l 的取值范围是(   )。

分析：此例实际上可以直接使用"对称"的指令，但是为了让学生更好地观察出折叠之后的对称性质，可以使用"伸缩"的指令绘制出动态的翻折效果。

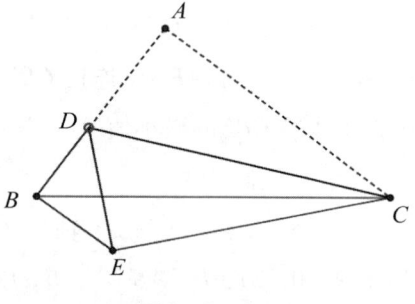

图 3-3-3

【解】步骤如下：

（1）利用指令或工具绘制出基本图形：B = 交点（x 轴，y 轴），$C = B +$ (10, 0)，c：圆周（B, 6），d：圆周（C, 8），A = 交点（c, d, 1），f = 线段（B, A），g = 线段（A, C），h = 线段（B, C），D = 描点（f），i = 线段（D, C）；

（2）新建一个数值滑动条 a，范围为 $0 \sim 1$，增量为 0.01；

（3）E = 伸缩（$A, i, -a$），$t1$ = 多边形（C, D, E）；

（4）$t2$ = 多边形（B, D, E）。

拉动滑动条 a，即可看到"翻折"的动态过程！

输入指令"周长（$t2$）"，得到 j，把它从代数区拉到绘图区，移动点 D，即可观察出它的数值变化！

（5）loc1 = 轨迹（E, D），α = 角度（D, A, C），β = 角度（C, E, D），得到效果如图 3-3-4 所示。

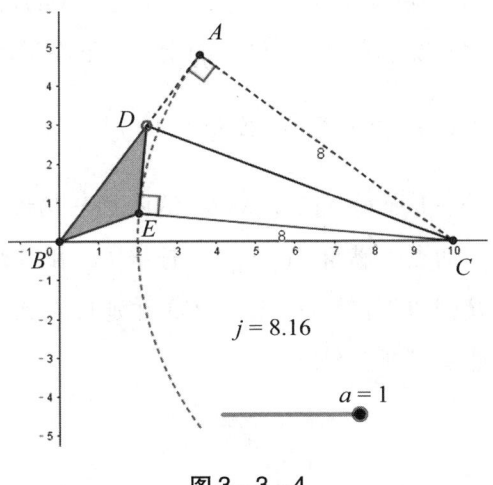

图 3-3-4

由图观察得到 $BD + DE = BA$ 为定长 6，所以转化为求 BE 的范围，由于点 E 在以 C 为圆心，$CE = 8$ 为半径的圆上，由此可得 CE 的范围。

或者利用 $\triangle BEC$ 的三边关系：$BC - CE \leq BE \leq BC + CE$，即 $10 - 8 \leq BE \leq 10 + 8$，即 $2 \leq BE \leq 12$，但由条件知，D 为 AB 边上一点（不与 A，B 两点重合），所以 12 取不到，BE 最大只能接近 6（此时点 D 和 A 或 B 重合），即可得到 BE 的范围为 $2 \leq BE < 6$。

3.4 如何利用"最小值点"指令精准绘图

"最小值点"和"最大值点",是两个"优化"的指令,这两个指令的用法是一样的。以最小值点为例,先看指令汇编说明:Minimize 最小值点,这个指令在不同的英语变型中拼写不同:Minimize(US)、Minimise(UK 和 Aus)。Minimize(,);最小值点(,) 计算自变量(自由的数值对象)给出因变量(派生的数值对象)最小值时的值。自变量(自由的数值对象)必须是一个滑动条,这个滑动条的区间被用做搜寻的区间。

但实践证明,"自变量(自由的数值对象)必须是一个滑动条"的说法是错误的,自变量也可以是一个自由点等。

如果是一个复杂的构造,这个指令有可能失败或避免过多时间计算而放弃。

使用这两个指令的关键在于构造一个和自变量有关的目标函数。为了避免卡顿,前面可以加一个"复制自由对象"的指令。下面举例说明。

3.4.1 利用"最小值点"精确绘制图形

【例1】如图 3-4-1 所示,已知△ABC 为等边三角形,点 D 和 E 分别是直线 AB 和 AC 边上的动点,满足 AD = CE,连接 CD 和 BE 相交于点 F,点 H 为 BC 中点,连接 DH 交 BE 于点 Q,连接 CQ 并延长交 AD 于点 M,且 DM = MQ,请问怎么用软件精确画出图形?

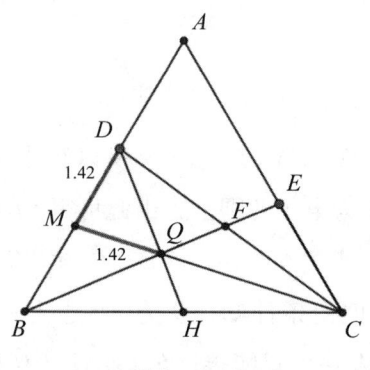

图 3-4-1

制作思路：几何画板的制作方法，是作出以 CE 为自变量，$MD-MQ$ 为函数的轨迹，然后取轨迹和 x 轴的交点，即为 $DM=MQ$ 的点。但是 GeoGebra 软件制作的轨迹不能和其他对象取交点，怎么办？

GeoGebra 软件还有两个优化的指令：最大值点和最小值点，用这个指令制图非常简单！

【解】制作步骤：

（1）创建滑动条 a，范围 $1-5$，增量默认；

（2）基本图形：$B=$ 交点（x 轴，y 轴），$C=B+(a, 0)$，$A=B+(a; 60°)$，$f=$ 线段（A, B），$g=$ 线段（B, C），$h=$ 线段（C, A）；

（3）创建滑动条 b，范围 $0\sim a$，增量默认；

（4）$D=$ 描点（f, b/a），$E=$ 描点（h, b/a）；

（5）继续绘制基本图形：$i=$ 线段（C, D），$j=$ 线段（B, E），$F=$ 交点（i, j），$H=$ 中点（B, C），$k=$ 线段（D, H），$Q=$ 交点（j, k），l：射线（C, Q），$M=$ 交点（f, l），$m=$ 线段（D, M），$n=$ 线段（M, Q）。

关键步骤：如图 3-4-2 所示，制作一个按钮 button1，标题改为：$DM=MQ$，单击时的脚本写上：赋值（b，复制自由对象（最小值点（$abs(m-n)$, b）））

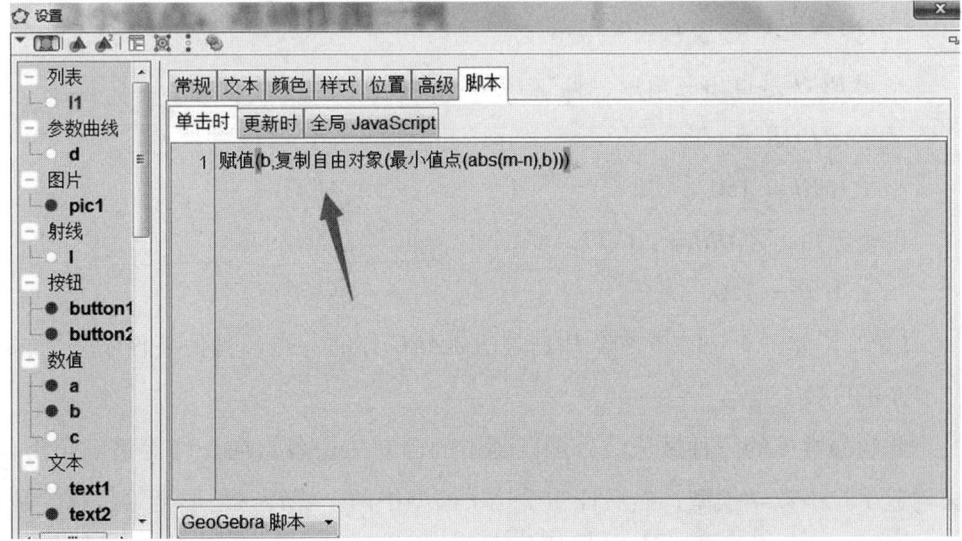

图 3-4-2

这样不论如何拉动滑动条 a 和 b，点击这个按钮，都能得到精准的图形！

更多的案例，可在笔者的"GeoGebra 与数学深度融合"公众号平台，在历史文章中搜索"最小值点"得到。

3.4.2 最小值点指令练习 1

下面给出初中两个常见的习题和解答。

思考：这两题的图形，如何能精准的绘制出来？

方法 1：先解决问题，然后按照解决的结果，反过来再绘制图形。

方法 2：不解题（或者还没有想到解答的思路），直接利用"最小值点"绘制图形。

【例1】P 是正三角形 ABC 内的一点，且 $PA=3$，$PB=4$，$PC=5$。求 $\angle APB$ 的度数。

【解】如图 3-4-3，作 $BQ=BP$，且 $\angle CBQ = \angle ABP$。

连接 PQ、CQ。

$\therefore \triangle ABP \cong \triangle CBQ$（SAS），

$\therefore \angle PBQ = 60°$，

$\therefore \triangle PBQ$ 是等边三角形，

$\therefore PQ = PB = 4$。

$\because QC = PA = 3$，$PC = 5$，

$\therefore \triangle PCQ$ 是直角三角形，且 $\angle PQC = 90°$。

又 $\because \angle PQB = 60°$，

$\therefore \angle CQB = 150°$。

由全等知，$\angle APB = \angle CQB$，

$\therefore \angle APB = 150°$。

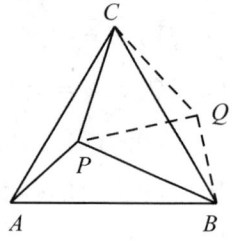

图 3-4-3

【例2】如图 3-4-4，若 P 是等边 $\triangle ABC$ 外的一点，其他条件不变，求 $\angle APB$ 的度数。

此题最常见的三种做法：分别以题中的已知三边各自向外作等边三角形，去构造手拉手数学模型，然后证明手拉手模型中两个旋转三角形全等。目的是要把已知的三边构造在直角三角形中。

【解】方法一：以 PA 为一边向四边形 $PACB$ 的外面作正三角形 AMP，则

$\angle MAB = \angle PAC$，

∴ $\triangle MAB \cong \triangle PAC$，

∴ $PB = 4, BM = 5, MP = 3$，

∴ $\angle BPM = 90°, \angle APB = 90° - 60° = 30°$。

方法二：如图3-4-5，以PB为一边向四边形$PACB$的外面作正三角形PBN。

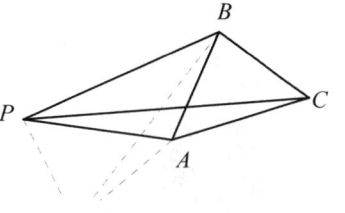

图3-4-4

证法参照方法一。

方法三：如图3-4-6，作CP'，使$CP = CP'$，$\angle ACP = \angle BCP'$，连接PP'。

显然，$\triangle ACP \cong \triangle BCP'$，

∴ $\angle ACP = \angle BCP', AP = BP' = 3$，

∴ $\angle PCP' = 60°$，

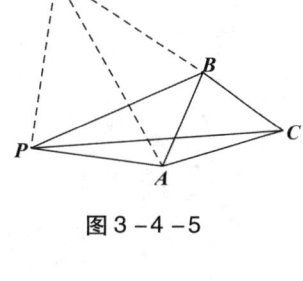

图3-4-5

∴ $\triangle PCP'$是等边三角形，

∴ $PP' = PC = 5$。

在$\triangle PBP'$中，

∵ $PB = 4, BP' = 3, PP' = 5$，

∵ $PP'^2 = PB^2 + BP'^2$，

∴ $\angle PBP' = 90°$，

∴ $\angle BP'C + \angle P'CP + \angle CPB = 90°$，

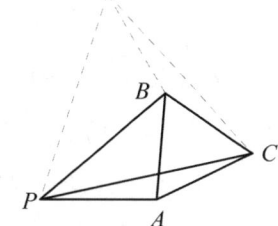

图3-4-6

∴ $\angle BP'C + \angle CPB = 30°$，

∴ $\angle APC + \angle CPB = 30°$。

即 $\angle APB = 30°$。

下面不通过解题（或者还没有想到解答的思路），直接利用"最小值点"绘制图形，绘制出来就可以得到答案。

例1题绘制的效果如图3-4-7所示。

绘制步骤：

（1）以点P为圆心，分别绘制以3，4，5为半径的圆；

（2）利用描点工具得到：A = 描点（c），B = 描点（d），然后连接线段，得到f = 线段（A, B）；

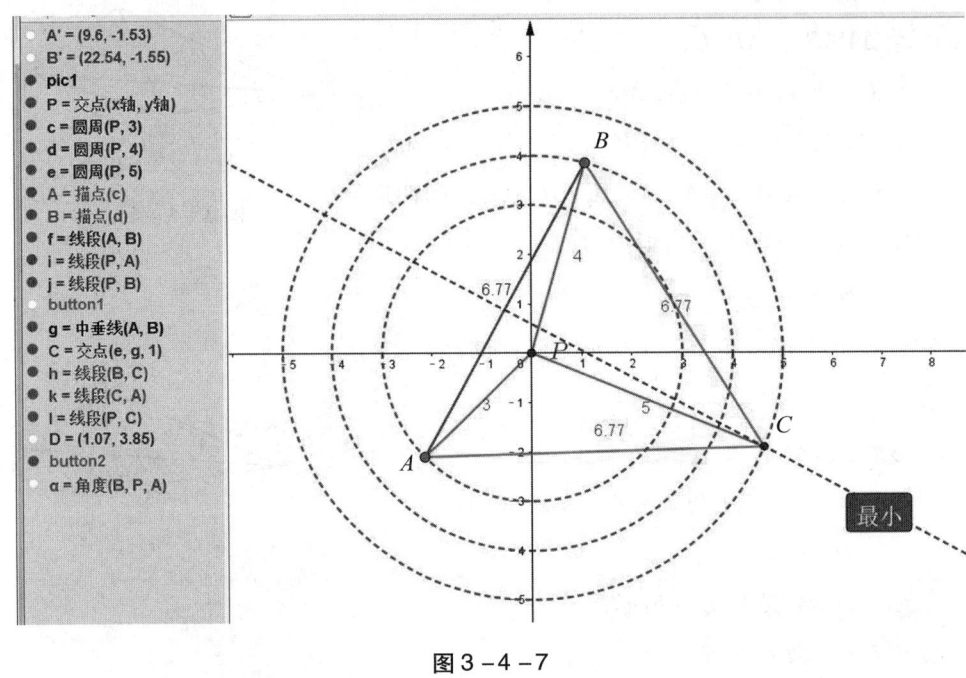

图 3 - 4 - 7

（3）利用中垂线工具，得到 g = 中垂线（A，B），利用交点工具得到 C = 交点（e，g，1）；

（4）利用线段工具，把剩余的线段连接连起来，得到线段 h = 线段（B，C），k = 线段（C，A）……

关键一步：新建一个按钮，标题为"最小"，按钮的单击脚本为：赋值（B，复制自由对象（最小值点（abs（h－f），B）））。

再用角度工具，测量∠APB，就是150°，即我们还没有开始解题，绘制出准确的图形，答案就出来了。

反思：最小值点和最大值点，实际上是 GeoGebra 软件的两个"优化"指令，即我们可以把计算交给计算机，由计算机通过"程序"的方式得到结果。

最小值点的指令关键是构造出一个目标函数，这里的目标函数为 abs（h－f），即两个线段差的绝对值，最小当然为 0，这样计算机就帮我们得到新的点 B，从而完成绘图。

例2题也类似，大家可以试一试，如图 3 - 4 - 8 所示。

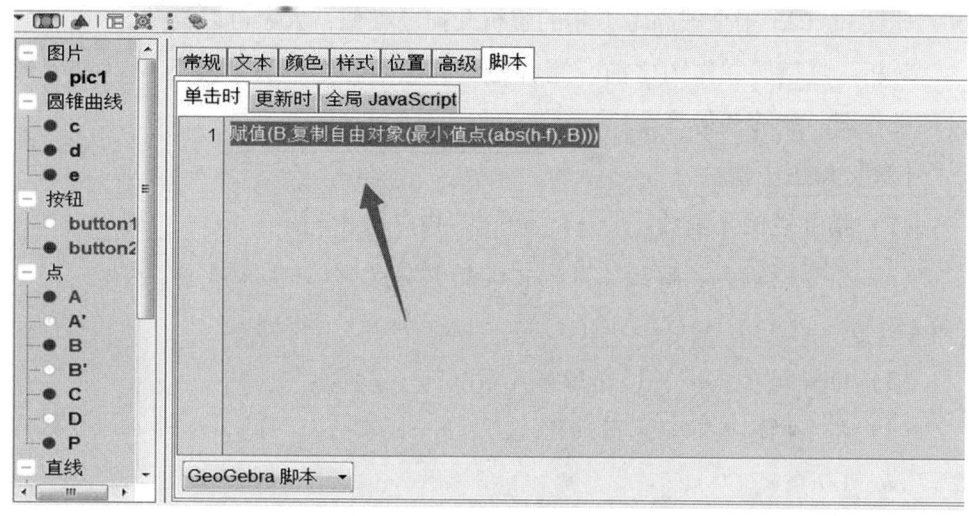

图 3-4-8

3.4.3 最小值点指令练习 2

【例3】如图 3-4-9 所示,已知等腰直角三角形 A、B、C 的顶点都在 $y = \dfrac{1}{x}$ 图像上,试求这个等腰直角三角形面积的最小值。

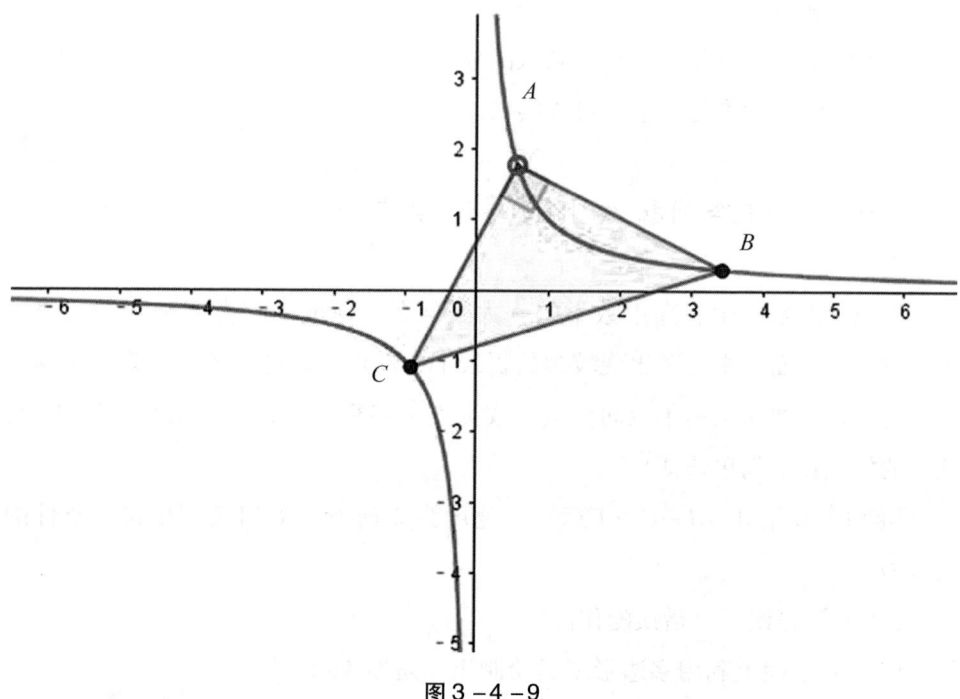

图 3-4-9

此题和 2023 年全国高考 1 卷的解析几何题类似，大家可以尝试。

分析：这道题在作图之前，笔者还没有想到怎么解决，但是 GeoGebra 通过精准作图，能够获得答案！

【解】作法步骤：

(1) 指令栏输入函数：$f(x) = 1/x$，描点得 $A = $ 描点 (f)；

(2) 指令栏输入：解集 $(\{(x - x(A))^2 + (1/x - 1/x(A))^2 = (-1/(x(x(A))^2) - x(A))^2 + (-x(x(A))^2 - 1/x(A))^2\})$，得到 $m2$；

(3) $l1 = $ 元素 $(m2, 1)$，$l2 = $ 元素 $(m2, 2)$；

(4) 指令栏输入 $a = $ 元素 $(l1, 1)$，$b = $ 元素 $(l2, 1)$，$B = (a, 1/a)$，$C = (b, 1/b)$；

(5) $t1 = $ 多边形 (C, A, B)，得到三角形 CAB；

(6) $\alpha = $ 角度 (C, A, B)；

关键：创建一个按钮，标题"最小"，单击脚本为：赋值 $(A$，复制自由对象（最小值点 $(t1, A)))$。

解集 $(\{(x - x(A))^2 + (1/x - 1/x(A))^2 = (-1/(x(x(A))^2) - x(A))^2 + (-x(x(A))^2 - 1/x(A))^2\})$，这个指令也是解决此题的关键，实际上得到的是点和 A 互相垂直的等腰三角形的腰上的顶点 B、C，但是计算交给了计算机，这一步非常奇妙，也是胜于其他画板的地方。

至于数学上的推导，大家可以尝试。

3.5 如何绘制折线上的匀速动点

匀速动点是初中、高中数学的一大类问题，GeoGebra 有多种绘制匀速动点的方法，下面以中考题出现较多的折线上的动点为例进行说明。为了实现一般性的推广，本文采用单位向量法，或描点+路径值法，或"折线图"指令，这样的好处在于简单快捷！

【例 1】D 沿 $A \to B \to C \to A$ 运动，速度为 2 cm/s，如何绘制出符合条件的动点 D？

【错解】先谈一个错误的作法。

(1) 在平面上利用多边形工具绘制出三角形 ABC；

(2) $f=$ 折线（A，B，C，A）。

$D=$ 描点（f），得到结果如图 3-5-1 所示。

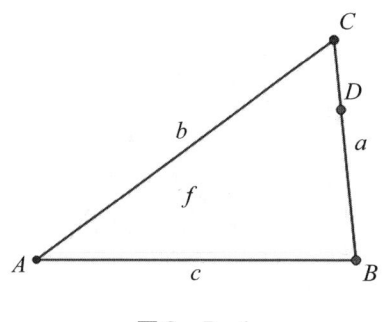

图 3-5-1

即直接使用指令"描点（f）"，然后启动点 D 的动画，将会看到动点在折线上的速度不是均匀的，即点 D 的速度在各段并不一致。

造成这一现象的原因是，在 GeoGebra 软件中，几何对象上的自由点是按路径值均匀变化的规律进行运动的，而不是以路程均匀变化的规律进行运动。

这也就造成了在折线、多边形、直线、射线、圆锥曲线等几何对象上，自由点运动不是匀速的。

关于路径值的更多解释，可参考官网的径值指令说明：https：//wiki.geogebra.org/en/PathParameter_Command，或者肖建伟老师的文章《GeoGebra 几何对象路径值（PathParameter）的理解与应用》（可在肖老师的 QQ 群"GeoGebra 教学交流群"下载）。

在 GeoGebra 软件中，一个物体（如一条线段、一个圆、一个折线等）的路径值都假设为 1，其中假设折线分为"n 折"，在折点上的路径值就分别为 0，$1/n$，$2/n$，…，1。

制作改进：

（1）在平面上利用多边形工具绘制出三角形 ABC；

（2）$f=$ 折线（A，B，C，A）；

（3）新建滑动条 t，范围从 0 到 $(c+a+b)/2$，增量假设为 0.01，重复方式修改为"递增一次"；

（4）输入指令：折线图（$\{0, c/2, (c+a)/2, (c+a+b)/2\}$，$\{0, 1/3, 2/3, 1\}$），得到 $g(x)$；

(5) 描点 (f, g(t)), 即可得到点 D。

【例 1 变式】点 E 沿 A→B→C→A 运动，在 AB 速度为 2 cm/s，在 BC 速度为 1 cm/s；在 CA 速度为 3 cm/s，如何绘制出符合条件的动点 E？（图 3-5-2）

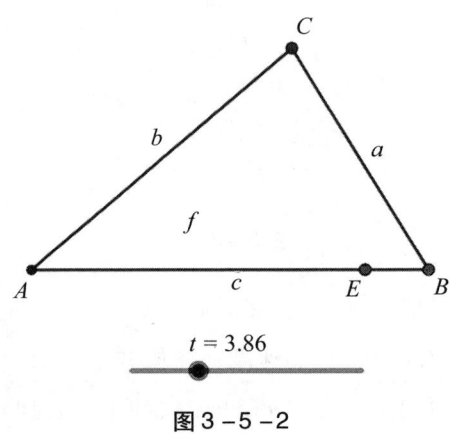

图 3-5-2

【解】绘制方法：

(1) 在平面上利用多边形工具绘制出三角形 ABC；

(2) f = 折线 (A, B, C, A)；

(3) 新建滑动条 t，范围从 0 到 (c+a+b)/2，增量假设为 0.01，重复方式修改为"递增一次"；

(4) g(x) = 折线图 ({0,c/2,c/2+a,c/2+a+b/3},{0,1/3,2/3,1})；

(5) E = 描点 (f, g(t))。

【例 2】（2017 年广州中考第 24 题）如图例 3-5-3 所示，矩形 ABCD 的对角线 AC，BD 相交于点 O，△COD 关于 CD 的对称图形为△CED。

(1) 求证：四边形 OCED 是菱形；

(2) 连接 AE，若 AB = 6 cm，BC = $\sqrt{5}$ cm。①求 sin∠EAD 的值；②若点 P 为线段 AE 上一动点（不与点 A 重合），连接 OP，一动点 Q 从点 O 出发，以 1 cm/s 的速度沿线段 OP 匀速运动到点 P，再以 1.5 cm/s 的速度沿线段 PA 匀速运动到点 A，到达点 A 后停止运动，当点 Q 沿上述路线运动到点 A 所需

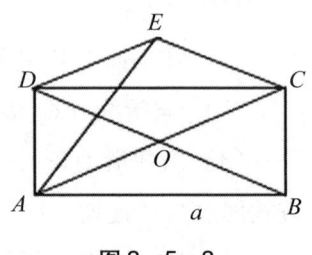

图 3-5-3

要的时间最短时,求 AP 的长和点 Q 走完全程所需的时间。

【解】问题②为著名的胡不归问题模型,需要"化曲为直"。

这里暂且不讨论解法,解题过程可以参考笔者的公众号,搜索"2017 年广州中考第 24 题"。下面主要探讨这个动点 Q 如何制作。

此处的动点 Q 在不同路径(这里为线段)上速度不同,由于路径为线段,直接采用单位向量法即可。

动点 Q 的作法步骤(单位向量法):

(1) 按照题意的数据绘制好矩形;

(2) l = 线段(A,E),P = 描点(l),p = 线段(O,P);

(3) 创建数值滑动条 t(用来表示运动时间),最小值为 0,最大值为 p + 距离(P,A)/1.5,增量为 0.01;

(4) 指令栏输入:Q = 如果($t ⩽ p$,$O + t$ 单位向量($P - O$),$P + (t - p)$ * 1.5 单位向量($A - P$))。

反思:初中的大部分动点都在折线上运动,利用单位向量法绘制这些动点是最简单直接的,如果在不同的线段上速度不同,加一个"如果"指令指定即可。该法的缺点是:如果折线比较多样,或者涉及周期运动,则这个方法比较麻烦。

【例 3】 (2018 年广东省中考第 25 题)已知 $Rt\triangle OAB$,$\angle OAB = 90°$,$\angle ABO = 30°$,斜边 $OB = 4$,将 $Rt\triangle OAB$ 绕点 O 顺时针旋转 $60°$,如题图 3-5-4,连接 BC。

(1) 填空:$\angle OBC$ = _____。

(2) 如题图 3-5-5,连接 AC,作 $OP \perp AC$,垂足为 P,求 OP 的长度。

(3) 如题图 3-5-6,点 M,N 同时从点 O 出发,在 $\triangle OCB$ 边上运动,M 沿 $O \to C \to B$ 路径匀速运动,N 沿 $O \to B \to C$ 路径匀速运动,当两点相遇时运动停止,已知点 M 的运动速度为 1.5 单位/s,点 N 的运动速度为 1 单位/s,设运动时间为 x 秒,$\triangle OMN$ 的面积为 y,求当 x 为何值时 y 取得最大值?最大值为多少?

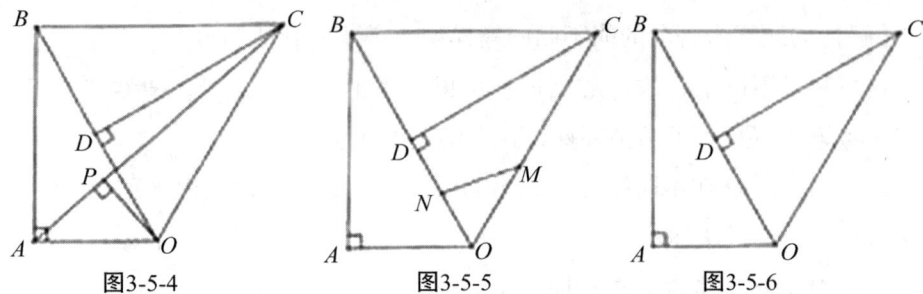

图3-5-4　　　　　图3-5-5　　　　　图3-5-6

【解】 这道题的匀速双动点（不同速度）如何准确地绘制？笔者以前利用单位向量法，具体的解题过程可在笔者的公众号，搜索"2018 广东"即可查看。

随着 GeoGebra 软件的更新，利用折线图指令可以比较快速地完成这个制作。

制作步骤：

（1）在绘图区绘制自由点 A，$O = A + (2, 0)$，$B = A + (0, 2\text{sqrt}(3))$，poly1 = 多边形（$B$，$O$，3），$i$ = 折线（B，A，O），得到基本图形，如图3-5-7 所示；

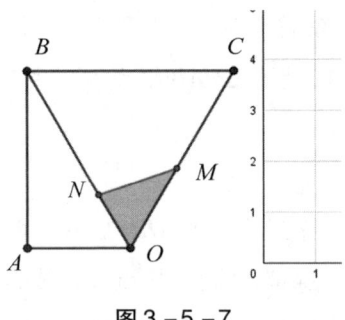

图3-5-7

（2）创设数值滑动条 t，通过计算可知，相遇的时候时间为 4.8 s，所以 t 的范围为 0～4.8，增量设定为 0.01；

（3）指令栏输入：折线图（{0, 4/1.5, 8/1.5}，{0, 0.5, 1}），得到函数 $p(x)$，这一步是关键；

（4）指令栏输入：M = 描点（折线（O，C，B），$p(t)$），得到点 M；

（5）同理，$q(x)$ = 折线图（{0, 4/1, 8/1}，{0, 0.5, 1}），N = 描点

（折线（O，B，C），$q(t)$），得到点 N；

（6）指令栏输入：多边形（O，M，N），得到 $t1$；

（7）$S = (t, t1)$，loc1 = 轨迹（S，t）。

得到轨迹图形，如图 3-5-8 所示。

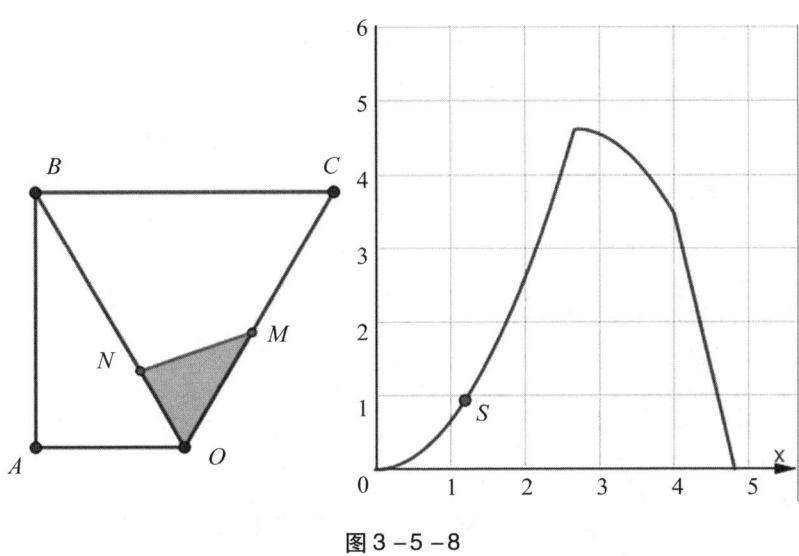

图 3-5-8

说明，在图 3-5-8 中，x 轴和 y 轴的属性设置中，选择"只显示正方向"。

反思：折线图的指令格式如下：折线图（<x 坐标列表>，<y 坐标列表>），即我们需要"<x 坐标列表>"表示时间，"<y 坐标列表>"能表示路径值，这样就能够绘制出以时间为自变量的路径值函数，而 GeoGebra 软件中任何一个图形如线段、折线、列表、椭圆、圆等，路径值都是从 0～1，特别地，折线或线段的列表中，假设分为 n "折"（"段"），路径值则从 0 开始，$1/n$，$2/n$，…，一直到 1。

拓展：如果修改为相遇之后继续运动（即在等边三角形上进行周期运动），求第二次相遇的地点，或者求第三次相遇的地点，则如何绘制呢？

拓展的分析：第一次相遇的时间，可以计算出 $t = 4.8$，所以需要修改时间 t；因为是在 Rt$\triangle OBC$ 上运动，所以折线图指令的数据需要修改；再次，由于涉及周期运动，需要添加"余式"（即 mod）来计算折线图得到的数据函数中的时间。

具体指令为:

(1) 把时间 t 范围修改为 $0-20$;

(2) $r(x) =$ 折线图（{0, 4/1.5, 8/1.5, 16/1.5}, {0, 1/3, 2/3, 1});

(3) $D =$ 描点（折线（O, C, B, O）, r（余式（$t, 16/1.5$)));

(4) $s(x) =$ 折线图({0, 4/1, 8/1, 16/1}, {0, 1/3, 2/3, 1});

(5) $E =$ 描点（折线（O, B, C, O), s（余式（$t, 16$)));

(6) $t2 =$ 多边形（O, E, D), $S' = (t, t2)$, loc2 = 轨迹（S', t）。

得到的面积轨迹图形如图 3-5-9 所示。

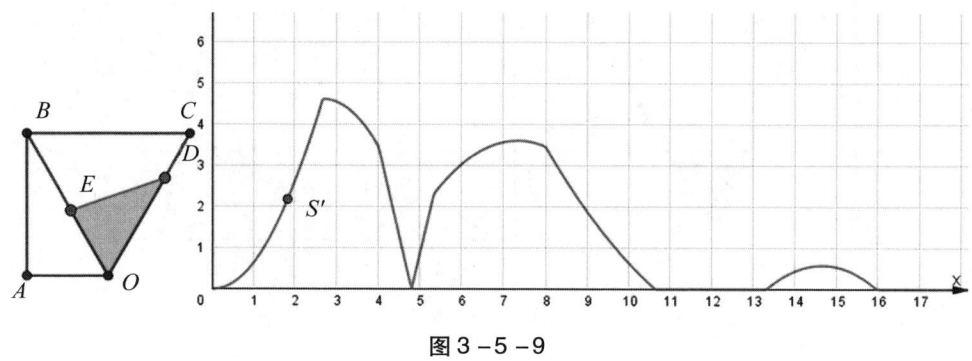

图 3-5-9

【例4】(2022年湖北黄冈中考第16题) 如题图 3-5-10，在 $\triangle ABC$ 中，$\angle B = 36°$，动点 P 从点 A 出发，沿折线 $A \to B \to C$ 匀速运动至点 C 停止。若点 P 的运动速度为 1 cm/s，设点 P 的运动时间为 t (s)，AP 的长度为 y (cm)，y 与 t 的函数图像如题图 3-5-11 所示。当 AP 恰好平分 $\angle BAC$ 时 t 的值为 _____。

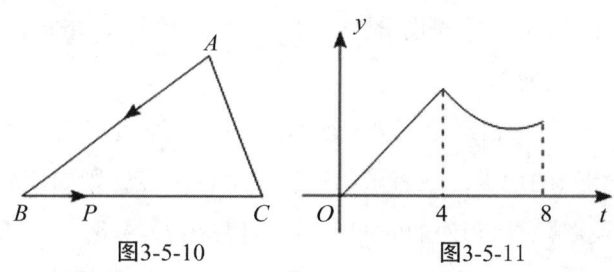

图3-5-10   图3-5-11

【解】此处动点 P 在折线 $A \to B \to C$ 匀速运动到点 C 停止，既可以使用单位向量法，也可以使用折线图指令构造时间——路径值的通法。

拓展：可以思考如下的问题：

（1）如果点 P 在各段的速度不同，例如在 AB 的速度为1，在 BC 的速度为2，在 CA 的速度为3，如何绘制这样的点 P？

（2）如果点 P 在某个点处（如点 B）停留了 2 s 呢？

（3）如果是周期动点 P 呢？

下面介绍如何绘制此例，并且推广到上述的拓展问题。

为了简便，问题修改为：如果点 P 在 AB 的速度为1，在点 B 停留了 2 s，在 BC 的速度为2，在 CA 的速度为3，然后不停地作周期运动，如何绘制这样的点 P？

绘制步骤：

（1）B = 交点（x 轴，y 轴），$C = B +$（4，0），$A = B +$（4；36°），（说明：（4；36°）为极坐标）；

（2）$t1 =$ 多边形（A，B，C），得到 $a =$ 线段（B，C，$t1$），$b =$ 线段（C，A，$t1$），$c =$ 线段（A，B，$t1$），基本图形如图 3 – 5 – 12 所示；

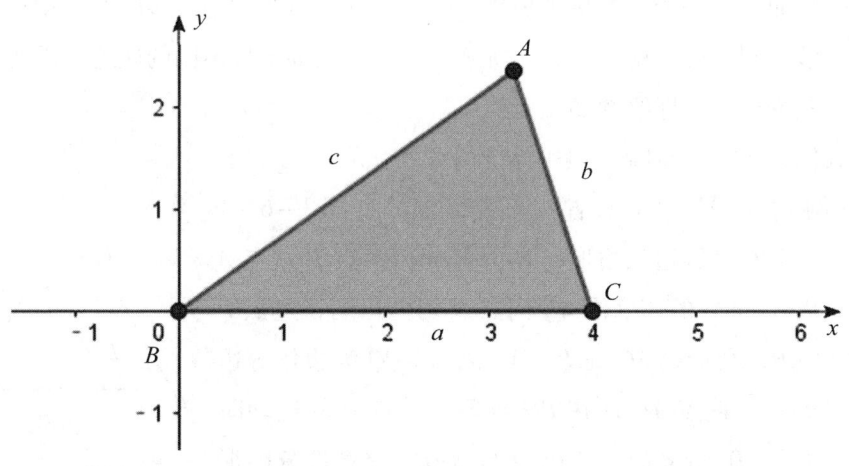

图 3 – 5 – 12

（3）创建滑动条 t，范围为 0 ~ 20；

（4）指令栏输入：折线图（{0，$c/1$，$c/1 + 2$，$c/1 + 2 + a/2$，$c/1 + 2 + a/2 + b/3$}，{0，1/3，1/3，2/3，1}），得到数据函数 $f(x)$；

（5）指令栏输入：余式（t，$c/1 + 2 + a/2 + b/3$），得到 d；

（6）指令栏输入：P＝描点（折线（A，B，C，A），f（d）），即得到周期的动点P。如图3－5－13所示。

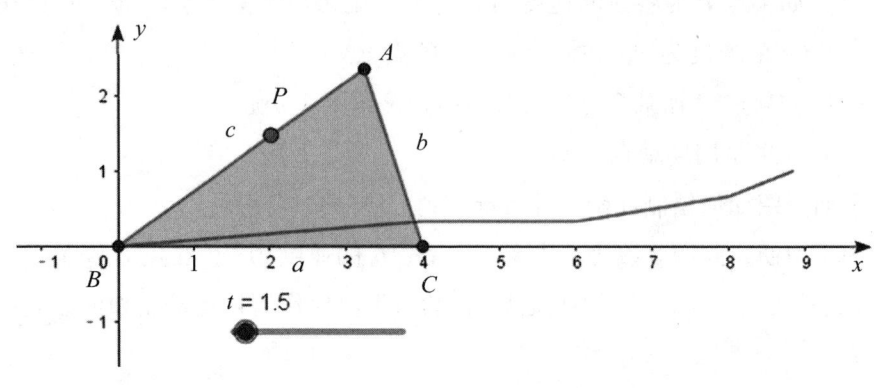

图3－5－13

上述的函数f图像可以隐藏。

3.6 如何绘制分段轨迹和让轨迹逐渐出现

一般而言，一个点的轨迹是整体的一部分，但初中的许多问题，动点的轨迹往往涉及到分类讨论，为了让轨迹在不停的范围呈现不同的颜色，需要对动点做一些变通——即绘制多几个动点。

我们以2020吉林省中考压轴题第25题为例。

【例1】（2020年吉林省中考第25题）如图3－6－1所示，△ABC是等边三角形，AB＝4 cm，动点P从点A出发，以2 cm/s的速度沿AB向点B匀速运动，过点P作PQ⊥AB，交折线AC－CB于点Q，以PQ为边作等边三角形PQD，使点A，D在PQ异侧。设点P的运动时间为x（s）（0＜x＜2），△PQD与△ABC重叠部分图形的面积为y（cm²）。

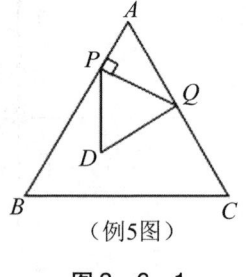

（例5图）

图3－6－1

（1）AP的长为_____cm（用含x的代数式表示）。

（2）当点D落在边BC上时，求x的值。

（3）求y关于x的函数解析式，并写出自变量x的取值范围。

【解】绘制方法：

(1) 在绘图区利用点工具创建自由点 B；

(2) $C = B + (4, 0)$，poly1 = 多边形（B，C，3），得到等边三角形 ABC；

(3) 创建数值滑动条 t，范围从 $0 \sim 2$；

(4) 利用单位向量法绘制动点 P，即指令栏输入：$P = A + 2t$ 单位向量$(B - A)$。

(5) 指令栏输入：垂线（P，h），得到垂线 i；

(6) $Q = $ 交点（i，折线（A，C，B））；

(7) 指令栏输入：多边形（Q，P，3），得到 poly2；

(8) 指令栏输入：{相交路径（poly1，poly2）}，得到列表 $l1$；

(9) $E = (t, $元素$(l1, 1))$，loc1 = 轨迹（$E$，$t$）；

这样得到的一个整体轨迹，如图 3-6-2 所示。

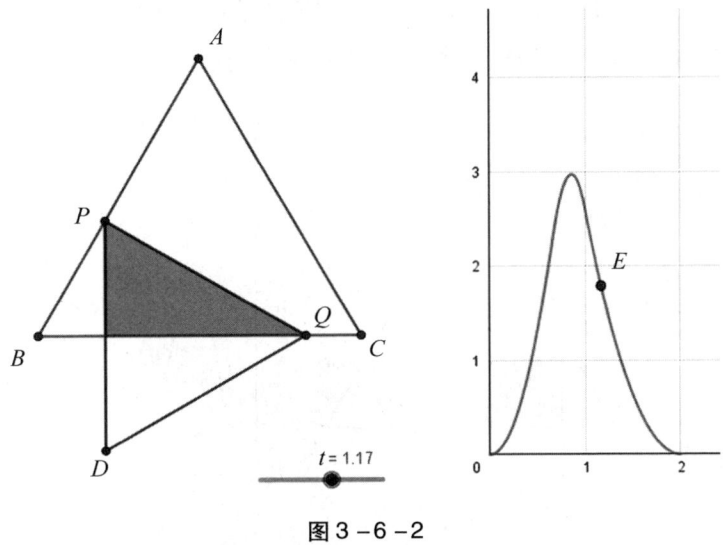

图 3-6-2

那么如何才能得到分段轨迹呢？很简单，根据分类讨论的情况绘制不同的点即可。

(10) $F = $ 如果（$t \leqslant 2/3$，$(t, $元素$(l1, 1)))$，loc2 = 轨迹（$F$，$t$）；

(11) $G = $ 如果（$2/3 < t \leqslant 1$，$(t, $元素$(l1, 1)))$，loc3 = 轨迹（$G$，$t$）；

(12) $H = $ 如果（$1 < t \leqslant 2$，$(t, $元素$(l1, 1)))$，loc4 = 轨迹（$H$，$t$）。

然后把这三个轨迹用不同的颜色标记，这样就得到分段轨迹了，如图 3-6-3 所示。

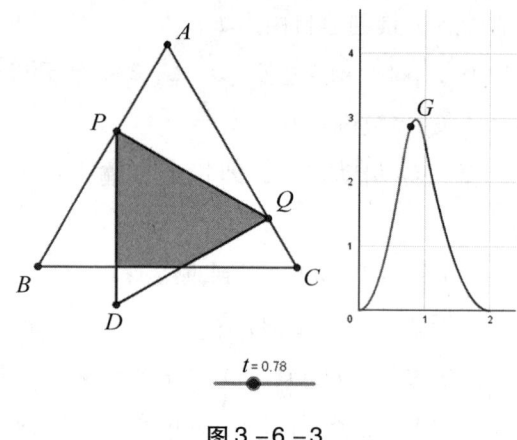

图 3-6-3

进一步地问，如何绘制轨迹逐渐出现的效果呢？也有办法，只需在前面的步骤基础上，创设一个数值滑动条 c，范围 $0\sim2$，然后修改第一个数值滑动条 t 的范围为：$0\sim c$，最后在滑动条 c 的更新脚本写上：赋值（t,c），拉动滑动条 c，即可得到逐渐出现的轨迹了，如图 3-6-4 所示。

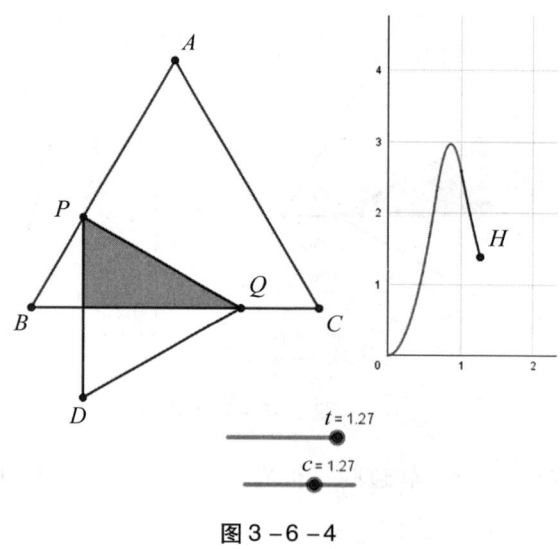

图 3-6-4

3.7 如何利用脚本制作"启动（暂停）""跟踪（不跟踪）"等按钮

在 GeoGebra 软件中，绘制动态的图形是非常重要的，但是，我们想制作一些按钮，方便在课堂上进行交互，那么如何写这些按钮的脚本呢？

3.7.1 制作"启动（暂停）"按钮

假设目标是一个滑动条 a，则先创建一个复选框 b，然后点击按钮工具，在绘图区创建一个按钮，按钮的单击脚本如下：

启动动画 (a, b)
$b = ! b$
设置标题（%0，如果（b,"暂停","开始"））

"初始"按钮，或称为"复位"按钮，只要在脚本写上：赋值（a, a 的初始值），即可。

说明：$b = ! b$，即对 b 进行否定，逻辑值改变, %0 表示对象自己——此处是按钮自己。

假设目标是一个动点 A，也是先创建一个复选框 a，然后点击按钮工具，在绘图区创建一个按钮，按钮的单击脚本如下：

$a = ! a$
启动动画 $[A, a]$
设置标题（%0，如果（a，"暂停"，"开始"））

3.7.2 制作"跟踪（不跟踪）"按钮

假设动点是点 A，而且点 A 在 3D 绘图区，则先创建一个复选框 b，然后点击按钮工具，在绘图区创建一个按钮，按钮的单击脚本如下：

$b = ! b$
设置跟踪 (A, b)
设置标题（%0，如果（b,"不跟","跟踪"））
如果（$b == 0$, {设置活动视图（-1），放大（1）}）

说明：设置活动视图（-1）是激活 3D 绘图区，设置活动视图（1）是激活绘图区 1，设置活动视图（2）是激活绘图区 2。放大（1）在起到"清屏"

的效果。

还有一些控制 3D 绘图区是否旋转的按钮脚本也是类似的，如下：

$j = !j$

if（j，设置转速（2），设置转速（0））

设置标题（%0，如果（j，"转动"，"暂停"））

3.8 如何让动点或滑动条在指定位置暂停

如何让动点或滑动条在指定位置暂停，众多 GeoGebra 软件高手总结了不少有益的经验，其中，以浙江潘立强老师的总结的比较合适初高中教学使用。具体方法如下：

（1）创建滑动条 a，取值范围据具体问题设置，此处设为 $-6 \sim 6$，设置重复为递增一次。

（2）创建一个列表，存放需要停止处滑动条的取值，取值应按从小到大的顺序排列。

（3）创建变量 n，用于指明下一次要停止处的滑动条取值在列表 $l1$ 中的位置。

（4）设置滑动条 a 的更新脚本：

如果［abs（a - 元素［$l1$，n］）＜0.1，｛赋值［a，元素［$l1$，n］］，启动动画［a，$False$］，赋值［n，$n+1$］｝］

脚本解析：① 当 a 当前取值与下一个停止处取值的距离小于 0.1 时，将变量 a 直接设置为下一个停止处的取值，使滑动条停止，并使 n 加 1，下一个停止取值指向下一个元素。② 此处的 0.1，是按需取的。考虑两个方面问题：滑动条的速度与增量大小，速度或增量越大时，值 0.1 可能需增大一些，不然可能会无法停止；两个相邻停止值时的最小距离，最小距离越小，则值 0.1 需减小一些。

（5）创建初始化按钮，单击时脚本为：

$n = 1$ #指下一个停止位置取值为列表 $l1$ 的第一元素

$a = -6$ #设置 a 的值滑动条 a 的最小值。

(6) 创建启动动画按钮,单击时脚本为:启动动画 $[a, true]$

如果是动点,如是点 D,想在某个图形的路径值 0.75 处停止,则在动点 D 的更新脚本指令写上:

如果 $[abs($ 路径值 $(D) - 0.75) < 0.02, \{$ 赋值 $[D,$ 描点 $(j, 0.75)]$,启动动画 $[D, False]\}]$。

3.9 如何制作连续动画

在初高中教学中,有许多动画是"连续、分步"完成的,那么是否需要创设多个滑动条进行控制呢?这当然是可以的,但是,也带来了如何让这么多的滑动条"分步"完成的问题。

本文介绍只需要一个滑动条,就可以控制多个连续动画的方法。这个方法我们称为"滑动条裂变或合并"法。

方法 1:

第 1 步,先创建一个整数滑动条 n,范围为 1 ~ 12;

第 2 步,创建一个滑动条 k(这是真正的控制动画的滑动条),范围为 0 ~ n,增量为 0.01;

第 3 步,输入指令:$l1 = $ 序列(如果 $(k < i-1, 0, k \geq i, 1, k - $ floor $(k))$,$i, 1, n)$,其中的 $k - $ floor (k) 可以用 fractionalPart (k),或者 mod $(k, 1)$,来代替;

第 4 步,$l1$(1)代表第一个范围为 0 ~ 1 的滑动条,$l1$(2)得到第二个范围为 0 ~ 1 的滑动条……

方法 2:如果一个滑动条 a,0 ~ 5,要创建 5 个步骤的动画。

第 1 步,指令:$l1 = $ 序列(最大值(最小值$(a-k, 1), 0), k, 0, 4$);

第 2 步,$l1$(1)代表第一个范围为 0 - 1 的滑动条,$l1$(2)得到第二个范围为 0 ~ 1 的滑动条……

笔者的公众号有多个利用这个方法得到连续的分步的动画。以初中经典的将军饮马(最短路径)为例,如图 3 - 9 - 1 所示。

目标想制作出下列的动画步骤:

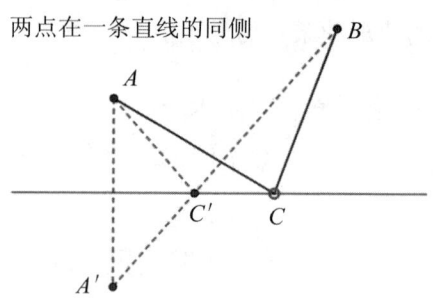

图 3-9-1

（1）动画 1：线段 AA' 从点 A 开始，达到 A'；

（2）动画 2：线段 $A'B$ 从点 A' 开始，达到 B；

（3）在连接线段 $A'B$ 的时候，交点 C' 适时出现（这里用条件显示即可）；

（4）动画 3：线段 AC' 从点 A 开始，达到 C'。

制作步骤：

第 1 步，绘制出基本图形，如图 3-9-2 所示；

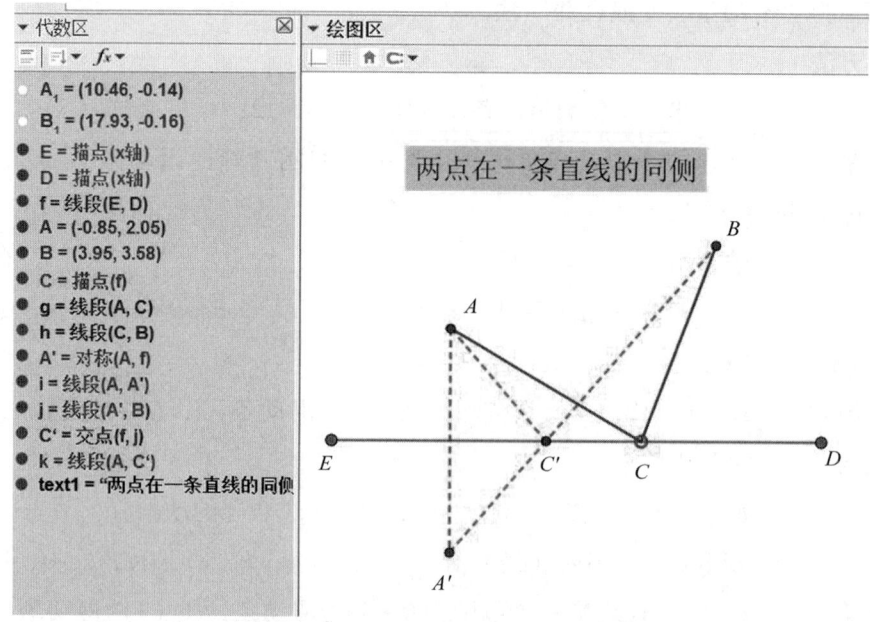

图 3-9-2

第 2 步，创建整数滑动条 n，范围 1～8，由此题可知需要 3 个动画，所以把滑动条 n 拉动到 3 的位置，然后滑动条 n 可以隐藏；创建数值滑动条 k，范围 0～n，增量 0.01，动画方式为递增一次；

第 3 步，$l1$ = 序列（如果（$k < i-1$，0，$k \geq i$，1，$k - floor(k)$），i，1，n）；

第 4 步，F = 描点（线段（A，A'），$l1(1)$），右键属性，设置其显示条件：$0 < k < 1$；

第 5 步，l = 线段（A，F），设置其显示条件：$0 < k$；

第 6 步，其他动画同理，如：

G = 描点（线段（A'，B），$l1(2)$），设置其显示条件：$1 < k < 2$；

m = 线段（F，G），设置其显示条件：$1 < k$；

H = 描点（线段（A，C'），$l1(3)$），设置其显示条件：$2 < k < 3$；

p = 线段（A，H），设置其显示条件：$2 < k$；

第 7 步，设置点 A' 的显示条件（$k>1$）和点 C' 的显示条件（$k>1.3$）；

第 8 步，创建"初始"按钮，单击脚本为：赋值（k，0）；

创建"启动"按钮，单击脚本为：启动动画（k，$true$）。

然后隐藏一些不必要的线段和点，即可以尝试动画效果啦！

静态效果如图 3-9-3 所示。

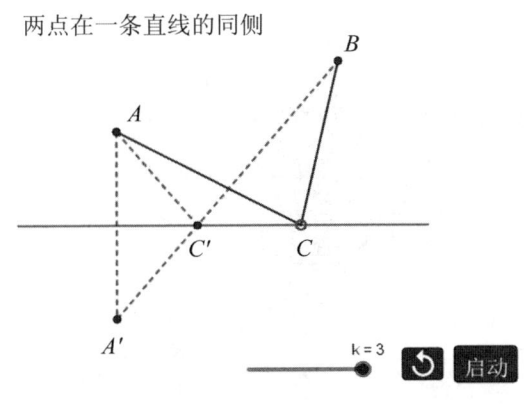

图 3-9-3

动态效果可以在笔者的公众号，通过查询"最短路径"找到。

3.10 如何利用脚本制作三视图的按钮

三视图在 3D 里面有相关的开关按钮，如图 3-20-1 所示。

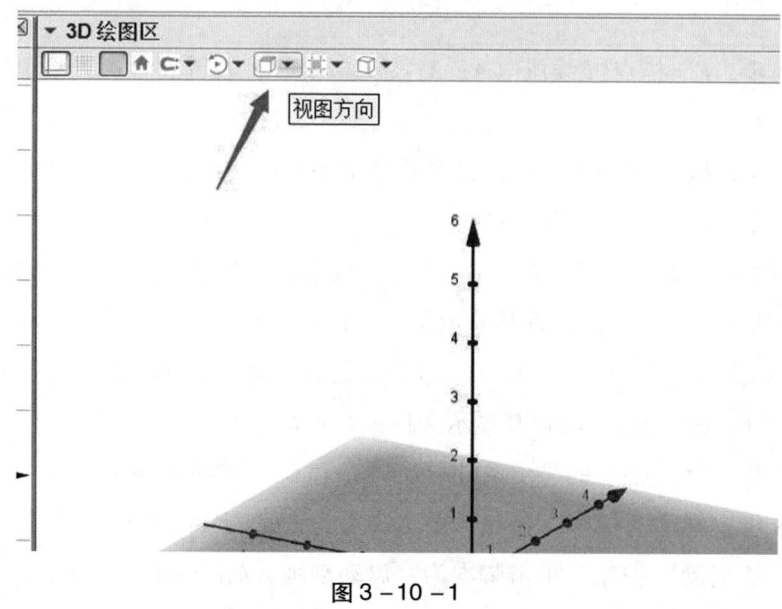

图 3-10-1

分别为 xOy 平面视图（对应的是俯视图或仰视图）、xOz 平面视图（对应的是正视图或后视图）、yOz 平面视图（对应的是左视图或右视图），旋转复位。

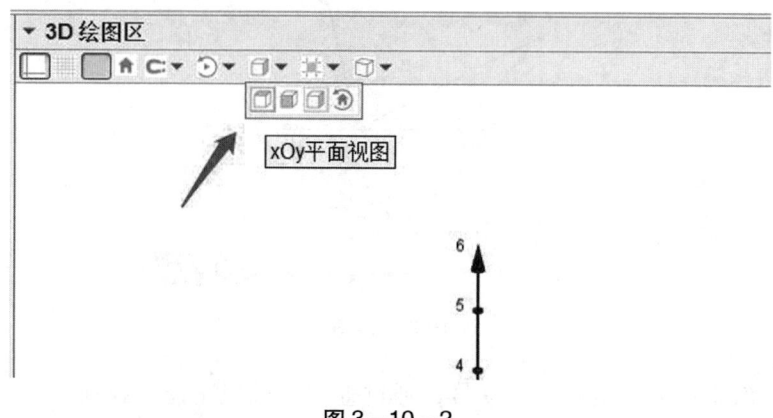

图 3-10-2

如果想自行制作按钮，如何写三视图的指令呢？需要指令：设置视图方向。

先创建四个按钮，标题分别是正视图、左视图、俯视图、还原视图；

正视图的指令：设置视图方向（向量((0，1，0)))；
左视图的指令：设置视图方向（向量((1，0，0)))；
俯视图的指令：设置视图方向（向量((0，0，-1)))；
还原视图的指令：设置视图方向（）。

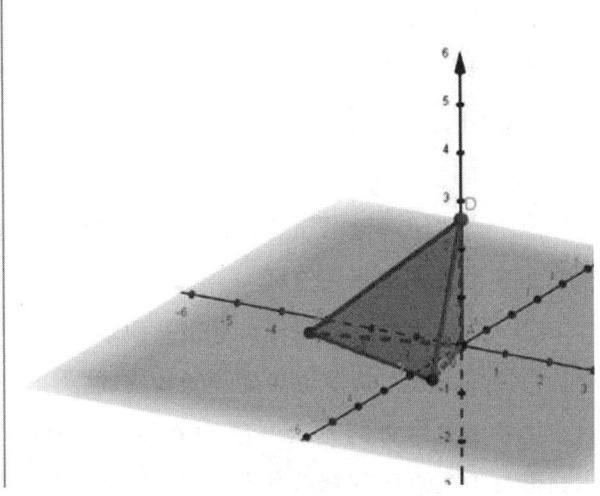

图 3-10-3

当然，还可以根据实际情况调整视图的方向，如图 3-10-3 所示。

3.11 如何利用图层进行快速分页

在几何画板中可以进行分页，在网络画板可以建立活页，但在 GeoGebra 并没有直接可以分页的功能。

为了 GeoGebra 解决分页的困境，笔者曾经尝试过多种分页方法，如笔者的公众号文章《GeoGebra 基础入门 24：多页或分页显示》。

也可以利用两个整数滑动条控制条件显示，体现出多页的效果，原理是：第一个整数滑动条命名为 yema，作用是控制页数，如第 2 页的全部文字、图片等，利用条件显示 yema == 2 控制；第二整数滑动条命名为 bushu，控制某一页的动画步数，例如第 2 页的某个动作，显示条件为 yema == 2&&bushu >= 2 之类。

但是这样的制作，对于条件显示的设置比较复杂，制作起来比较费时！

有没有简化的方法呢？有！

GeoGebra 可以分图层，利用显示图层和隐藏图层可以建立分页。

传统的 GeoGebra 图层分页，也有如下的困难：

假设一共有 5 页，如果通过按钮，脚本为

显示图层（3）

隐藏图层（1）

隐藏图层（2）

隐藏图层（4）

隐藏图层（5）

点击该按钮来显示第三页，隐藏总页数为五页的其他页，再通过类似的几个按钮来显示和隐藏其他页。

这样做虽然可以实现分页但是按钮较多，多少页就需要多少个按钮。而且增加页面时，脚本指令也需要改动和增加。

笔者借鉴已有的方法（感谢陈照仁老师），并且结合自己教学实践的需求，进行了大幅度的修改优化，即利用图层快速多页设置的方法，制作步骤如下：

（1）建立一个整数滑动条 n，但范围最多也是 $1 \sim 9$（因为一共有 9 个图层）；

（2）建立一个整数滑动条 m，范围为具体用了多少页，如假设 GeoGebra 课件需要 6 页，则范围为 $1 \sim 6$；

（3）指令栏输入指令：

$l1 = 序列(n)$

$l2 = 去除(l1, \{l1(m)\})$

（4）新建标题为"下一页"的按钮，脚本指令为：

if($m <= 7$, 赋值($m, m+1$))

显示图层(m)

隐藏图层($l2(1)$)

隐藏图层($l2(2)$)

隐藏图层($l2(3)$)

隐藏图层($l2(4)$)

隐藏图层($l2(5)$)

隐藏图层($l2(6)$)

隐藏图层($l2(7)$)

（5）新建标题为"上一页"的按钮，脚本指令为：

if($m>=1$,赋值($m,m-1$))

显示图层(m)

隐藏图层($l2(1)$)

隐藏图层($l2(2)$)

隐藏图层($l2(3)$)

隐藏图层($l2(4)$)

隐藏图层($l2(5)$)

隐藏图层($l2(6)$)

隐藏图层($l2(7)$)

（6）文本"首页"的指令为：

赋值($m,1$)

显示图层(m)

隐藏图层($l2(1)$)

隐藏图层($l2(2)$)

隐藏图层($l2(3)$)

隐藏图层($l2(4)$)

隐藏图层($l2(5)$)

隐藏图层($l2(6)$)

隐藏图层($l2(7)$)

（7）文本"例1"的指令为：

赋值($m,2$)

显示图层(m)

隐藏图层($l2(1)$)

隐藏图层($l2(2)$)

隐藏图层($l2(3)$)

隐藏图层($l2(4)$)

隐藏图层($l2(5)$)

隐藏图层($l2(6)$)

隐藏图层($l2(7)$)

…………

看起来脚本多，其实只需复制即可，所以制作起来也不算费时！

注意事项：

（1）完成上述操作后，再开始做第一页的内容，把第一页的第一个对象先放到图层1，可以在属性中设置，也可以在指令栏中输入"设置图层（<对象>，1）"，接下来的对象会自动在图层1……以此类推，做完最后一页。建议不要在做完所有对象再设置图层。进行相关美化，就可以保存文件。

实际上，这一步骤在不同的 GeoGebra 设定中，不能完全采用，你也可尝试尝试！

（2）在某一图层（即某一页中），全部做完绘图、输入文字之后，再用右键框选，然后在图层属性中，选择所需要的图层，这样更加快捷！

（3）所有控制图层的按钮、文字（可以放在不同的绘图区），但都必须设置在最高层如第9图层！（图层高的，会遮盖图层低的）。

（4）也可在笔者的公众号，搜索"图层分页"，里面有更多的案例。

3.12 如何绘制周期函数

【例1】设函数 $f(x)$ 是定义在 **R** 上的偶函数，对任意 $x \in \mathbf{R}$，都有 $f(x) = f(x+4)$，且当 $x \in [-2, 0]$ 时，$f(x) = 0.5^x - 1$，关于 x 的方程 $f(x) - \log a(x+2) = 0$ $(a > 1)$ 在区间 $(-2, 6)$ 内恰有3个互不相等的实数根，则实数 a 的取值范围是（　　）。

A. $(\sqrt[3]{4}, 2)$，　　B. $[\sqrt[3]{4}, 2)$，　　C. $(\sqrt[3]{4}, 2]$，　　D. $(\sqrt{3}, +\infty)$

3.12.1 问题分析

（1）这是一个周期函数，周期为4。

（2）这还是一个偶函数，并且知道了在 $[-2, 0]$ 的函数方程。

(3) 已知 $f(x)$ 和对数函数 $\log a(x+2)$ 的交点有三个，反过来求 a 的范围。

所以这道题应该是"数形结合"，把两个函数都画出来，再观察交点的个数，来求得 a 的范围。

那么在 GeoGebra 软件中，这样的周期函数如何绘制呢？

3.12.2 秘诀在于取整运算的 floor、ceil 或 round 函数

floor(x) 返回的是小于或等于 x 的最大整数。

如：floor(10.5) = 10，floor(-10.5) = -11;

ceil 函数：ceil(x) 返回的是大于 x 的最小整数。

如 ceil(10.5) = 11，ceil(-10.5) = -10

其实这两个英文单词本身的含义，一个是地板，一个是天花板，多么形象！

3.12.3 利用取整函数绘制周期函数的原理

案例1：输入：$f(x) = x^2 + 2x$，和 $f(x - 2floor(x/2))$，效果如图 3-12-1 所示。

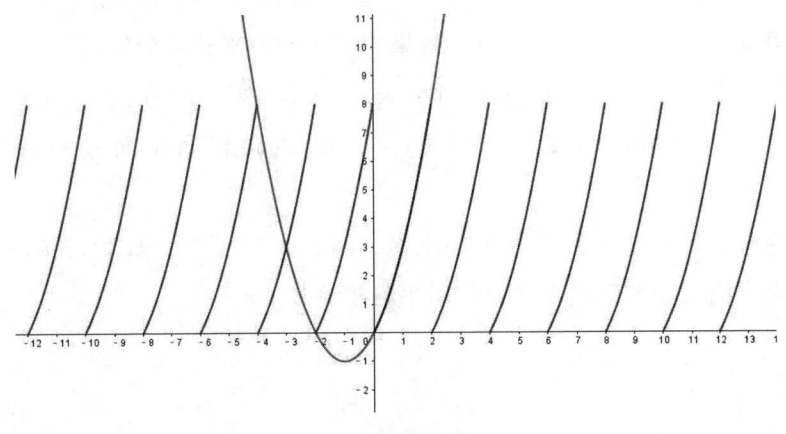

图 3-12-1

把解析式拉出来，效果如图 3-12-2 所示。

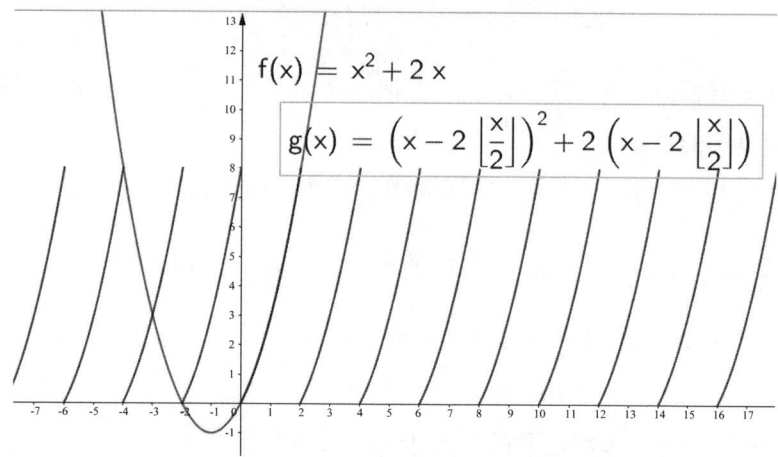

图 3-12-2

为什么 $f(x-2\text{floor}(x/2))$ 能得到以 2 为周期的函数？原理是：

（1）如果 $0<=x<2$，则 $0<=x/2<1$，则此时 floor$(x/2)=0$。即此时 $f(x-2\text{floor}(x/2))=f(x-0)=f(x)$。

（2）如果 $2<=x<4$，则 $1<=x/2<2$，则此时 floor$(x/2)=1$。即此时 $f(x-2\text{floor}(x/2))=f(x-2)$，效果相当于向右平移 2 个单位。

（3）如果 $4<=x<6$，则 $2<=x/2<3$，则此时 floor$(x/2)=2$。即此时 $f(x-2\text{floor}(x/2))=f(x-4)$，效果相当于向右平移 4 个单位。

（4）如果 $-2<=x<0$，则 $-1<=x/2<0$，则此时 floor$(x/2)=-1$。即此时 $f(x-2\text{floor}(x/2))=f(x+2)$，效果相当于向左平移 2 个单位；……依次类推。

这样就相当于把 $(0,2)$ 内的图像，进行左右平移，从而得到周期函数的图像——因为周期函数本质也就是平移得到的。

3.12.4 试验推广

第 1 步，创建的滑条 T 表示周期 T，范围为 $-5,5$；

第 2 步，在 x 轴上构造一个动点 A，在指令栏输入：$x=x(A)$；

第 3 步，修改 $g(x)$ 的解析式为：$f(x-T\text{floor}((x-a)/T))$ 则效果如图 3-12-3 所示。

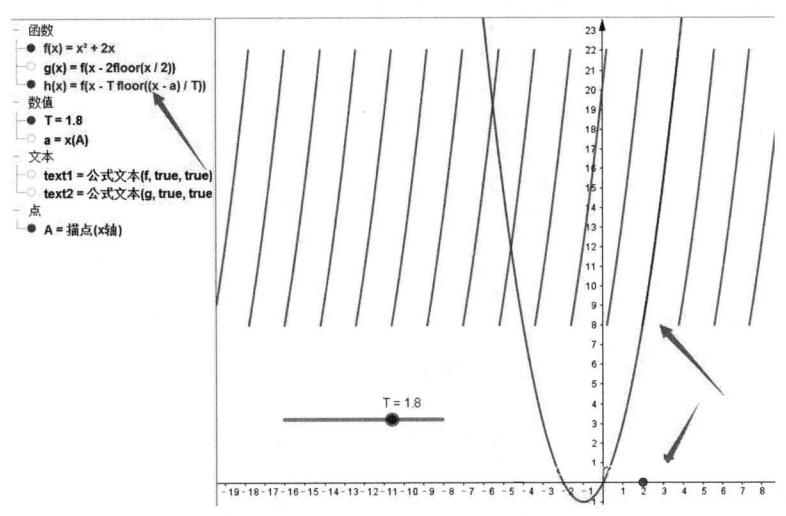

图 3-12-3

推广到一般情况。

（1）如果函数 $f(x)$，已知在区间 $(0,T)$ 上的图像，则 $f(x-T*\text{floor}(x/T))$，就能把原函数进行左右平移，效果相当于得到周期为 T 的周期函数。

（2）如果给的函数，开始的区间不是 $(0,T)$，而是其他区间，如 (a,b) 等，怎么办？（周期还是 T）

则平移的函数为：$f(x-T\,\text{floor}((x-a)/T))$，和 b 没有关系！效果相当于把原始函数的定义区间搬到 $(0,b-a)$ 上。

你可以可以对上面的结论也尝试证明。

3.12.5　问题正解

第1步，指令栏输入：$f(x)$ = 如果（$-2\leqslant x\leqslant 0$,(1/2)^x-1, $0\leqslant x\leqslant 2$,(1/2)^($-x$)-1），得到一个区间在 $(-2,2)$ 的偶函数，如图 3-12-4 所示。

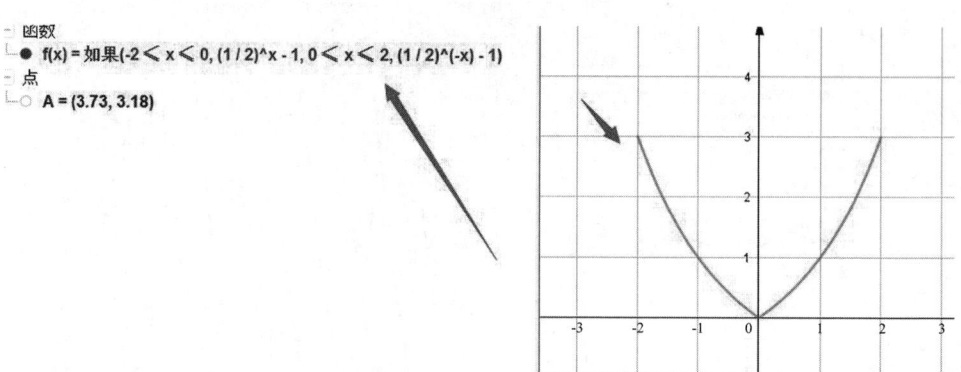

图 3 – 12 – 4

第2步，输入：$f(x-4\text{floor}((x+2)/4))$，得到周期函数 g，如图 3 – 12 – 5 所示。

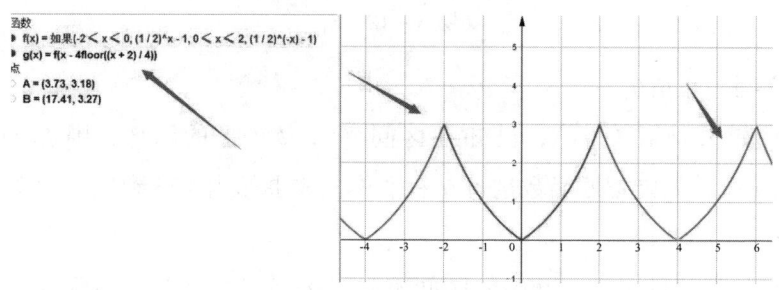

图 3 – 12 – 5

第3步，创建滑条 a，范围为 $1.2 \sim 5$，再输入：$\log(a, x+2)$ 得到 h，这个对数函数的图像，如图 3 – 12 – 6 所示。

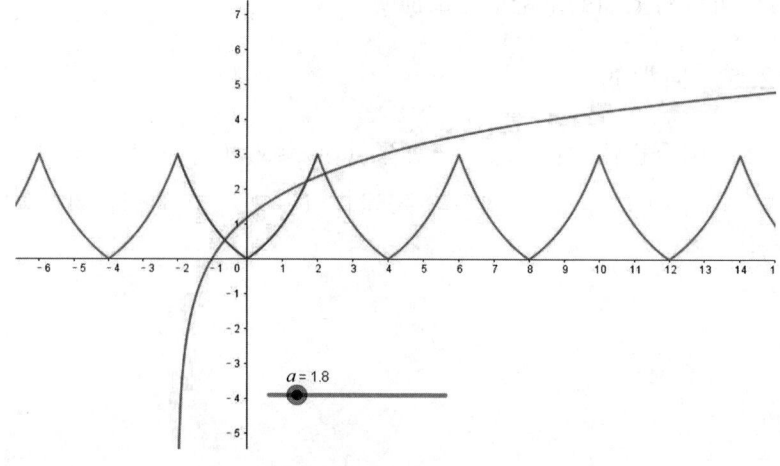

图 3 – 12 – 6

第4步，利用交点指令，得到交点，也可以点击工具栏上的交点工具，但是这些交点似乎不稳定，如图3-12-7所示。

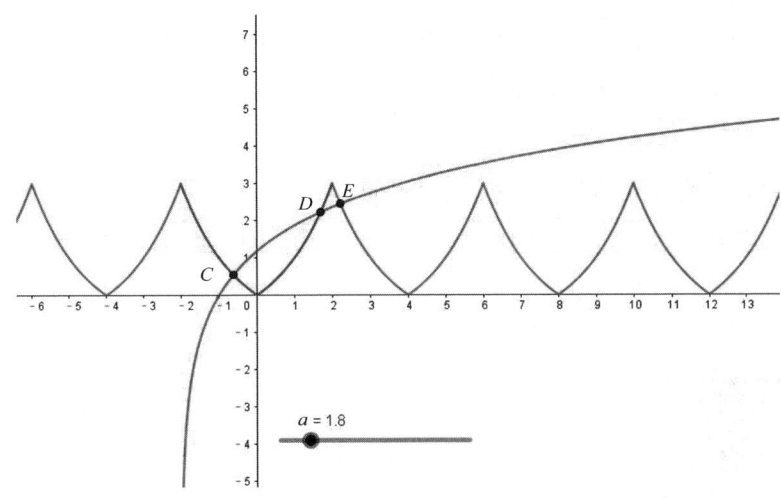

图3-12-7

反思1：为了改进交点的做法，第4步可以利用一个映射的指令进行改进：

映射（交点（g，h，p，q），p，$\{-2, 0, 2, 4\}$，q，$\{0, 2, 4, 6\}$）。

解读：这里使用了交点指令：

交点（＜对象＞，＜对象＞，＜交点索引＞）

即第一个交点的范围是（-2，0），第二个交点的范围是（0，2），……拉出数值来看，如图3-12-8所示。

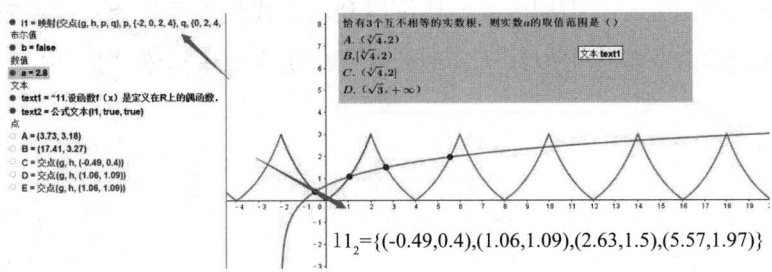

图3-12-8

3.12.6 周期函数还可用序列+平移

制作方法如下:

(1) $f(x)$ = 如果($-2 \leqslant x < 0$,$(1/2)\verb|^|x - 1$);

(2) $f\_\{1\}$ = 对称(f,y 轴);

(3) $l1 = \{f, f\_\{1\}\}$;

(4) 创建整数滑动条 n,范围从 $0 \sim 6$;

(5) 序列(平移($l1$,$(4k, 0)$),k,0,n),得到 $m1$。

效果如图 3-12-9 所示。

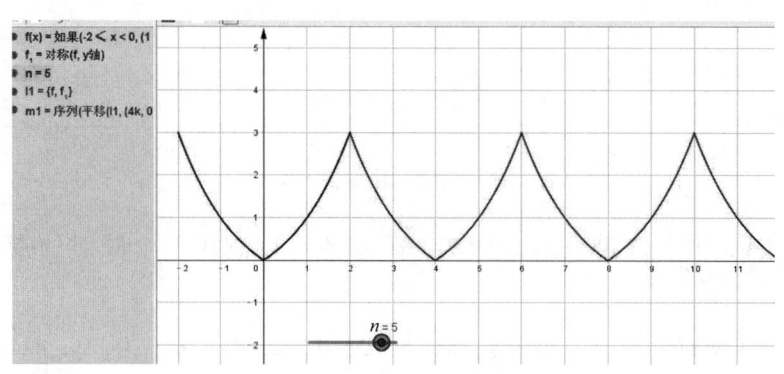

图 3-12-9

序列产生周期函数的优点,可以通过滑条拉动,让平移的效果出现,缺点是不能用直接交点指令来求交点,如何改进?可以把列表的元素提取出来,再求交点。

关于周期函数和类周期函数,还可以利用迭代列表等指令,或者充分利用表格的迭代功能,具体可以在笔者的公众号历史文章中搜索"周期"。

第 4 章 GeoGebra 软件制作初中若干经典案例

GeoGebra 软件制作初中教材和中考的问题，利用点的运算制作可以快速而简洁，利用滑动条作为参数可以生动的展示动态变化，而对于学生感到比较困难的压轴难题，利用 GeoGebra 软件制作、研究、推广，可以体现出"一题一课"的理念。限于篇幅，本章选择了人教版教材和中考的若干典型例子，主要阐述利用 GeoGebra 软件如何制作，更多的案例可以参考笔者的公众号"GeoGerba 与数学深度融合"文章或视频。

4.1 神奇的正方体的堆积及其变式问题

目标是要得到下面的正方体堆积（来自人教版七年级数学上册第 71 页第 12 题），并且利用滑动条对这题进行变式编题。

【例 1】 10 个棱长为 a cm 的正方体摆放成如图 4-1-1 所示形状，这个图形的表面积是多少？

图 4-1-1

【解】绘制步骤：

（1）新建整数滑动条 n，范围为 $1\sim 4$；

（2）$l1 =$ 扁平列表（序列（序列（序列$((p, q, r), q, 0, n-p-r)$，

p, 0, $n-r$), r, 0, n));

这个 $l1$ 得到是空间点阵,如图 4-1-2 所示。

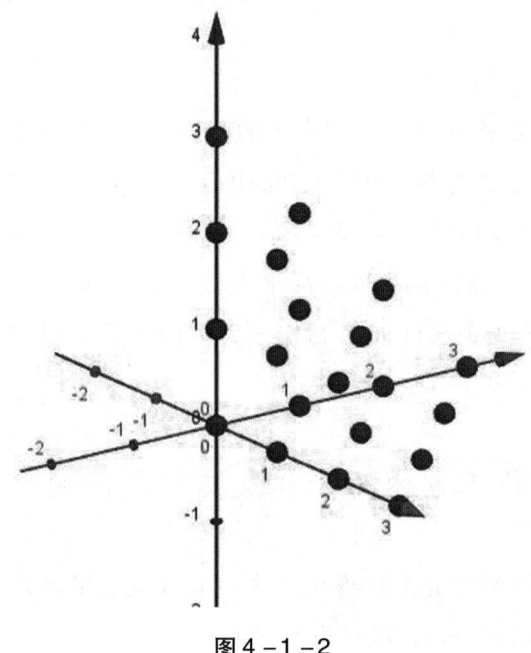

图 4-1-2

(3) C = 交点(x 轴,z 轴),$D = C +$ (1,0,0),{正六面体(多边形(C, D, 4))},得到 l_2;

说明:这个步骤的目的是制作一个边长为 1 的正方体,加是花括号的原因是不想出现太多的边和点。

(4) l_3 = 映射(平移(l_2,向量(p)),p, l_1);

(5) $l_4 = l_3$。

说明:第(5)步的原因是构造一个和 l_3 一样的 l_4,这样通过设定 l_3 和 l_4 不同的颜色、线径,使得立体感和边界感更强。

通过拉动 n,得到更多的变式练习,如图 4-1-3 所示。

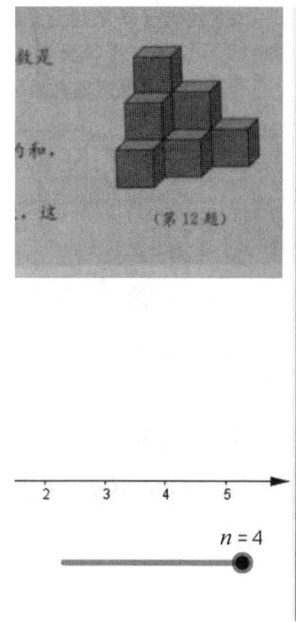

图 4-1-3

由题可知,从上、下、左、右、前、后六个方向看该图形,形状都如图 4-1-4 所示,每个面的面积是 $6a^2$ cm^2,所以它的表面积是 $36a^2$ cm^2。

图 4-1-4

反思1:如果题图如图 4-1-5 所示,如何绘制?

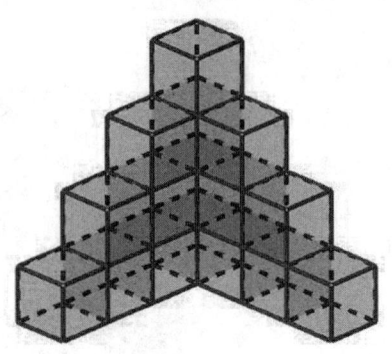

图 4-1-5

这类正方体的堆积问题,本质上是"空间点阵"的问题。需要利用三个序列的嵌套,绘制出符合条件的空间点阵,然后利用平移得到立体的堆积效果!

绘制步骤如下:

(1) $l1$ = 去除未定义对象(扁平列表(序列(序列(序列(如果(ij≥0, (i, j, k)), k, 0, $n-i-j$), j, 0, $n-i$), i, 0, n)));

目标是得到如图 4-1-6 所示的点阵。

(2) {正六面体$((0, 0, 0), (1, 0, 0))$},得到 $l2$;

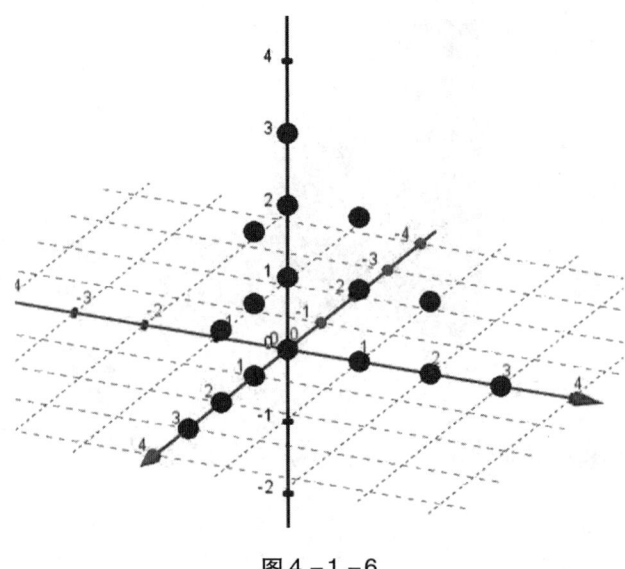

图 4-1-6

（3）映射（平移（l_2，向量（p）），p，l_1），得到 m_1；

（4）$m_2 = m_1$。

效果如图 4-1-7 所示。

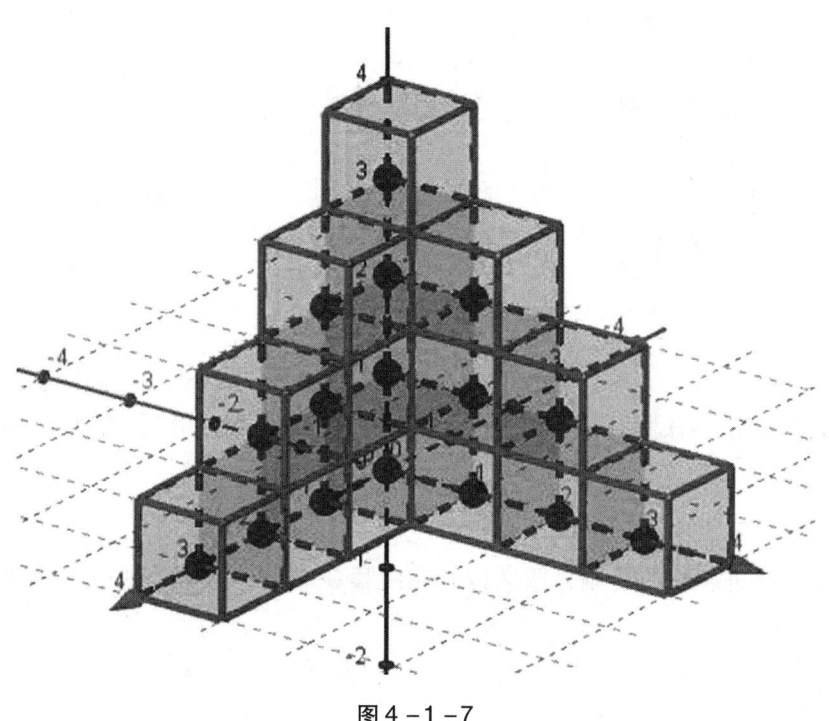

图 4-1-7

反思 2：此例 $l1$ 的点阵制作，还可以有多种方法，充分体现了 GeoGebra 利用点的运算即可快速地表达各种约束条件，请大家仔细体会。

4.2 月历制作

下面介绍如何用 GeoGebra 制作如图 4-2-1 所示的月历。

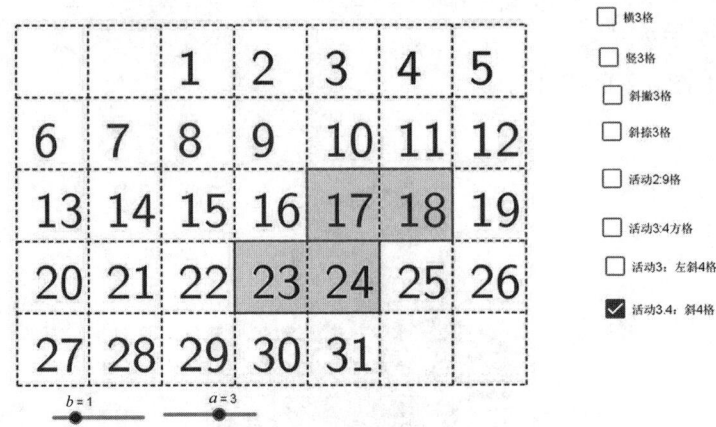

图 4-2-1

原来的制作方法，可在笔者的公众号，搜索"月历"，此处讲方法的改进。

改进的指令和要点如下：

（1）改进表格的绘制，原文件利用线段一个一个绘制，现在可以利用指令一步到位，即：

$a\_\{1\}$ = 曲面（$(0, 0) + (s, t)$，s，0，7，t，0，5），

或者：$l1$ = 扁平列表（序列（序列（多边形（(s, t)，$(s, t) + (1, 0)$），4），s，0，6，1），t，4，0，-1））；

（2）改进 1-31 的数值书写，原先一个一个文字输入，现在利用指令书写：

$l2$ = 映射（形心（p），p，$l1$）；

$l3$ = 提取（$l2$，3，33）；

创建自由点 A；

$l4$ = 映射（文本（p，$q + A$，true，true），p，$1 \cdots 31$，q，$l3$）；

效果如图 4-2-2 所示。

图 4-2-2

（3）改进原先的分页和各种多边形的绘制，原先的分页完全可以利用复选框，原先的多边形利用点的运算：

$u = $ 向量$((1, 0))$；

$v = $ 向量$((0, 1))$；

创设两个滑动条 a, b，范围为 0 到 6，增量为 1；

$l5 = \{$多边形$((0, 0) + a\,u + b\,v, (0, 0) + a\,u + b\,v + (3, 0), (0, 0) + a\,u + b\,v + (3, 1), (0, 0) + a\,u + b\,v + (0, 1))\}$；

然后利用复选框选定它。

这个即画出横 3 格，如图 4-2-3 所示。

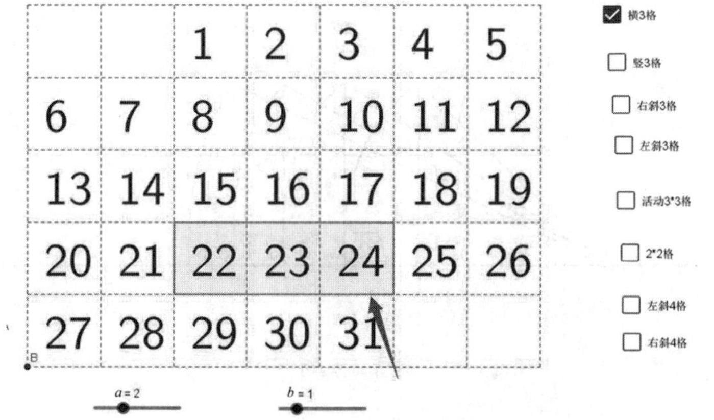

图 4-2-3

其他的类似,指令如图4-2-4所示。

```
u = 向量((1, 0))
v = 向量((0, 1))
● a = 2
● b = 1
  l5 = {多边形((0, 0) + a u + b v, (0, 0) + a u + b v + (3, 0), (0, 0) + a u + b v + (3, 1), (0, 0) + a u + b v + (0, 1))}
  l6 = {多边形(B + a u + b v, B + a u + b v + (1, 0), B + a u + b v + (1, 3), B + a u + b v + (0, 3))}
  l7 = {多边形(B + a u + b v, B + a u + b v + (1, 0), B + a u + b v + (1, 1), B + a u + b v + (0, 1))}
  m1 = {平移(l7, (1, 1)), 平移(l7, 向量(2(1, 1)))}
● c = true
  d = false
  e = false
  m2 = {平移(l7, (0, 0)), 平移(l7, (-1, 1)), 平移(l7, (-1, 1) * 2)}
● f = false
  l8 = {多边形(B + a u + b v, B + a u + b v + (3, 0), B + a u + b v + (3, 3), B + a u + b v + (0, 3))}
● g = false
  l9 = {多边形(B + a u + b v, B + a u + b v + (2, 0), B + a u + b v + (2, 2), B + a u + b v + (0, 2))}
● h = false
  l10 = {多边形(B + a u + b v, B + a u + b v + (2, 0), B + a u + b v + (2, 1), B + a u + b v + (0, 1))}
  l10' = 平移(l10, (-1, 1))
● i = false
  l11 = {多边形(B + a u + b v, B + a u + b v + (2, 0), B + a u + b v + (2, 1), B + a u + b v + (0, 1))}
  l11' = 平移(l11, (1, 1))
● j = false
```

图4-2-4

4.3 美丽的图形——$\sqrt{n}$ 的长度

下面介绍利用 GeoGebra 工具绘制"$\sqrt{n}$ 的长度"演示图如图4-3-1所示。

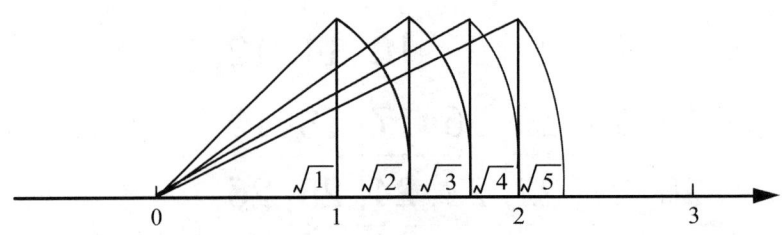

图4-3-1

第4章 GeoGebra软件制作初中若干经典案例

（1）点击绘图区，点击 y 轴，"不显示 y 轴"，如图 4-3-2 所示；

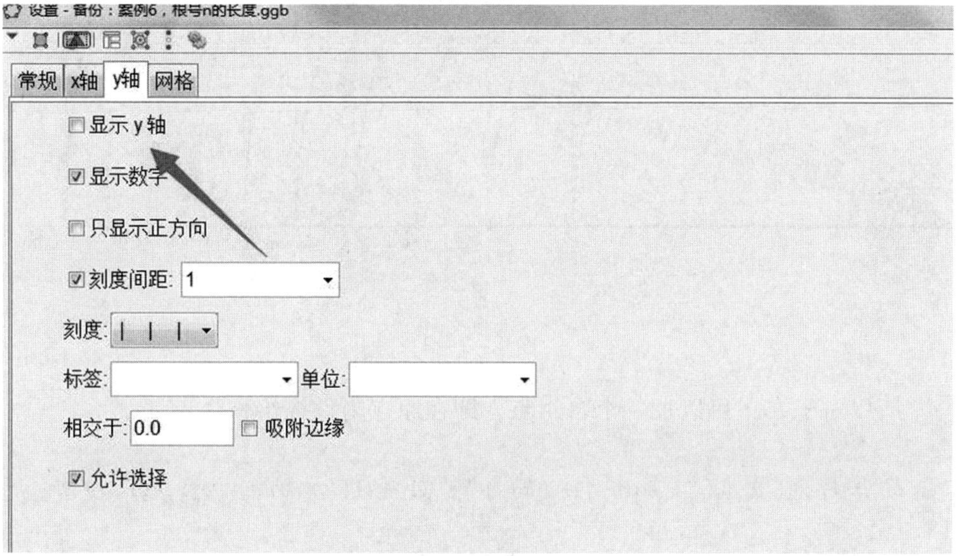

图 4-3-2

（2）创建整数滑动条 n，范围 1-12，增量为 1；

（3）$l1 = $ 序列（(sqrt(k), 0), k, 1, n)；

（4）$l2 = $ 序列（(sqrt(k), 1), k, 1, n)；

（5）$l3 = $ 序列（线段((0, 0), $l2$(k)), k, 1, n)；

（6）$l4 = $ 序列（圆弧((0, 0), $l1$($k+1$), $l2$(k)), k, 1, n)；

（7）$l5 = $ 序列（线段((0, 0), $l1$(k)), k, 1, n)；

（8）$l6 = $ 序列（文本（"\ sqrt｛" + (k) +"｝", $l1$ (k), true, true), k, 1, n)；

（9）$l8 = $ 序列（线段（$l1$(k), $l2$(k)), k, 1, n)。

效果如图 4-3-3 所示，但发现此时 $l6$ 的文本不好看！

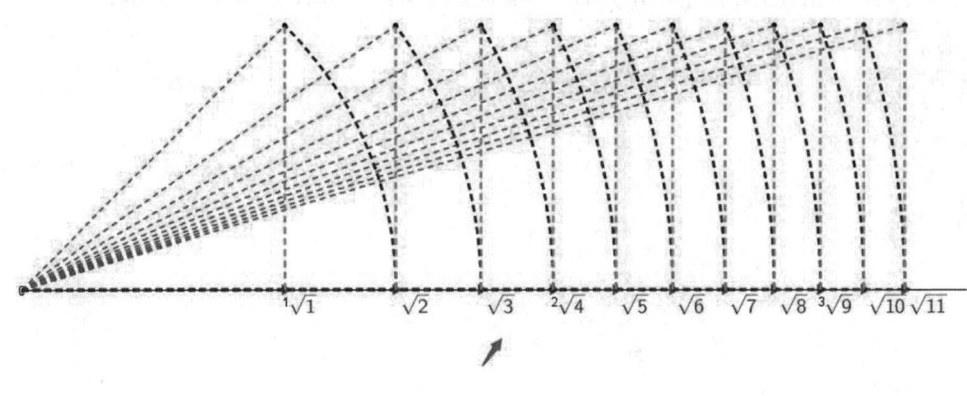

图 4-3-3

所以对于 $l6$，可以加一个自由点，即在原点附件描绘一个点 A：

$l7 = $ 序列(文本($"\backslash sqrt\{" + (k) + "\}"$, $A + l1(k)$, $true$, $true$), k, 1, n)

移动点 A 的位置，就可以进行调整文本的位置了，调节线段等颜色、虚实，文本采用"衬线字体"，即可得到精美的效果，如图 4-3-4 所示。

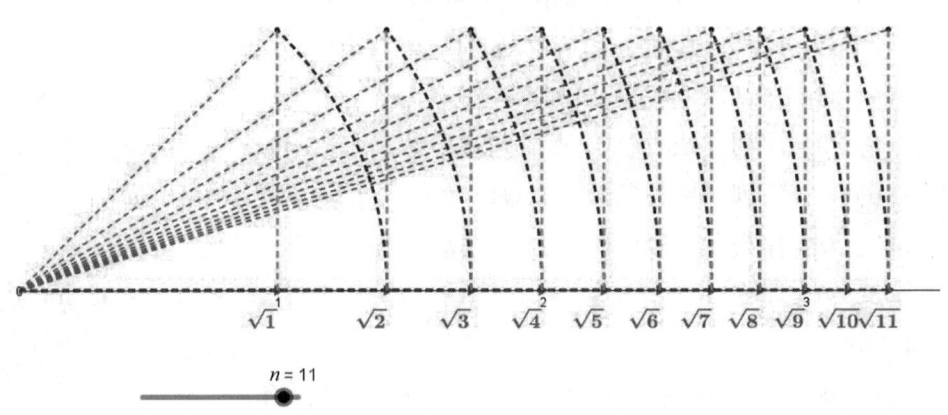

图 4-3-4

反思 1：这个案例其实是练习"序列"指令的好素材。

反思 2：对于 $l6$ 的文本中的根式文本，$"\backslash sqrt\ \{"$，还有分数文本等，采用了 LaTeX，如果忘记了或者不熟悉，没有关系，可以点击打开文本框，在这里查看输入方法，如图 4-3-5 所示。

第4章　GeoGebra软件制作初中若干经典案例

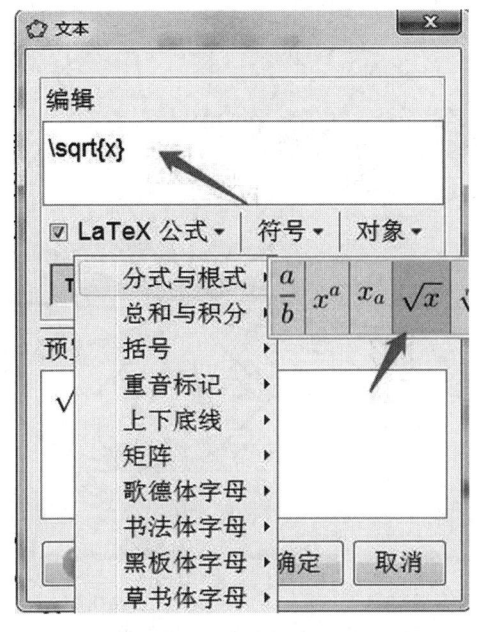

图 4-3-5

4.4　美丽多彩的毕达哥拉斯螺旋

"勾三股四弦五"，是我们耳熟能详的"勾股定理"中的一个特例，它早在西汉的数学著作《周髀算经》中就已经出现。遗憾的是，我们的祖先没能从特例中发现这一定理的普遍意义，而拱手将这一定理的发现权及冠名权让给了古希腊著名的数学家和哲学家毕达哥拉斯。他第一个用演绎法证明了"直角三角形斜边平方等于两直角边平方之和"，因而这条定理在西方以他的名字命名，被称为"毕达哥拉斯定理"。从这个例子也让我们有所启发，即教学要引导学生从特殊到一般的抽象，再加上数学建模，让学生有所发现、有所创新。

如图 4-4-1 和图 4-4-2 所示的图形能用 GeoGebra 软件绘制吗？当然可以，而且可以绘制美丽多彩的颜色。

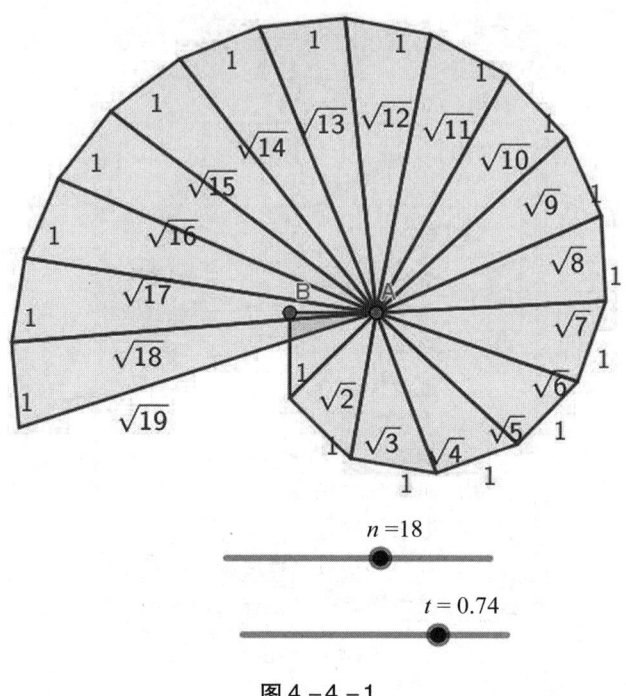

图 4-4-1

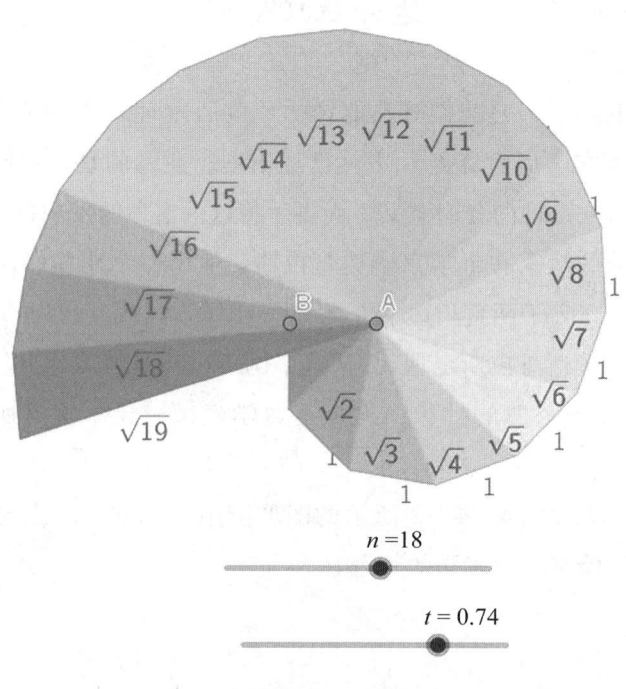

图 4-4-2

绘制步骤：

（1）$A = $ 交点（x 轴，y 轴），$B = A +$（-1, 0）；

（2）创建整数滑动条 n，范围从 1 到 20，增量为 1；

（3）$l1 = $ 迭代列表（$p + $ 单位法向量（线段（A, p）），p, ${B}$, n）；

（4）$l2 = $ 序列（多边形（A, 元素（$l1$, t），元素（$l1$, $t+1$）），t, 1, n）；

（5）$l6 = $ 序列（文本（"1"，中点（元素（$l1$, $k-1$），元素（$l1$, k）），$true$, $true$），k, 2, $n+1$）；

（6）创建数值滑动条 t，范围从 0 到 1，增量为 0.01；

（7）$l8 = $ 序列（$(1-t) A + t\, l1(k)$，k, 1, n）；

（8）$l9 = $ 序列（文本（"\ sqrt {" + （k）+ "}"，$l8(k)$，$true$, $true$），k, 2, $n+1$）；

反思 1：$l1$ 还可以利用复数写，即：$l3 = $ 迭代列表（$p + i\, p/abs(p)$，p, ${B}$, n）。

反思 2：$l8$ 的目的是利用三点共线的方式，得到斜边上的一系列点，通过拉动滑动条 t，让根号内的数值放在合适的位置。

反思 3：如何进行多彩的涂色呢？这里使用了表格，在前面的步骤基础上，继续以下的步骤：

（9）填充列（1, 1...20）；

（10）打开表格区，在 $B1$ 元格写上：$= l5(A1)$，如图 4-4-3 所示。

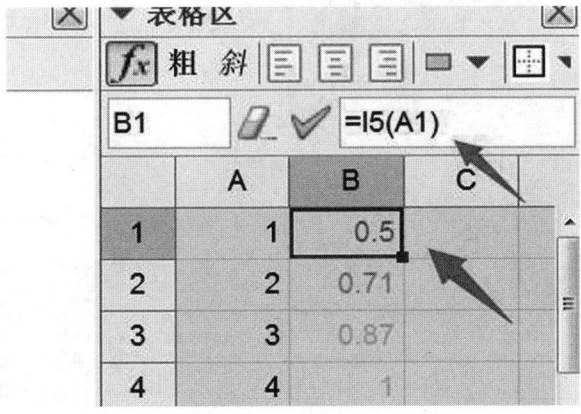

图 4-4-3

(11) 右键点击"B1"单元格,打开"属性"→"高级"→"HSL"→"色调"、饱和度、明度、虚实按如图4-4-4要求设置。

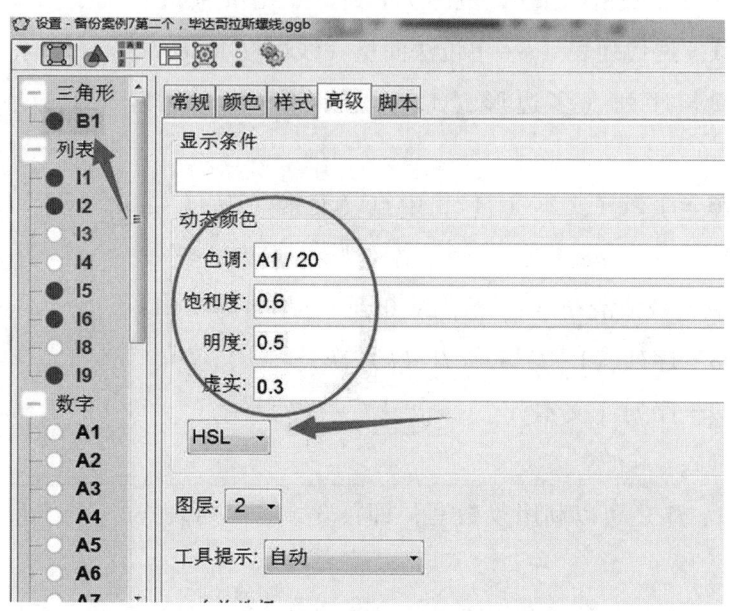

图4-4-4

(12) 鼠标点中"B1"单元格,出现"十"字的拖柄之后,往下拉到第20行,即可出现多彩的效果了(图4-4-5)。

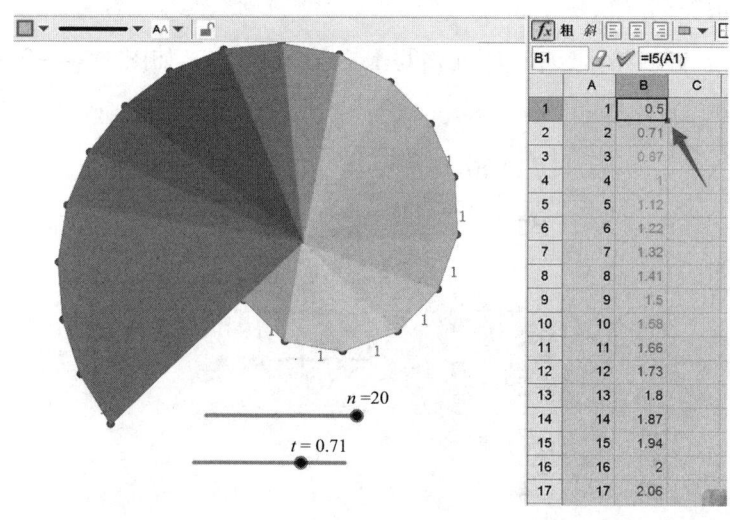

图4-4-5

（13）通过设置各个元素的图层（图层高的会遮挡图层低的），隐藏一些点，即可得到如图 4-4-6 所示的多彩勾股螺旋。

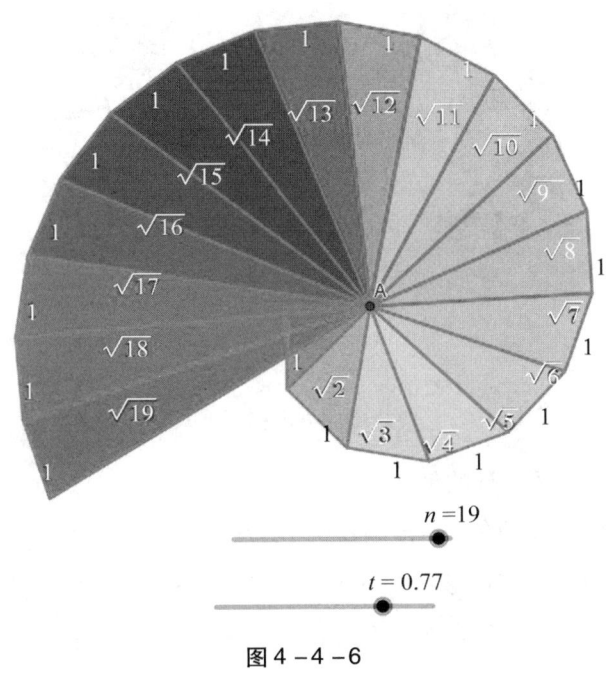

图 4-4-6

4.5 绚丽多姿的勾股树（迭代的经典）

勾股树是迭代的经典案例！任何画板，都能利用"迭代"绘制精美的勾股树，GeoGebra 软件可以一条迭代的指令完成（"一生二"迭代），也可以利用自定义工具 + 表格迭代完成。

本节也顺带探讨自定义工具如何创建和使用。

方法 1：自定义工具 + 表格迭代（方法简单）。

效果如图 4-5-1 所示。

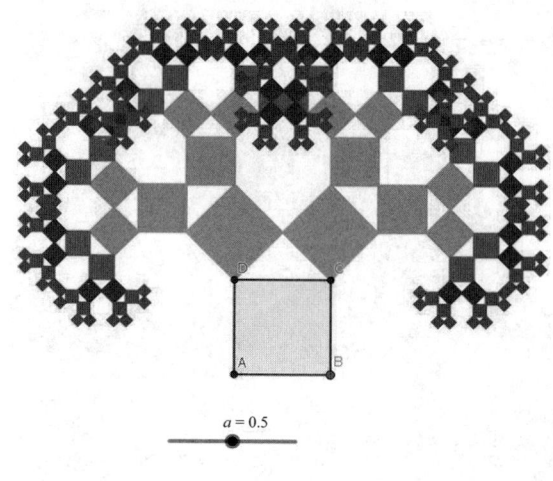

图 4-5-1

步骤一：自定义工具的创建。

（1）新建数值滑动条 a，范围 0 到 1，增量 0.01；

（2）输入指令：多边形((1，0)，(3，0)，4)，得到 poly1；

（3）输入指令：半圆（顶点（poly1，4），顶点（poly1，3）），得到半圆 c；

（4）E = 描点（c，a）；

（5）$l1$ = ｛多边形（顶点（poly1，4），E，4），多边形（E，顶点（poly1，3），4）｝；

接下来的关键步骤：如图 4-5-2、图 4-5-3、图 4-5-4 所示，点击 $l1$，选择"工具"→"自定义工具"，打开自定义工具对话框，设定输入对象为 poly1、a，输出对象为 $l1$，工具名称为 ggs，指令名称为 ggs。

第4章 GeoGebra软件制作初中若干经典案例

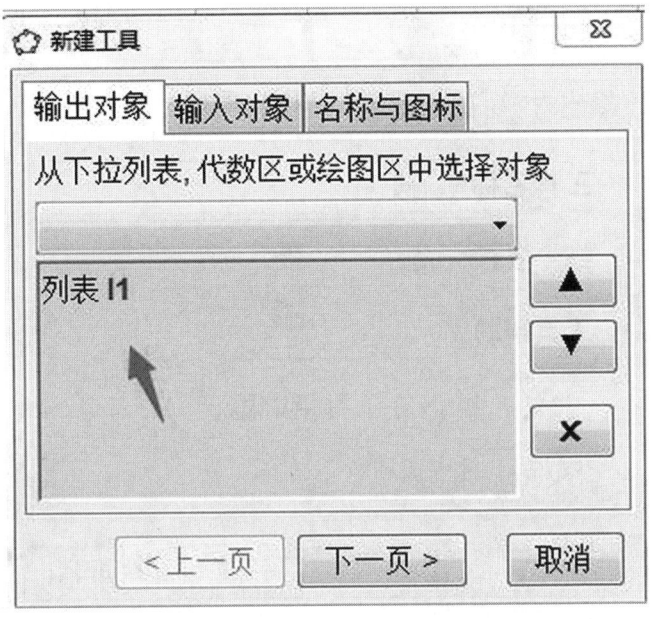

图4-5-2

图4-5-3

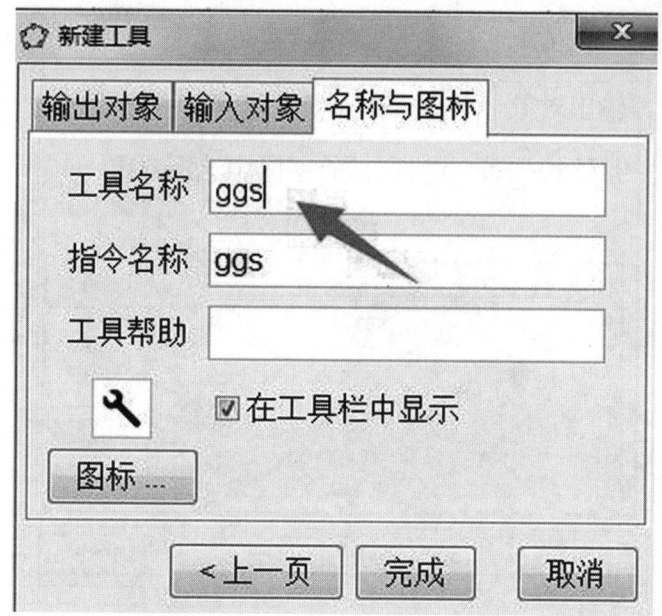

图 4-5-4

步骤二：删除或隐藏多余对象。

自定义工具创建完成后，可以只保留 poly1 和 a，删除或隐藏其余全部元素。

步骤三：利用表格写出迭代结果。

第一个迭代结果非常容易。

$A1$ = ggs（poly1，a）

但是这个指令不能直接复制给 $A2$，因为 $A1$ 会变成一个集合，所以我们可以考虑运用扁平列表和映射。映射的目的是将集合中每个元素都做一次勾股树，扁平列表是将一个集合中的小集合取消。

$A2$ = 扁平列表（映射（ggs（p，a），p，$A1$））

拖动 $A2$，创建出 $A3 - A8$，如图 4-5-5 所示。

第4章　GeoGebra软件制作初中若干经典案例

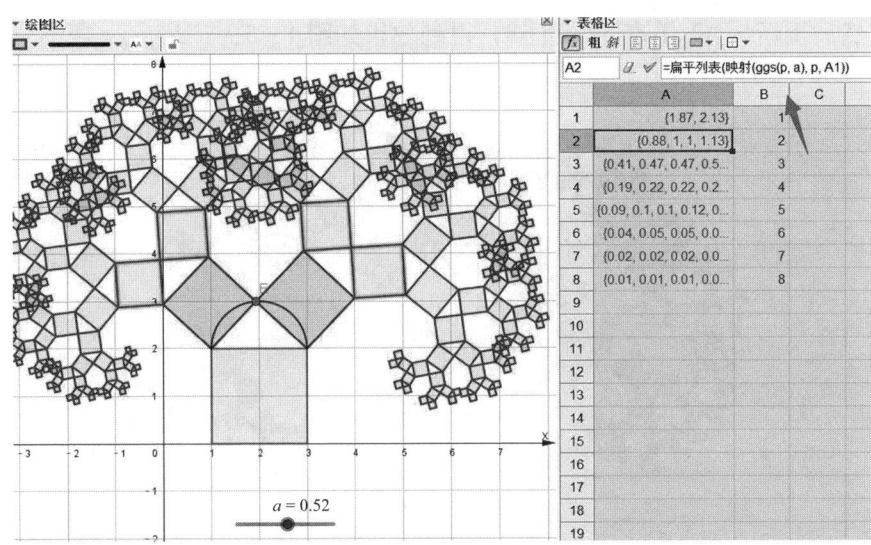

图 4-5-5

但这个颜色是单一的,如果想颜色丰富,怎么办呢?

方法简单,可以对 $A1$ 到 $A8$ 单独设定颜色,也可以先设置好 $A2$ 的颜色。

先使用指令:填充列(2,1…8),然后点击 $A2$ 的属性,"高级"→"动态颜色",如图 4-5-6 所示,设置(参数可以自己设定):

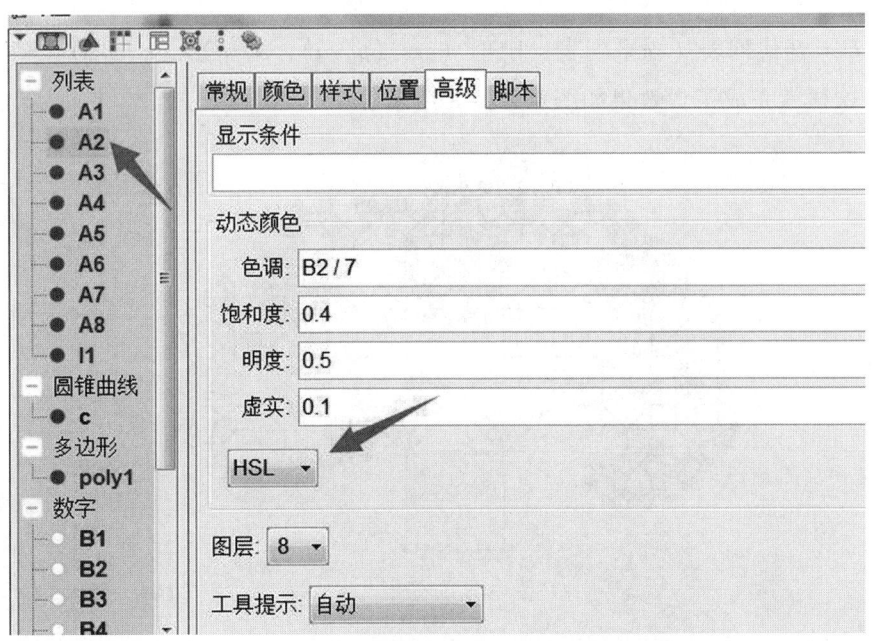

图 4-5-6

然后重新从 $A2$ 开始下拉到 $A8$，得到效果如图 4-5-7 所示。

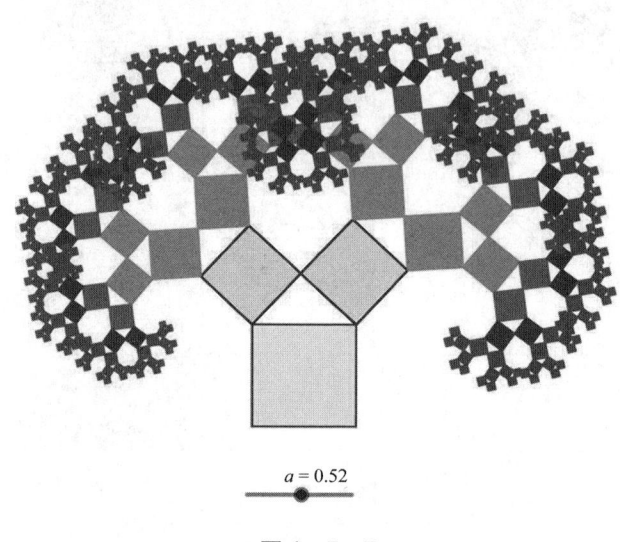

图 4-5-7

至此多彩的勾股树就完成了。

方法 2：自定义工具 + 迭代列表。

步骤一和步骤二同前。

$A1 = \mathrm{ggs}（\mathrm{poly}1，a）$；

$l3 = $ 迭代列表（扁平列表（映射（$\mathrm{ggs}（p，a）$，p，q）），q，$\{A1\}$，7）。

这样就完成了！效果如图 4-5-8 所示。

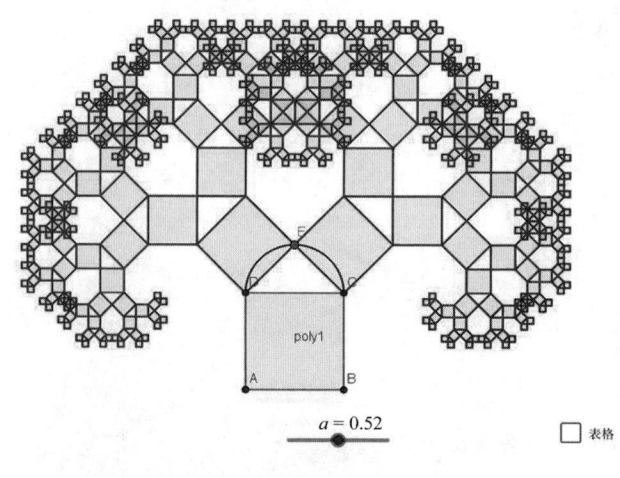

图 4-5-8

方法3:"一步到位"勾股树。

"一步到位"勾股树实际上使用了 GeoGebra 软件中"一生二"的迭代套路。

(1) 利用多边形迭代。

指令为:

$A = (2,1)$;

$B = (4,1)$;

创建整数滑动条 n,范围为 $0 \sim 7$,增量为1;

创建数值滑动条 a,范围为 $0 \sim 1$,增量为 0.01;

$l1 =$ 迭代列表(合并(映射({多边形(顶点(p,4),描点(半圆(顶点(p,4),顶点(p,3)),a),4),多边形(描点(半圆(顶点(p,4),顶点(p,3)),a),顶点(p,3),4)},p,q)),q,{{多边形(A,B,4)}},n)。

效果如图 4-5-9 所示。

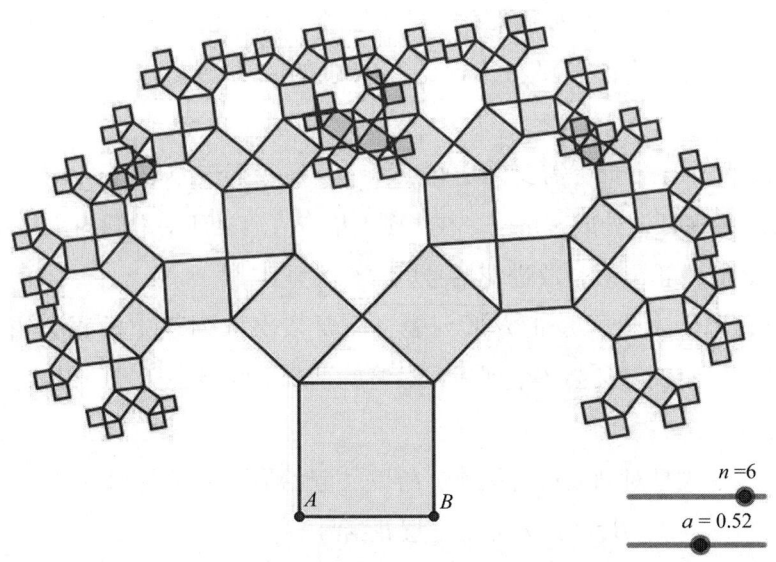

图 4-5-9

(2) 利用点的运算进行迭代。

这个方法由孙生富老师提出,指令为:

$A = (2,1)$;

$B = (4, 1)$；

创建整数滑动条 n，范围为 $0-7$，增量为 1；

创建数值滑动条 a，范围为 $0-1$，增量为 0.01；

$l1 =$ 迭代列表（合并（映射（{{元素（q, 1），描点（半圆（元素（q, 1），元素（q, 2）），a）}，{描点（半圆（元素（q, 1），元素（q, 2）），a），元素（q, 2）}} +法向量（元素（q, 2）-元素（q, 1）），q, p）），p，{{{A, B}}}，n）；

$l2 =$ 映射（多边形（元素（p, 1），元素（p, 2），4），p，合并（$l1$））。

反思 1：如何理解"一生二"的迭代套路？

勾股树可以看做是由一个正方形生成两个正方形，再生成四个正方形……一生二、二生四、四生八……

在已有正方形上不断重复生成正方形——可用迭代（Iteration）指令，其中"起始值"是正方形。

迭代（<表达式>，<变量>，{多边形（A, B, 4）}，<迭代次数>）

注："起始值"外面必须要有一层花括号 { }。

至于"表达式"，需要写出左边、右边的正方形是怎么由底下正方形得到。

要确定一个正方形，需要确定两点：一点是底下正方形的一个顶点；另一点的确定，要保证该处成直角——在半圆上描点（直径所对的圆周角是直角）。

将左、右两正方形，放进花括号里，视为整体。

由此，迭代生成的是正方形列表，需要依次取列表中的正方形进行操作——映射，而映射又会产生列表，最终就是产生两层花括号. 但我们只需一层——合并。

由于表达式是对列表进行操作，所以"起始值"必须是列表。

在多边形（A, B, 4）外面加一层花括号。

迭代（<表达式>，<变量>，{{多边形（A, B, 4）}}，<迭代次数>）

也就是说基本形式如下：

迭代（合并（映射（{生成左正方形，生成右正方形}，p, q）），q, {{底下正方形}}，n）

要看到迭代过程，则用迭代列表，即：

迭代列表（合并（映射（{生成左正方形，生成右正方形}，p，q）），q，{{底下正方形}}，n）

注：这里原本有两层花括号，只要一层——可以用合并，也可以用扁平列表。因为合并是去除一层花括号，扁平列表（Flatten）是只保留一层花括号。

总之，像一生二，都可以用这种形式：

迭代列表（合并（映射（{运算表达式 1，运算表达式 2}，p，q）），q，{{对象 0}}，n）

至于一生多，也是类似的：

迭代列表（合并（映射（{运算表达式 1，运算表达式 2，……}，p，q）），q，{{对象 0}}，n）

回顾以上的做法——给一个正方形，就利用这个正方形去生成两个正方形，再由生成的正方形接着生成正方形……其中，利用正方形的顶点作为运算表达式的桥梁。

反思 2：勾股树作为迭代的经典例子，掌握这种"一生一"、"一生二"、"一生多"的迭代套路，对于理解其他迭代，也是有用的。还可以推广到 3D 的勾股树。

4.6 渗透祖国数学文化的圆周率的计算

传统的作法是让学生自行阅读，学生缺乏亲自动手和体验的过程！能否利用 GeoGebra 进行"割圆术"的动手实验呢？

可以！GeoGebra 的动态文本有计算器的功能！

制作步骤：

(1) 创建滑动条 R，范围 1 到 5，增量 0.1；

(2) 创建整数滑动条 n，范围 3 到 1000；

(3) $O = (0, 0)$，c：圆周（O，R）；

(4) $l1 = $ 序列（描点（c，k/n），k，0，$n-1$）；（说明：绘制圆上的 n 等分点）

(5) poly1 = 多边形（$l1$）；

(6) 输入指令：周长（poly1），得到 a；

(7) 输入指令：2R，得到 b；

(8) 打开文本框，如图 4-6-1 所示的输入。

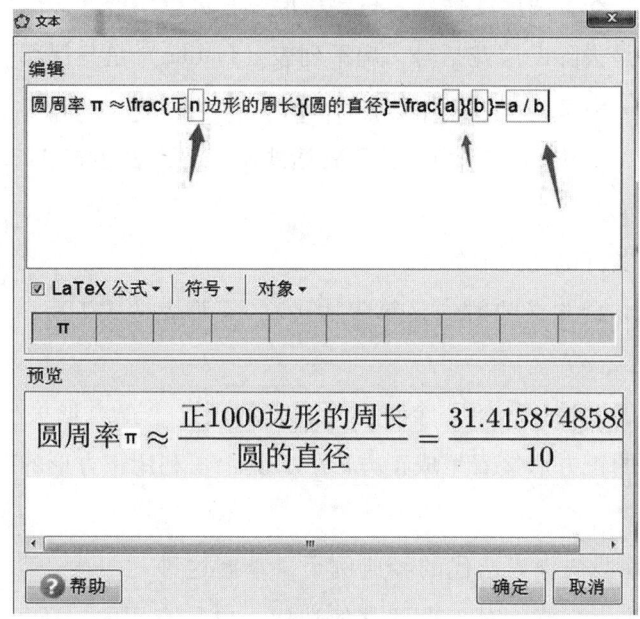

图 4-6-1

得到的效果如图 4-6-2 所示。

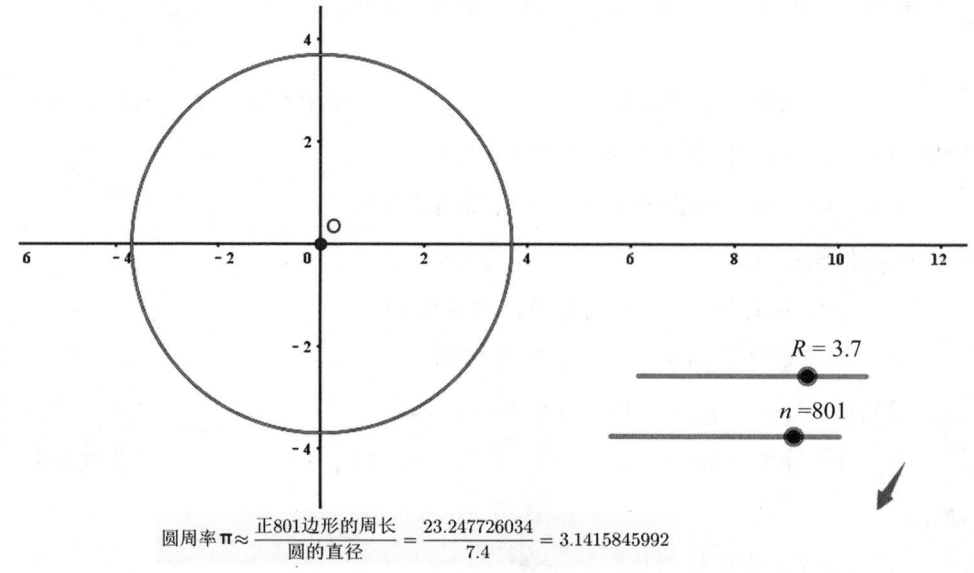

图 4-6-2

学生可以拉动滑动条 n，感受圆周率的变化。

这样就可以生动的还原由正多边形的周长逼近圆周长的过程，体现出"做数学"的实验过程，对比祖冲之当时情况下能手工演算出一万多边形，深深感受到我们祖国数学先人的伟大和顽强毅力。

4.7　利用信息技术探索位似图形的性质

制作步骤：

（1）输入点 O，得到原点；

（2）创建滑动条 k，范围 -2 到 2，增量 0.01；

（3）在平面上任意描绘出 A，B，C 三点，然后利用指令：多边形（A，B，C），得到 $t1$；

（4）指令：位似（$t1$，k，O），得到 $t2$；

（5）为了更快的得到点的坐标，利用一键修改标签的方法，即新建一个按钮，按钮的脚本为：（建议这一段文字存储在自己电脑的记事本中）

```
var allPoints = GeoGebraApplet.getAllObjectNames("point");
for(index in allPoints){
    var commandStr ="SetCaption(" + allPoints[index] +", \ " $ \ \ scalebox{1.3}{{%n%v}} $ \ ")";
    GeoGebraApplet.evalCommand(commandStr);
}
```

如图 4-7-1 所示。

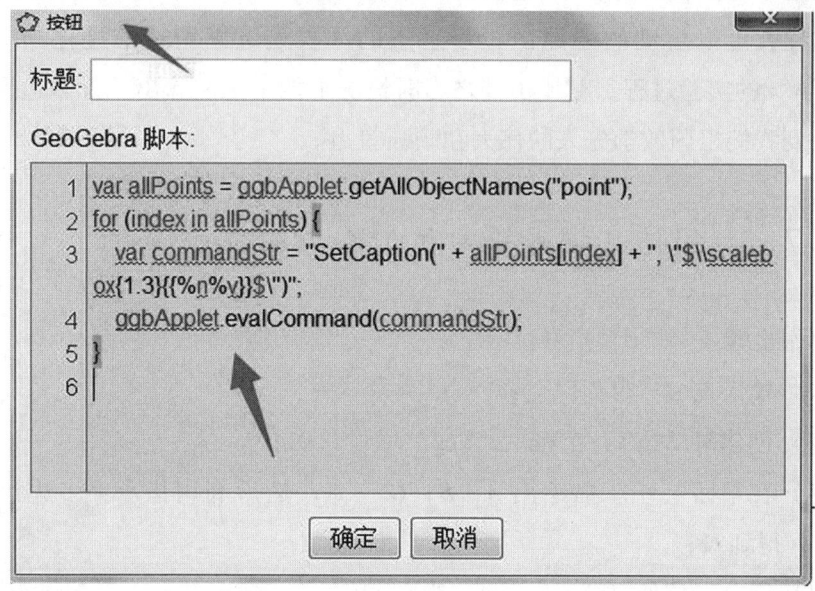

图 4-7-1

这样就极快地得到了各个顶点的坐标,如图 4-7-2 所示。

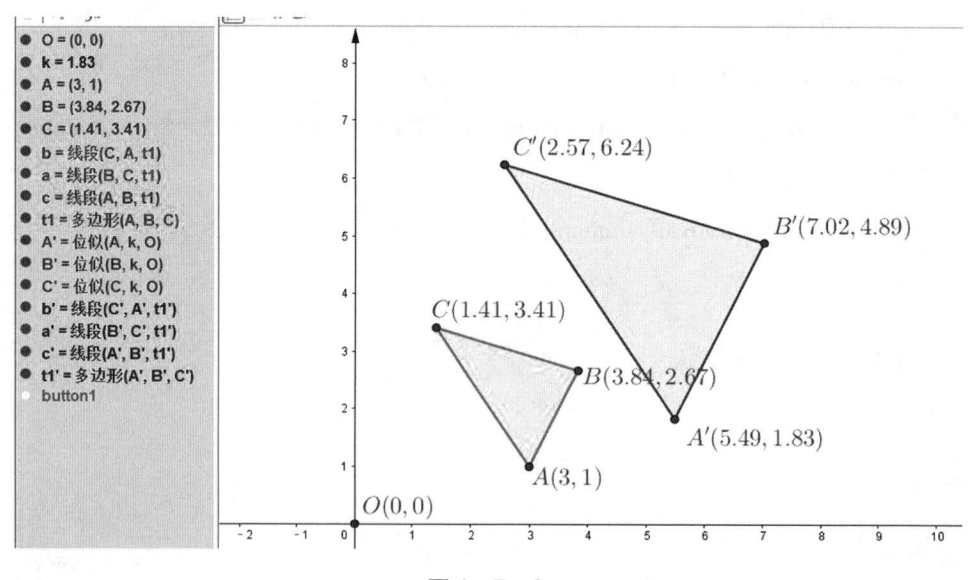

图 4-7-2

(6) 利用线段连接,$f=$ 线段(O,A),$g=$ 线段(O,A'),$h=$ 线段(O,B),$i=$ 线段(O,B'),$j=$ 线段(O,C),$l=$ 线段(O,C');

（7）利用文本框的动态文本进行度量和计算，其他坐标的比值同理设置，效果如图 4-7-3 所示。

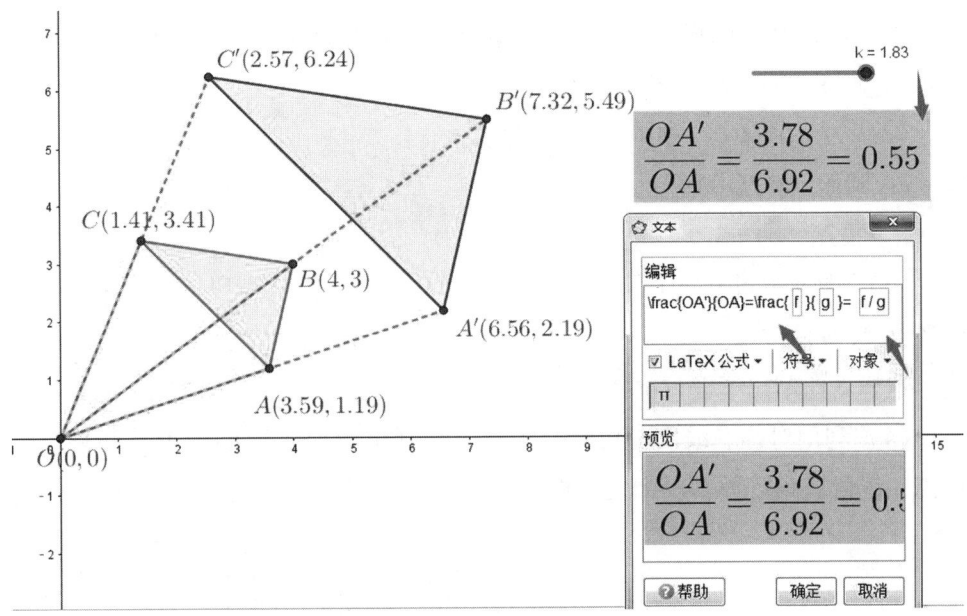

图 4-7-3

4.8 最短路径的一个经典问题和拓展

【例】如图 4-8-1 所示，$\angle AOB = 30°$，P 是 $\angle AOB$ 内一点，$OP = 10$，M、N 分别是射线 OA、射线 OB 上的动点。

（1）画出当 $\triangle PMN$ 的周长最小时，点 M 和点 N 的位置。

（2）求 $\triangle PMN$ 周长的最小值。

（3）在（1）的条件下，直接写出 $\angle MPN$ 的度数为_____。

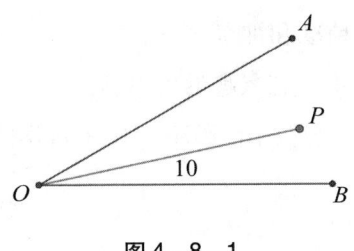

图 4-8-1

【解】分析：此题是最短路径的经典题目，以此题为背景或者在此题基础上改编的各种期末试题、中考试题非常多见，为了更一般化的研究，利用 GeoGebra 软件制作如下：

（1）绘制基本图形：建立角度滑动条 α，范围为 0°到 90°，$O=(0, 0)$，$B=O+(11, 0)$，$A=$ 旋转（B，α，O）；

（2）为了确保 $OP=10$，如下绘制：

c：圆周（O，10）

$P=$ 描点（c）

（3）继续绘制基本图形：$f=$ 线段（O，P），$g=$ 线段（O，B），$h=$ 线段（O，A）

这样就绘制出了题目的图形。

（4）利用对称、线段、角度等工具，绘制出解题需要的图形，并且把这些点、线段、角度放在一个复习框 e 中，如图 4-8-2 所示。

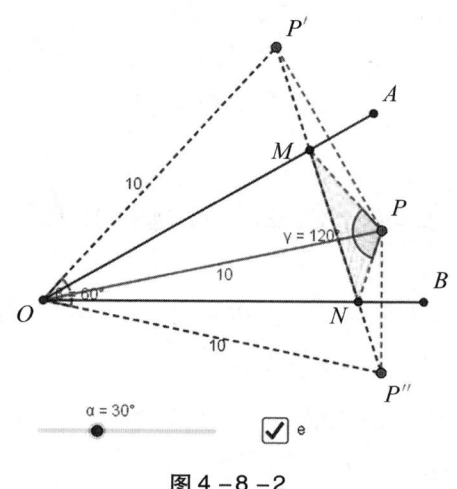

图 4-8-2

通过角度工具，拉动角度滑动条 α，发现第（3）小问的一般规律为：$\angle MPN=180°-2\alpha$，非常精准和神奇。

数学上的证明并不困难，有兴趣的可以尝试。

（5）当 $\alpha=60°$时，就是广州市 2020 年中考数学的类型题目，如图 4-8-3 所示。

第4章　GeoGebra软件制作初中若干经典案例

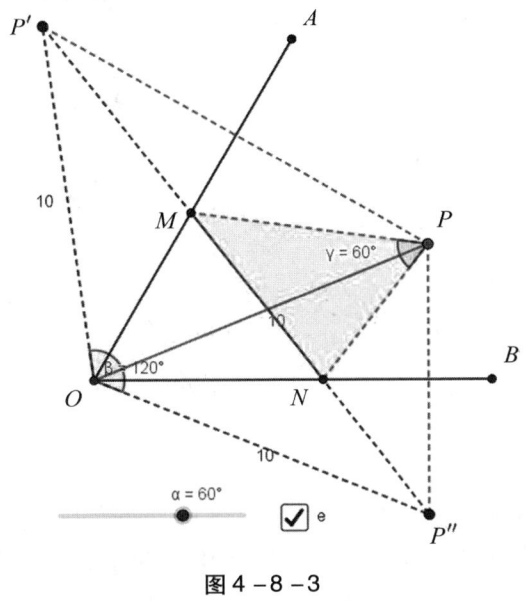

图 4-8-3

4.9 最值系列之旋转相似（瓜豆原理）的制作

下面对瓜豆原理模型作个总结。条件：主动点、从动点与定点连线的夹角是定量；主动点、从动点到定点的距离之比是定量。结论：① 主动点路径做在直线与从动点路径所在直线的夹角等于定角；② 当主动点、从动点到定点的距离相等时，从动点的运动路径长等于主动点的运动路径长；③ 主动点、从动点的运动轨迹是同样类型的图形（俗称"种瓜得瓜种豆得豆"）。

制作过程：为简单起见，下面制作过程是最简便的，而且可以在课堂上实时展示制作过程。设主动点为 A，从动点为 B，固着点为 P，旋转量 $\angle APB = \alpha$，位似比 $PA/PB = t$；在 GeoGebra 中，进行下列操作：

（1）创建角度滑动条 α（范围为 $0 \sim \pi$）和数值滑动条 t（范围为 $0 \sim 5$），构造两点 A，P，输入指令"位似（旋转（A，α，P），t，P）"得到从动点 B，构造线段 PA，PB；

（2）任意构造点 C，D，输入"圆周（C，D）"得到圆 f，修改主动点 A 的属性为"描点（f）"，输入指令"轨迹（B，A）"，得到从动点 B 的运动轨迹 loc1，拖动滑动条改变参数 α，t 的值；

可以发现轨迹 loc1 始终为圆，效果如图 4-9-1 所示。

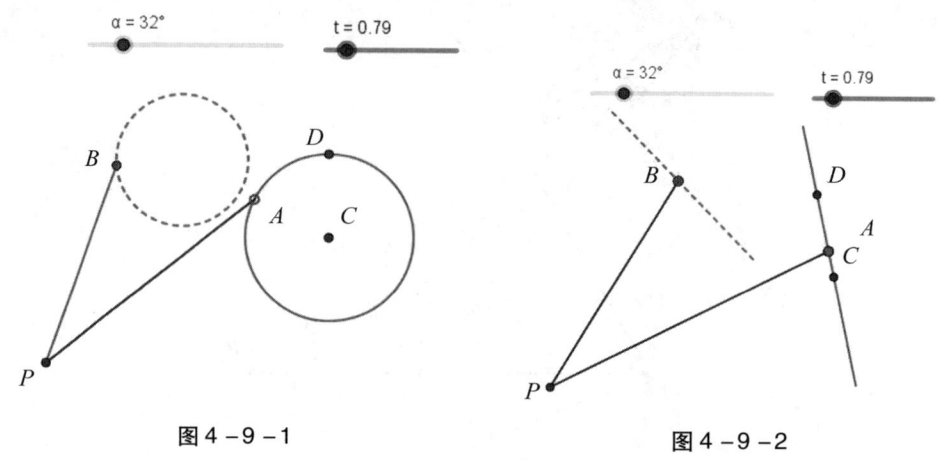

图 4-9-1　　　　　　　　　　图 4-9-2

（3）输入"直线（C, D）"得到直线 g，修改主动点 A 的属性为"描点(g)"，可以发现从动点 B 的运动轨迹 loc1 变为直线，而拖动滑动条改变参数 α, t 的值，轨迹 loc1 始终为直线（图 4-9-2）；

（4）任意构造点 C, D, E, F, G, H，输入"折线（C, D, E, F, G, H）"得到折线 h，修改主动点 A 的属性为"描点（h）"，可以发现从动点 B 的运动轨迹 loc1 变为折线，而拖动滑动条改变参数 α, t 的值，轨迹 loc1 始终为折线（图 4-9-3）。

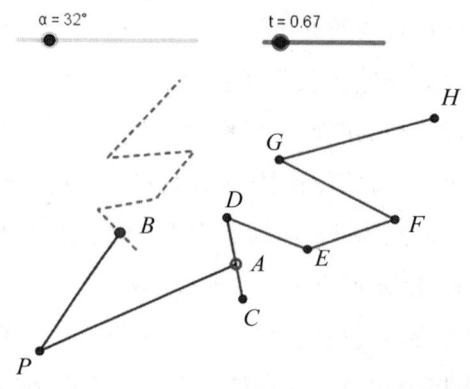

图 4-9-3

从上述实验探究结果可以发现，从动点轨迹与主动点轨迹相似；正如"种瓜得瓜，种豆得豆"，这里可是"种"圆得圆，"种"线得线，于是不难归纳出可谓之"瓜豆原理"的如下命题：已知 P 为定点，A、B 两点为动点，在

运动过程中始终有 ∠APB = α，PA = tPB；若点 A 在曲线 Ω（圆、直线、折线等）上运动，则点 B 的运动轨迹 T 与曲线 Ω 相似。可概括为：一条折线段，固定其折点；邻边定比例，夹角不改变，主动于直线，从动于直线；主动于圆（弧），从动于圆（弧）。

当然上述仅仅是试验探究，需要逻辑证明，留给感兴趣的读者，也可以参考笔者公众号的历史文章中，搜索"瓜豆原理的试验探究和逻辑证明"观看。

【例】如图 4-9-4 所示，在矩形 ABCD 中，BC = 2AB，点 P 为边 AD 上的一个动点，线段 BP 绕点 B 顺时针旋转 60° 得到线段 BP'，连接 PP'，CP'。当点 P' 落在边 BC 上时，∠PP'C 的度数为＿＿＿＿＿＿＿＿；当线段 CP' 的长度最小时，∠PP'C 的度数为＿＿＿＿＿＿＿＿。

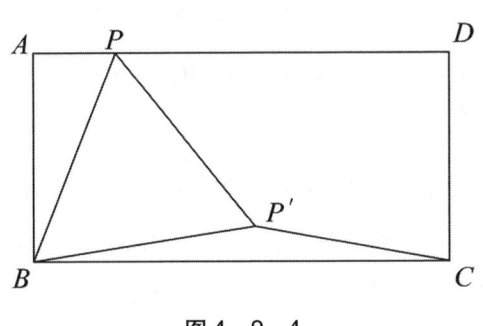

图 4-9-4

【解】第 1 个空格答案为 120°，这里主要探讨第二个空格。

常规的方法是去探求点 P' 的轨迹，这里介绍利用"捆绑，整体旋转回去"的方法，比较简洁地求得解答。

如图 4-9-5 所示，因为点 P' 是从动点，把点 P' 所在的 △BP'C 看成一个整体（"捆绑"），逆时针旋转 60° 得到 △BPC'，由旋转全等得知 PC' = P'C，∠BP'C = ∠BPC'，由于点 C 是定点，所以点 C' 也是定点，这样问题转化为求线段 C'P 的最小值。当 C'P ⊥ AD 时，C'P 最小。

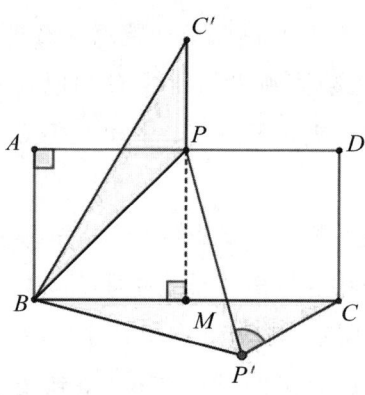

图 4-9-5

因为此时 $C'P \perp AD$，所以延长 $C'P$ 交 BC 于点 M，可知 $PM \perp BC$，从而得出四边形 $ABMP$ 是矩形，在 $Rt\triangle C'BM$ 中，$\angle C'BEM = 60°$，所以 $BM = \frac{1}{2}BC' = \frac{1}{2}BC$，而 $AB = \frac{1}{2}BC$，这样得到 $BM = PM$，说明 $Rt\triangle PMB$ 是等腰直角三角形，即 $\angle BPM = 45°$，从而 $\angle BPC' = 180° - \angle BPM = 135°$。

这样可得出 $\angle PP'C = \angle BP'C - \angle BP'P = 135° - 60° = 75°$。

解题反思："转回去"的方法优点在于不用探求从动点 P' 的轨迹，是这类直线型动点问题的通用解决方法。但是对于圆弧形的动点轨迹，"转回去"的方法不见得简单，还是直接"捆绑旋转"比较合适。

【例】如图 4-9-6 所示，正方形的边长为 $2\sqrt{5}$，O 是 BC 边的中点，点 E 是正方形内点，且 $OE = 2$，$\triangle DEF$ 中，$DE \perp DF$，$DE = 2DF$，则 OF 的最小值为_____。

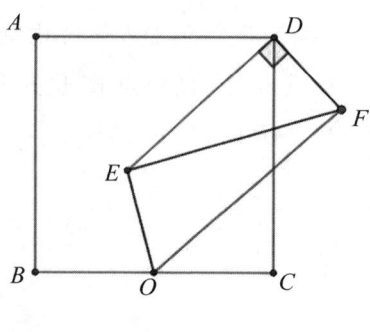

图 4-9-6

【解】巧妙解决：如图 4-9-7 所示，根据题意，点 E 绕着点 D 旋转 90° 并缩小为 1/2 得到点 F。

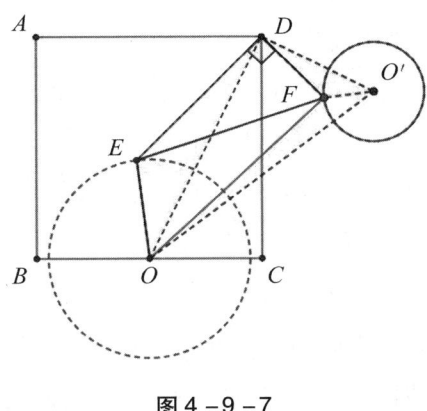

图 4-9-7

所以把点 E 所在的圆（因为 $OE=2$）的圆心 O，"和点 E 捆绑在一起"，也绕着点 D 旋转 90° 并缩小为 $\frac{1}{2}$ 得到 O'，则点 O' 也是定点，在直角三角形 ODO' 中，可求出 $OO'=\frac{5\sqrt{5}}{2}$，然后证得 $\triangle EDO \backsim \triangle FDO'$，这样证得 $FO'=\frac{1}{2}OE=1$，所以点 F 的轨迹是圆 O'，这样 OF 的最小值为 $OO'-O'F=\frac{5\sqrt{5}}{2}-1$。

解题反思：利用"捆绑整体旋转"，可以极快的得到从动点的轨迹，顺利的解决了问题。GeoGebra 软件在这里的作用是精准绘图，并且利用旋转+位似的指令嵌套，可以方便的展示出动态效果。

视频教程，可参考笔者的公众号视频：
https://mp.weixin.qq.com/s/My-t7ldkJg5tZC6dW29rsQ
也可以在笔者的微信公众号历史文章中搜索"三分钟学会"观看教程。

4.10 灵活使用序列、迭代、映射等指令绘制有规律的点阵

初高中数学都经常遇到各种各样的点阵问题，GeoGebra 软件绘制这些点阵非常灵活，主要使用的指令为序列、迭代（或迭代列表）、映射等，这三者

的区别很简单，即要使用序列指令，相当于要先求出点阵的通项公式，如果要使用迭代指令，需要先求出递推公式（相邻几项间的递推规律），而映射指令，则是对不同列表间的元素进行运算。

一般而言，使用迭代比较简单，因为寻找递推规律比寻找通项公式容易。下面以2023年江苏省宿迁市中考第18题为例进行说明，介绍三种绘制方法，注意，GeoGebra软件绘制过程和解决过程往往是同步进行的，因为GeoGebra软件绘制的图形精准，图形绘制出来，基本上解决了问题。

【例】如图4-10-1所示，$\triangle ABC$ 是正三角形，点 A 在第一象限，点 $B(0,0)$、$C(1,0)$。将线段 CA 绕点 C 按顺时针方向旋转 $120°$ 至 CP_1；将线段 BP_1 绕点 B 按顺时针方向旋转 $120°$ 至 BP_2；将线段 AP_2 绕点 A 按顺时针方向旋转 $120°$ 至 AP_3；将线段 CP_3 绕点 C 按顺时针方向旋转 $120°$ 至 CP_4；……以此类推，则点 P_{99} 的坐标是_____。

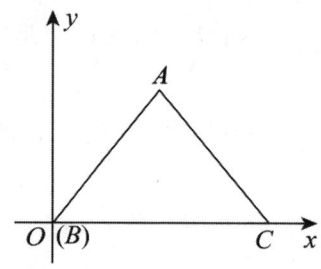

图 4-10-1

【解】绘制方法1：（"迭代 + 追加"）

(1) $B =$ 交点（x 轴，y 轴），$C = B + (1,0)$，poly1 = 多边形（B，C，3），绘制出等边三角形等基本图形；

(2) 由题意分析可知，旋转的中心分别为点 C，B，A，然后按照以3为周期进行循环，所以，创建列表 $l1 = \{C, B, A\}$；

(3) 创建整数滑动条 n，范围为 $1 \sim 10$；

(4) 指令栏输入：迭代（追加（p，旋转（元素（p，长度（p）），$-120°$，元素（$l1$，余式（长度（p）-1，3）$+1$））），p，$\{\{A\}\}$，n），得到 $l2$；

(5) 指令栏输入：$l3 =$ 提取（$l2$，2），得到 $l3$；

(6) 指令栏输入：$l4 =$ 映射（文本（"P_{" $p +$ "}"，q，true，true），p，$1 \cdots n$，q，$l3$）；

(7) 指令栏输入：l5 = 序列（圆扇形（元素（l1，余式（k−1，3）+1），l2（k+1），l2（k）），k，1，n）。

调整文本的 LaTeX 格式，即可得到精美的效果如图 4−10−2 所示。

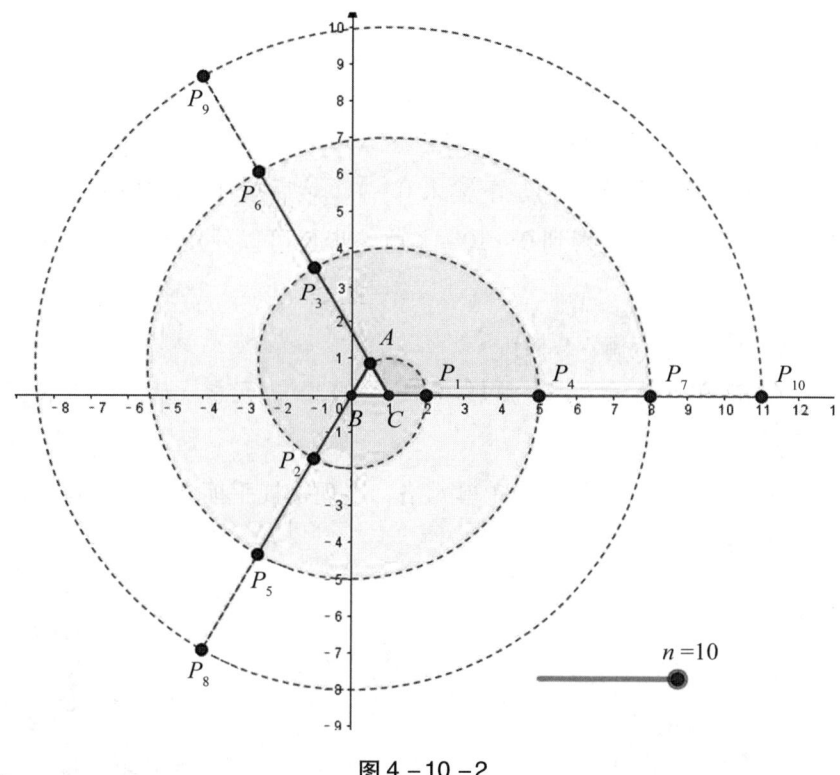

图 4−10−2

反思 1："迭代 + 追加"，适合于这种以"列表"为迭代变量的"带序号"的迭代，理由是 GeoGebra 没有"序号"这个参数，但可以用"追加"的指令来造出这个"序号"增量。

绘制方法 2：（"加一维迭代"）

前面三步同方法 1，从第 4 步开始修改。

（4）指令栏输入：迭代列表（{x(元素(p,1)) + 1，旋转(元素(p,2)，−120°，元素(l1，余式(x(元素(p,1)) − 1,3) + 1))}，p，{{(1,0),A}}，n），得到 m1；

（5）l6 = 扁平列表（m1）；

（6）l7 = 序列（l6（k），k，2，2n+2，2）。

得到的点阵效果和 l2 是一样的。

反思2："迭代+追加"的指令，看起来比较长，不少老师觉得生涩，加一维迭代的作法本质和方法1类似，即迭代变量增加一个点或数，然后在迭代列表中的表达式，不断的加1，达到序号增加的目的．其中，x（元素（p，1））为这个点的横坐标，其实，初始点（1，0），只要横坐标是1，纵坐标为多少都没有关系。

绘制方法3：（"表格迭代"）

前面三步同方法1，从第4步开始修改。

（4）调出表格区，在A列往下输入0，1，然后按住 ctrl 选择$A1$，$A2$，出现拖拽手柄之后往下拉，得到 0-10，（这一步也可以使用指令：填充列（1，0...10））；

（5）在$B1$单元格输入点A；

（6）在$B2$单元格输入：=旋转（$B1$，$-120°$，元素（$l1$，余式（$A2-1$，3）+1））；

（7）如图4-10-3，选中$B2$单元格，出现拖拽手柄之后往下拉，即可得到迭代的对象；

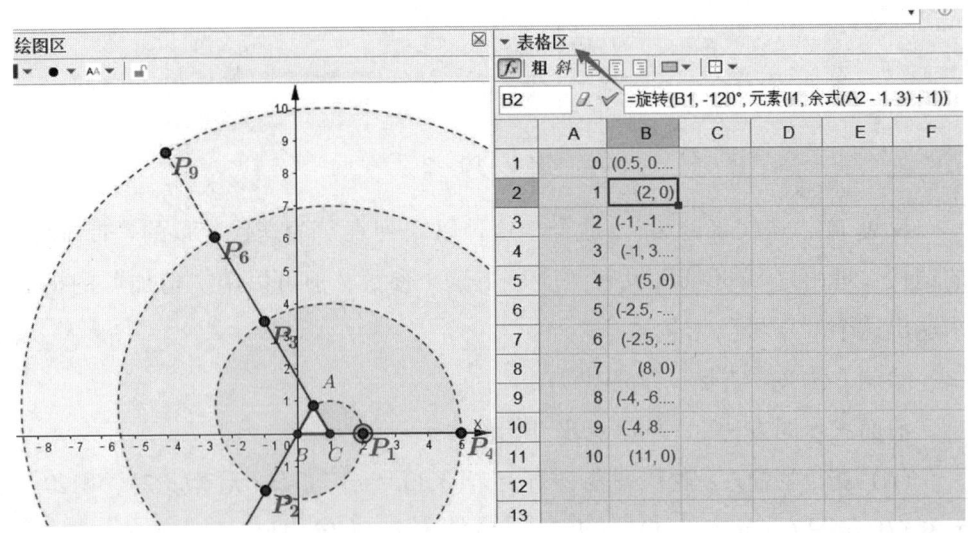

图4-10-3

第4章　GeoGebra软件制作初中若干经典案例

（8）如图4-10-4，选择B2到B10单元格，右键，创建列表，得到$l9 = \{B2, B3, B4, B5, B6, B7, B8, B9, B10, B11\}$；

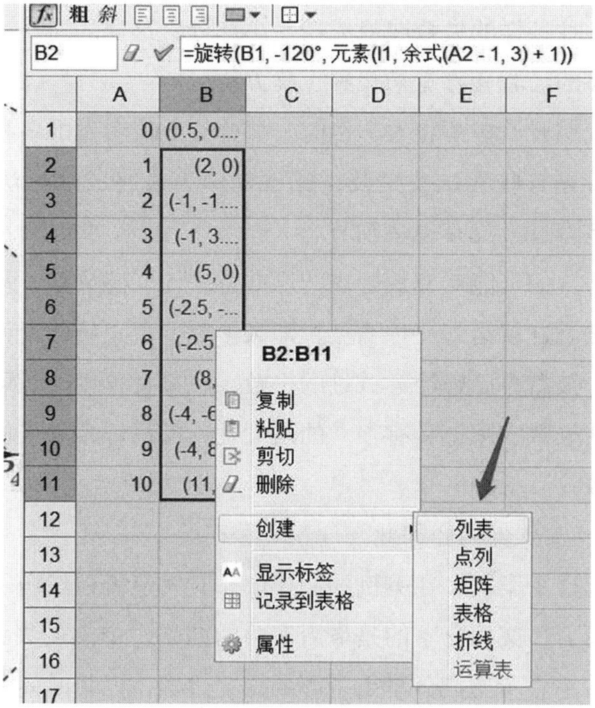

图4-10-4

（9）然后就可以对$l9$进行命名和美化等工作了，同法1。

反思3：GeoGebra软件的表格功能很强大，利用表格迭代的优点在于不用写迭代的长指令，而且，直接利用第1列来作为迭代的序号，直接下拉就可以得到迭代的效果。

关于迭代的更多文章，可以在笔者公众号"GeoGebra与数学深度融合"的历史文章中，输入"迭代"关键字，可以查询到更多的文章解读。

4.11　多分享数学解题、GeoGebra软件制作中的失败

最近看到《陶哲轩：以我的数学经验，室温超导LK-99和复现有很大启发性》的报道，讲得很好。

陶哲轩表示，虽然自己没有相关领域知识来直接评论LK-99室温超导的

研究，而且与他接触的很多专家都对此持怀疑态度。

陶哲轩认为，自己可以用在数学方面的经验做个类比。在典型的数学项目研究中，有时解决一个问题需要花费数月的时间，不仅如此，中间有一点点差错，就会导致各种各样的失败或只成功一小部分，这样的曲折道路会一直持续到我们获得足够的经验和直觉来找到正确方法。

然而，当我们开始撰写相关文档时，那些失败或者做的各种尝试都不会在文档中提及，就算有些尝试被提及，那也是作为最终成功方法的动机来呈现的，并且是一笔带过，没有更多细节。

作为读者，我们可能对有效解决问题的方法比较感兴趣，从而忽视那些不是很成功的方法。这就给人一种错觉，即数学完全由正确的论证组成，在找到正确方法之前，披露自己曾经尝试过的失败，在某种程度上是可耻的。

然而，这些失败实际上具有很大的启发性，陶哲轩希望人们能够更加开放地分享这些失败。

学习 GeoGebra 软件同样如此。

下面笔者以这个案例，在案例的制作中，其实笔者也经历了从失败到成功的过程，一般而言，文档分享的是最后实验的结果，中间的失误、"尝试"过程等都省略了。笔者希望能分享出全部的探究过程，但是时间和篇幅所限，可能难以达意，请有兴趣的读者自己琢磨和体会。

【例】画了一个正八边形，如何像图 4-11-1 那样复制多个？

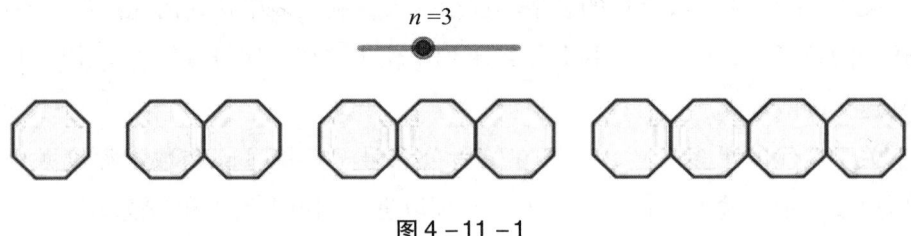

图 4-11-1

【解】这个点阵看起来并不困难。笔者开始思考的时候，认为可以考虑序列先画下面的点，然后再用正多边形。

但是下面的的两个点的规律并不好表示。

比较好表示的是什么呢？它们的中心。GeoGebra 软件利用指令"形心"来表示中心。

而这些点有什么规律呢？即要找到它们的通项公式。

这时有两种思路：

思路1：假设这些相邻的正八边形的中心的距离为1，先手工绘制出几个来，再寻找规律。

思路2：假设这些正八边形的边长为1，仍是先手工绘制出几个来，再寻找规律。

两种方案都是可行的。

先介绍思路1：假设这些相邻的正八边形的中心的距离为1，手工绘制出这些中心点，如何利用序列表示这些点的规律呢？

方法如下：

（1）创设滑动条整数 n；

（2）输入指令：$l1$ = 序列(序列$((k+0.5t^2+t,0),k,0,t),t,0,n)$。

即可得到这些中心的点阵。

反思1：$l1$ = 序列（序列$((k+0.5t^2+t,0)$，k，0，$t)$，t，0，4）。

为什么能表示一堆等距离的点？

有老师提出，是依靠直觉 + 运算。

实际上，这个数列是一个等差数列的前 n 项和，请看图4 – 11 – 2。

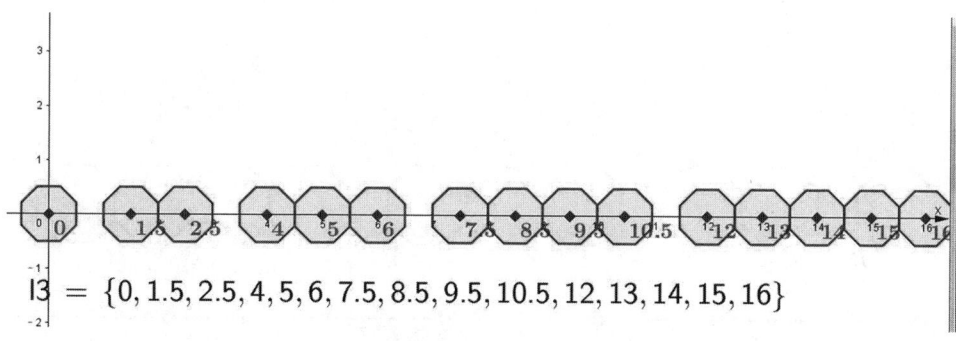

图4 – 11 – 2

反思2：$k+0.5t^2+t$，这里的 $0.5t^2+t$，改成其他如 $0.8t^2+t$ 也行，但不等距离，为什么呢？

根本的原因是我们假设了中心点之间的距离为1。

（3）在平面上创建自由点 A，输入 b = tan（$\pi/8$），$B=A+$ $(b, 0)$；

计算 b 的理由如图 4-11-3 所示。

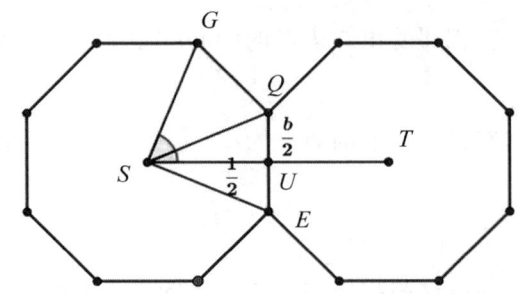

假设 $ST = 1$，$QE = b$

先计算出 $\angle QST = \dfrac{\pi}{8}$

在 $Rt\triangle QSU$ 中，由正切 $b = \tan\left(\dfrac{\pi}{8}\right)$

图 4-11-3

（4）输入指令：多边形（A，B，8），得到 poly1；

（5）$l2$ = 映射（平移（poly1，p），p，扁平列表（$l1$））。

即可得到如图 4-11-4 所示效果。

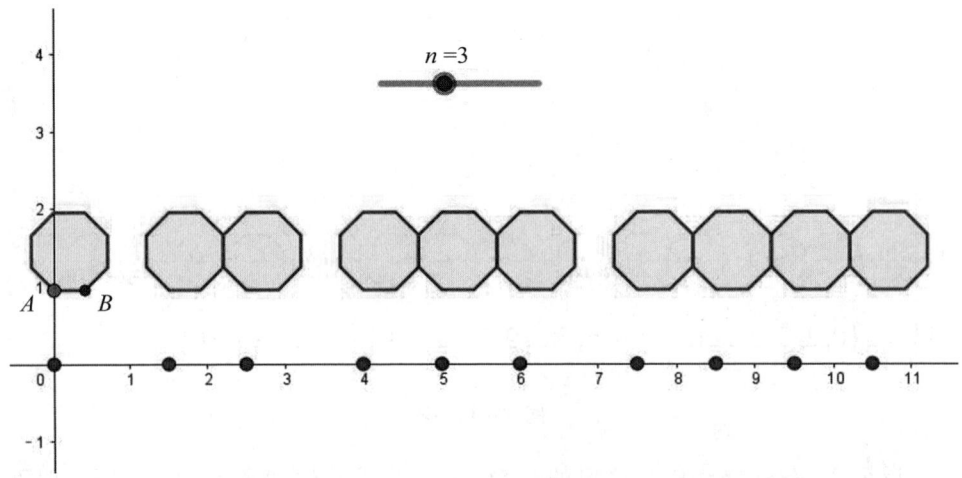

图 4-11-4

以上的步骤也可也利用一步到位完成——利用指令嵌套，即创建整数滑动条 n 之后，输入指令：

$l3 = $ 序列（序列（多边形（序列（($k+0.5t^2+t$) $i°$ +（sqrt（4−2sqrt（2））)/2；π/4 j+π/8），j，0，7）），k，0，t），t，0，n）

或者不利用复数：

$l4 = $ 序列（序列（多边形（序列（($k+0.5t^2+t$，0) +（sqrt（4−2sqrt（2））)/2；π/4 j+π/8），j，0，7）），k，0，t），t，0，n）

反思 3：复数 $i°$ 表示什么？你可以在 GeoGebra 输入一下，即表示点（1，0），所以，($k+0.5t^2+t$) $i°$ 和 ($k+0.5t^2+t$，0) 表示的运算是一样的。

反思 4：上述的绘图指令中的 sqrt（4−2sqrt（2））/2，是什么含义？

实际上 sqrt（4−2sqrt（2））/2 是每一个正八边形的半径，它也可以用三角函数求出，即 1/（2cos（π/8）），如图 4−11−5 所示。

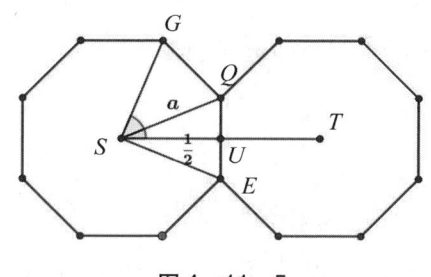

图 4−11−5

所以，也可以利用三角函数表示，即 $l3$ 指令可以表示为：

序列（序列（多边形（序列（($k+0.5t^2+t$，0) +（1/（2cos（π/8））；π/4 j+π/8），j，0，7）），k，0，t），t，0，n）

下面介绍思路 2，假设正多边形的边长是 1，步骤如下：

（1）创设整数滑动条 n；

（2）计算得到 $a = 0.5\tan((135°)/2)$，或者，$a = 1/(2\tan(π/8))$

计算理由：如图 4−11−6 所示。

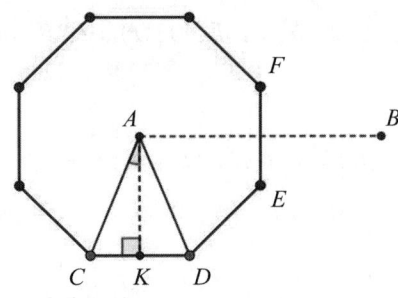

图 4-11-6

(3) $l1$ = 序列（序列(((4+k\text{sqrt}(2))k+2aj,0),j,0,k),k,0,n)$；（说明：绘制出中心的点）

(4) $l2$ = 映射（多边形（$p+1/(2\cos((135°)/2);90°+(45°)/2)$，$p+1/(2\cos((135°)/2);90°-(45°)/2),8),p$，扁平列表（$l1$））。

即可得到如图 4-11-7 所示的精美图形。

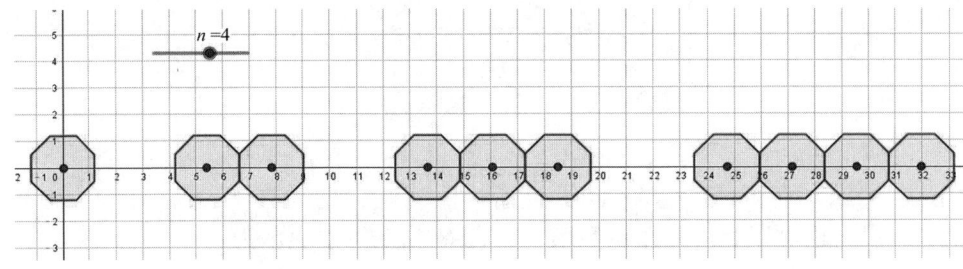

图 4-11-7

总结：GeoGebra 有规律点阵的绘图实现，本质上还是数学运算，得到运算表达式，再用序列或迭代等指令完成。

4.12 妙用"整体旋转"绘制一类中考考题

关于整体旋转法，对于解题和 GeoGebra 绘图都是非常方便的，如 2022 年广州中考第 16 题，利用整体旋转法解决非常简洁。

【例1】在综合实践课上，老师要求同学用正方形纸片剪出正三角形且正三角形的顶点都在正方形边上。小红利用两张边长为 2 的正方形纸片，按要求剪出了一个面积最大的正三角形和一个面积最小的正三角形。则这两个正三角形的边长分别是_____。

【解】方法1：寻找定点，发现有最大、小值的缘由。

此法的思路分析：设△GEF为正方形ABCD的一个内接正三角形，由于正三角形的三个顶点必落在正方形的三条边上，所以令F、G两点在正方形的一组对边上，作FG边上的高为EK，垂足为K，连接KA，KD，可证E、K、D、G四点共圆，则∠KDE = ∠KGE = 60°，同理∠KAE = 60°，可证△KAD也是一个正三角形，则K必为一个定点，再分别求边长的最大值与最小值。

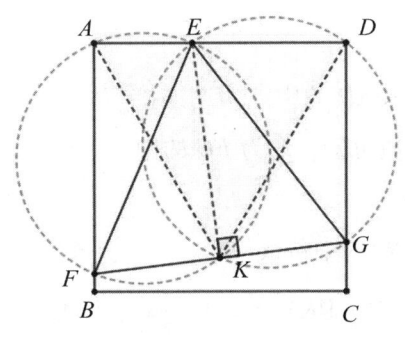

图4-12-1

解决过程：如图4-12-1所示，设△GEF为正方形ABCD的一个内接正三角形，作正△GEF的高EK，连接KA，KD。

∵ ∠EKG = ∠EDG = 90°，

∴ E、K、D、G四点共圆，

∴ ∠KDE = ∠KGE = 60°。

同理∠KAE = 60°。

∴ △KAD是一个正三角形，则K必为一个定点。

∵ 正三角形面积取决于它的边长，

∴ 当FG⊥AB，边长FG最小，面积也最小，此时边长等于正方形边长为2。

当FG过B点时，即F'与点B重合时，边长最大，面积也最大，如图4-12-2所示。

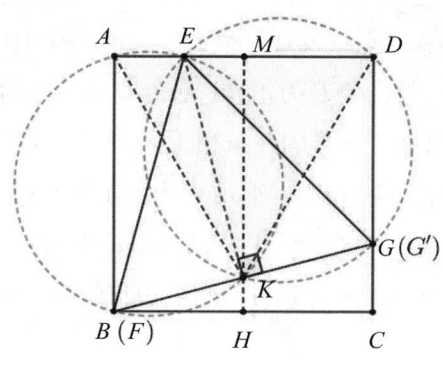

图 4-12-2

作 $KH \perp BC$ 于 H,取 AD 的中点 M,连接 MK。

由等边三角形的性质可知,K 为 FG 的中点。

∵ $KH \parallel CD$,

∴ KH 为三角形 $F'CG'$ 的中位线,

∴ $CG' = 2HK = 2(MH - MK) = 2(2 - 2 \times \sin 60°) = 4 - 2\sqrt{3}$,

∴ $F'G' = \sqrt{BC^2 + CG'^2} = \sqrt{2^2 + (4 - 2\sqrt{3})^2} = \sqrt{(2\sqrt{6} - 2\sqrt{2})^2} = 2\sqrt{6} - 2\sqrt{2}$。

故答案为:$2\sqrt{6} - 2\sqrt{2}$,2。

【反思1】本题主要考查正方形的性质、等边三角形的性质、勾股定理等知识点,解法1中发现点 K 是定点,是解题的关键。但是,考场上学生时间有限,如果不能发现这个定点,还能做出来吗?

可以!留给有兴趣的读者做。

GeoGebra 软件如何制作这个正方体内的内接正三角形?主要的技巧在于"整体旋转"!(此法由赵林老师先发现。)

主要步骤如下:

第1步,绘制一个边长为2的正方形,指令栏输入:

poly1 = 多边形((0,0),(2,0),4);

第2步,在 poly1 上描点,指令为:A = 描点(poly1);

第3步,把 poly1 绕点 A 逆时针旋转60°,指令为:poly1′ = 旋转(poly1,60°,A);

第4步,取得上述两个正方形的交点,并且构成一个列表,指令为:l1 =

{交点(poly1,poly1′)};

第5步，在交点列表 $l1$ 中去掉点 A，指令为：$l2 = l1 \setminus \{A\}$；

第6步，取出 $l2$ 的元素，指令为：$B = $ 元素（$l2$，1）；

第7步，利用正多边形工具绘制出题意的正三角形，指令为：poly2 = 多边形（B，A，3）。

再加一个指令：顶点（poly1），目的是获得 poly1 的四个顶点。

效果如图 4-12-3 所示。

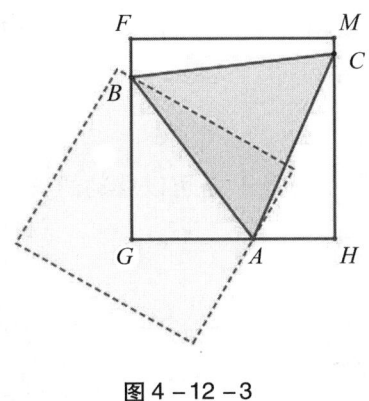

图 4-12-3

隐藏辅助的正方形 poly1′，就得到目标所需要绘制的图形，如图 4-12-4 所示。

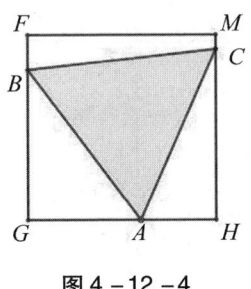

图 4-12-4

选定点 A，鼠标右键，点击启动动画，就可以产生正三角形 ABC 在正方形 $GHMF$ 的边上转动的生动图像。

【例2】已知抛物线 C：$x^2 = 4y$，A、B、P 为抛物线上不同的三点。

（1）当点 P 的坐标为（2，1）时，若直线 AB 过抛物线焦点 F 且斜率为 1，求直线 AP，BP 的斜率之积。

(2) 若△ABP为以P为顶点的等腰直角三角形，求△ABP面积的最小值。

【解】下面仅讲用GeoGebra软件的制作方法，由于GeoGebra制作非常精确，当绘制出来的时候，学生可以"动手实验"和"猜想、论证"。

制作步骤如下：

eq1：$x^2 = 4y$

P = 描点（eq1）

eq1′：旋转（eq1，90°，P）

A = 交点（eq1，eq1′，1）

B = 旋转（A，-90°，P）

t1 = 多边形（P，A，B）

内角（t1）

效果如图4-12-5所示（点P是可以移动的）。

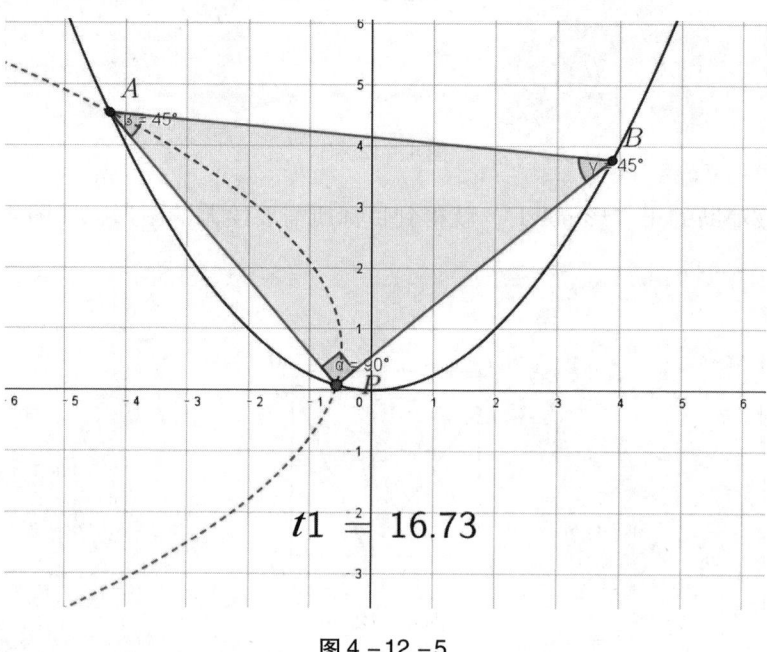

图4-12-5

变式思考：现在你会制作椭圆内的旋转的等边三角形吗？也是和上述一样的，试试看吧。

4.13 利用 GeoGebra 软件研究初中常见的各种几何模型

关于模型教学，有一定的争议。实际上，建立数学模型是数学核心素养之一。《义务教育数学课程标准（2011年版）》中指出，模型思想的建立是学生理解和体会数学与外部世界联系的基本途径。模型思想是数学建模核心素养在初中数学课程内容中的具体体现。近年来，在各地中考和模拟考试试题中，涌现大量由各类几何模型演变和延伸而来的题目，这些题目虽然各不相同，但在解题的策略和方法上却是相通的，往往可以利用几何模型来求解。例如，常见的几何模型，如"母子模型""一线三等角模型""90°含半角模型""隐圆模型"等，在解决问题时能够起到关键性的作用。

数学抽象之后，建立数学模型，然后解决问题，是数学化的一般方法。常见的函数模型有一次函数模型、二次函数模型、指数函数模型、对数函数模型、幂函数模型、分段函数模型、三角函数模型、数列函数、线性目标函数模型和综合函数模型等。

本节以"角含半角"模型为例。

4.13.1 特例感知

【例1】如图 4-13-1 所示，在正方形 $ABCD$ 中，E、F 分别是 BC、CD 上的点，且 $\angle EAF = 45°$，证明下列结论成立：

(1) $BE + DF = EF$；

(2) AE 平分 $\angle BEF$，AF 平分 $\angle DFE$。

(3) $S_{\triangle ABE} + S_{\triangle ADF} = S_{\triangle AEF}$。

(4) 过点 A 作 $AH \perp EF$ 交 EF 于点 H，则 $AH = AB$。

(5) $C_{\triangle CEF} = 2AB$。

【解】模型教学不可一开场就"告知"学生要用什么模型，而是"先举例"，而且这个例子尽可能典型、简单、明了。

第一步，理解题意，动手实验。

实验步骤：

①创设角度滑动条 α，范围为 0°到 120°；

②B = 交点（x 轴，y 轴），A = 描点（y 轴），D = 旋转（B，α，A），c：圆周（B，A，D），C = 描点（c），再利用线段把各边连接起来，例如 g = 线段（B，C）；

（说明：之所以要设定点 C 在三角形 ABD 的外接圆上，目的是得到对角互补）

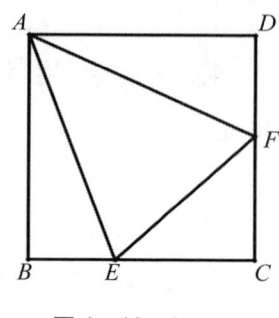

图 4 - 13 - 1

③E = 描点（g），得到线段 BC 上的动点 E；

④F = 交点（直线（C，D），射线（A，旋转（E，α/2，A））），即利用旋转的方法得到半角 α/2，并且利用交点得到点 F；

⑤利用线段连接，即 j = 线段（E，A），k = 线段（A，F），l = 线段（E，F），m = 线段（B，E），n = 线段（F，D），并且用不同颜色标记；

⑥指令栏输入 m + n，得到 a，在代数区把 a 和 l 拉出到绘图区，如图 4 - 13 - 2 所示。

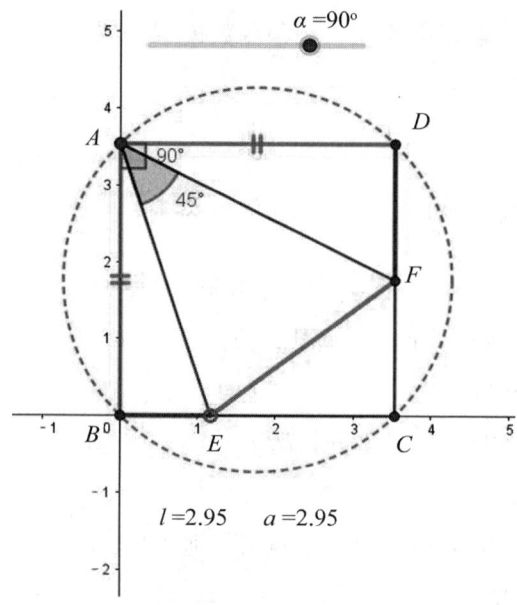

图 4 - 13 - 2

移动点 E 的位置，发现 l 和 a 的数值的确相等。

移动点 C 的位置，l 和 a 的数值也相等。

改变滑动条 α，l 和 a 的数值仍然相等。

说明这个正方形的"半角"模型可以推广到一般的情况。

第二步,问题解决。

如图 4-13-3 所示,把 △ADF 旋转 90° 得到 △ABF′,先利用直角证明 F′、B、E 共线,然后证明 △AF′E ≌ △AFE(SAS),即可证得上述的结论。当然,对于直角的情形,也可以通过延长 EB 到 F′,使得 BF′=DF,然后证明两次全等解决。

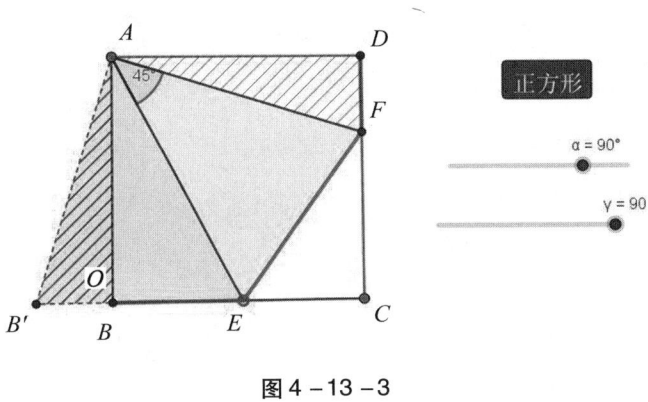

图 4-13-3

4.13.2 模型提炼

【例2】已知图 4-13-4 所示。证明:①$\angle 2 = \frac{1}{2} \angle AOB$;②$OA = OB$。

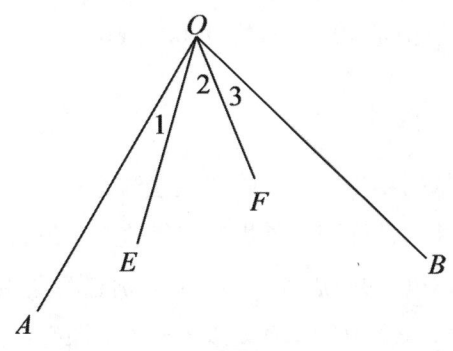

图 4-13-4

【解】如图 4-13-5 所示,连接 FB,将 △FOB 绕点 O 旋转至 △FOA 的位置,连接 F′E,FE,可得 △OEF ≌ △OEF′。

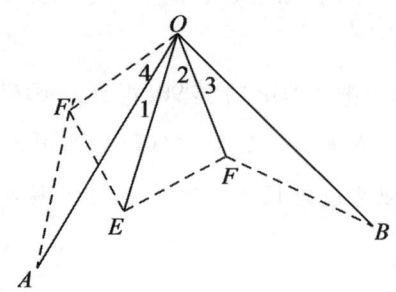

图 4-13-5

分析和证明：

∵ △OBF ≅ △OAF′，

∴ ∠3 = ∠4，OF = OF′。

∴ $\angle 2 = \dfrac{1}{2} \angle AOB$，

∴ ∠1 + ∠3 = ∠2，

∴ ∠1 + ∠4 = ∠2。

又∵ OE 是公共边，

∴ △OEF ≅ △OEF′。

模型结论：

(1) 半角模型的命名：存在两个角度是一半关系，并且这两个角共顶点。

(2) 通过先旋转全等再轴对称全等，一般结论是证明线段和差关系。

(3) 常见的半角模型是 90°含 45°，120°含 60°。

4.13.3 模型变式或拓展

对于正方形为背景的半角模型，除了上述结论外，还有更多的结论，感兴趣的可以从网上搜索并尝试证明，这里给出等边三角形背景中的半角模型。

【例3】 在等边△ABC 的两边 AB、AC 上分别有两点 M、N，D 为△ABC 外一点，且∠MDN = 60°，∠BDC = 120°，BD = DC。探究：当 M、N 分别在线段 AB、AC 上移动时，BM、NC、MN 之间的数量关系。

(1) 如图 4-13-6 所示，当 DM = DN 时，BM、NC、MN 之间的数量关系是_____；

(2) 如图 4-13-7 所示，当 DM ≠ DN 时，猜想(1)问的结论还成立吗？

写出你的猜想并加以证明。

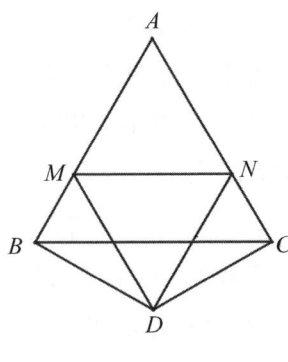

图 4-13-6

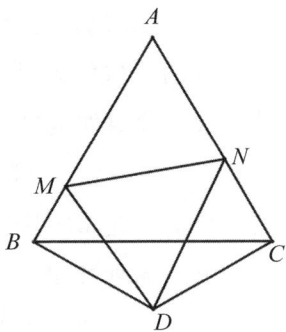

图 4-13-7

这个解析请感兴趣的读者完成。

【反思1】半角模型的解决，本质上可以通过"旋转"构造全等（当然直角的情形可以利用"截长补短"的形式作辅助线）。

4.13.4 模型相关的中考题

2019 年广州中考第 16 题为"半角模型"题。

【例4】如图 4-13-8，正方形 $ABCD$ 的边长为 a，点 E 在边 AB 上运动（不与点 A，B 重合），$\angle DAM = 45°$，点 F 在射线 AM 上，且 $AF = \sqrt{2} BE$，CF 与 AD 相交于点 G，连接 EC，EF，EG，则下列结论：①$\angle ECF = 45°$；②$\triangle AEG$ 的周长为 $(1 + \dfrac{\sqrt{2}}{2})a$；③$BE^2 + DG^2 = EG^2$；④$\triangle EAF$ 的面积的最大值 $\dfrac{1}{8}a^2$。其中正确的结论是____。（填写所有正确结论的序号）

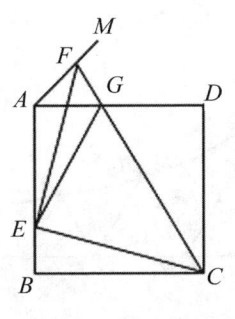

图 4-13-8

【反思】不可否认,"数学解题模型"的应用性值得在教学中挖掘,这些"数学问题模型"能帮助学生形成良好的解题直觉,从而把握住问题解决的切入点,同时良好的"数学解题模型"可以有效地考察学生的迁移能力。从这个意义上讲,我们要更加重视"数学解题模型"。当然,正如一朵花要开得娇艳,不是一朝一夕的事情,"数学解题模型"的教学也同样需要一个完整的、系统的过程。这需要在厘清并臻选出"优秀的""必要的"数学解题模型的基础上,做好"数学解题模型"过程化的教学——笔者强烈建议利用 GeoGebra 或其他画板让学生经历"动手做数学""体验数学解题模型的生成过程",并在实践的基础上不断优化过程性教学策略,让"解题模型"的教学开花并结出硕果。

4.14 巧用迭代方法绘制一类规律问题

2018 年广东省中考 16 题原题如下:

【例】如图 4-14-1 所示,已知等边 $\triangle OA_1B_1$,顶点 A_1 在双曲线 $y = $ ($x > 0$) 上,点 B_1 的坐标为 (2, 0). 过 B_1 作 $B_1A_2 // OA_1$ 交双曲线于点 A_2,过 A_2 作 $A_2B_2 // A_1B_1$ 交 x 轴于点 B_2,得到第二个等边 $\triangle B_1A_2B_2$;过 B_2 作 $B_2A_3 // B_1A_2$ 交双曲线于点 A_3,过 A_3 作 $A_3B_3 // A_2B_2$ 交 x 轴于点 B_3,得到第三个等边 $\triangle B_2A_3B_3$;以此类推,……,则点 B_6 的坐标为_____。

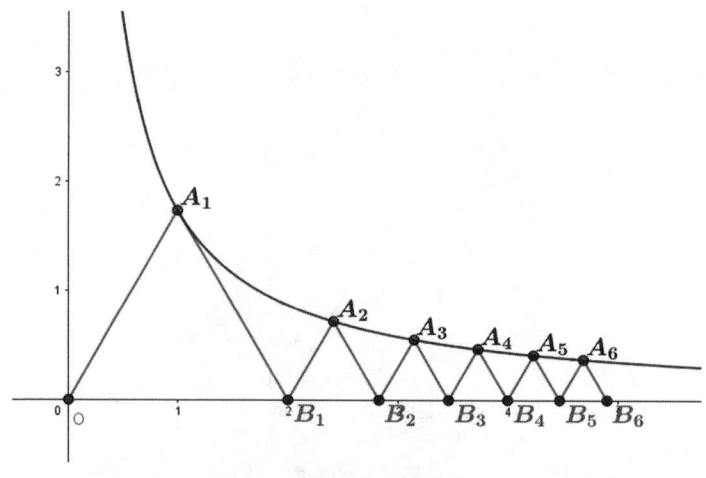

图 4-14-1

此题的解答为 $(2\sqrt{6}, 0)$。

GeoGebra 软件如何绘制这样的图像？此例使用迭代比序列方便。

这里介绍一个统一的迭代方法，非常简洁。

绘制步骤如下：

（1）新建整数滑动条 n；

（2）输入 y = sqrt（3）/x/ （x > 0），得到 f；

（3）指令栏输入：u = 向量((0, 0), (1, sqrt (3))), v = 向量((0, 0), (1, -sqrt (3)))，得到两个向量；

（4）$l1$ = 迭代列表（如果 ($p \in x$ 轴，交点 (f, 直线 (p, u))，交点 (x 轴，直线 (p, v)))，p, {(0, 0)}, n);

（5）$l2$ = 条件子列 （y (p) $\stackrel{?}{=}$ 0, p, $l1$）；

（6）g = 折线 （$l1$）；

（7）$l3$ = 条件子列 （y (p) $\neq$ 0, p, $l1$)

（8）$l4$ = 映射（文本 ("B_{" + (p) + "}", q, true, true), p, 1…n, q, 提取（$l2$, 2));

（9）$l5$ = 映射（文本 ("A_{" + (p) + "}", q, true, true), p, 1…n, q, $l3$)。

最后隐藏两个向量，对于字体进行美化，即可得到精美效果（图 4 - 14 - 2)。

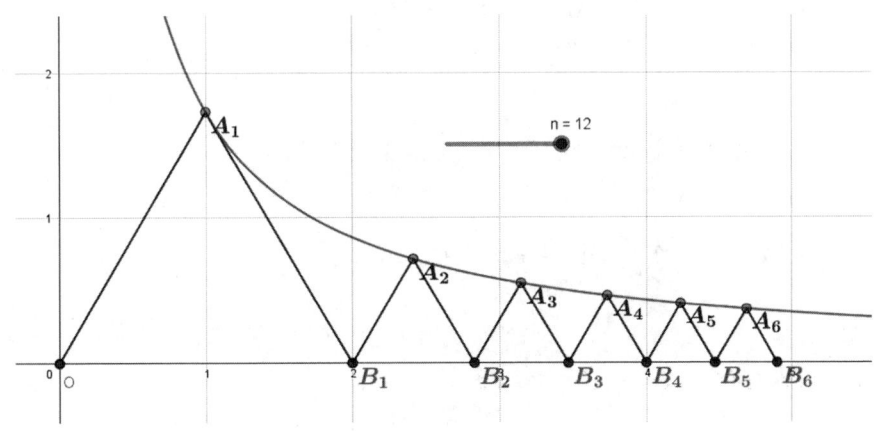

图 4 - 14 - 2

【反思1】这里的作法，在迭代之前建立了两个向量，再采用直线的指令：直线（＜点＞，＜方向向量＞），进行迭代非常方便，而且有利于推广！

变式1：把反比例函数修改为二次函数，即问题为：二次函数 $y = \dfrac{2}{3}x^2$ 的图像如图4－14－3所示，点 A_0 位于坐标原点，点 A_1、A_2、…、A_{80} 在 y 轴的正半轴上，点 B_1、B_2、…、B_{80} 在二次函数 $y = \dfrac{2}{3}x^2$ 位于第一象限的图像上，若 $\triangle A_0B_1A_1$、$\triangle A_1B_2A_2$、…、$\triangle A_{79}B_{80}A_{80}$ 都是等边三角形，则点 B_{80} 的坐标为_____。

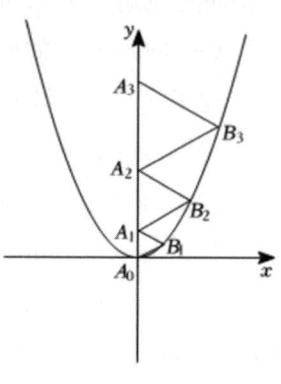

图4－14－3

绘制方法和上面的例子类似，绘制步骤为：

（1）创设滑动条 a，范围为 0 到 2，增量为 0.01，创设整数滑动条 n；

（2）f：$y = a\,x^2$；

（3）$O = (0, 0)$，$u =$ 向量（O, (1, 1/sqrt(3))），$v =$ 旋转（u, 120°, O）；（说明：这两个向量用来控制直线的方向）

（4）$l1 =$ 迭代列表（如果（$p \in y$ 轴，交点（f, 直线（p, u）），交点（y 轴, 直线（p, v））），p，$\{O\}$，n）；

（5）$g =$ 折线（$l1$）；

（6）$l2 =$ 条件子列（$x(p) \stackrel{?}{=} 0$，p，$l1$）；

（7）$l3 =$ 条件子列（$x(p) \neq 0$，p，$l1$）；

（8）$l4 =$ 映射（文本（"B_{" + (q) + "}"，p, true, true），q，$1 \cdots n$，p，$l3$）；

（9）$l5 =$ 映射（文本（"A_{" + (q) + "}"，$p + C$, true, true），q，$1 \cdots n$，p，提取（$l2$, 2））。

即可完成绘图制作，如图4－14－4所示。

第4章　GeoGebra软件制作初中若干经典案例

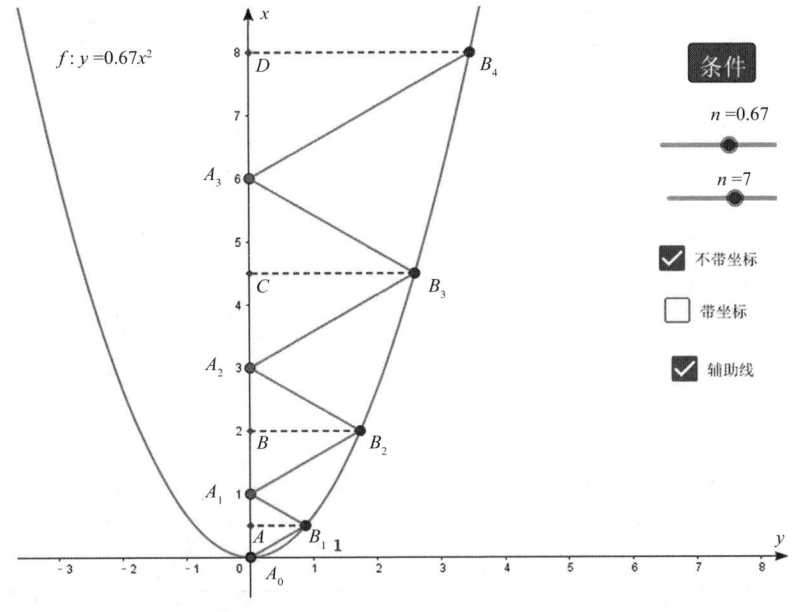

图 4-14-4

【反思2】如果把指令 l4 = 映射（文本（"B_{" + （q） +"}", p, true, true），q, 1…n, p, l3）修改为：l6 = 映射（文本（"B_{" + （q） + （"}" 根式文本（p）），p, true, true），q, 1…n, p, l3），即可显示出点 B 的各个坐标，相当于找到了解决问题思路，即需要从特殊到一般的寻找规律。

类似的，l5 = 映射（文本（"A_{" + （q） +"}", p+C, true, true），q, 1…n, p, 提取（l2, 2））也可修改为：l5 = 映射（文本（"A_{"+（q） +"}" q, p+C, true, true），q, 1…n, p, 提取（l2, 2）），原理是 GeoGebra 的点，本身就包含坐标的，如图 4-14-5 所示。

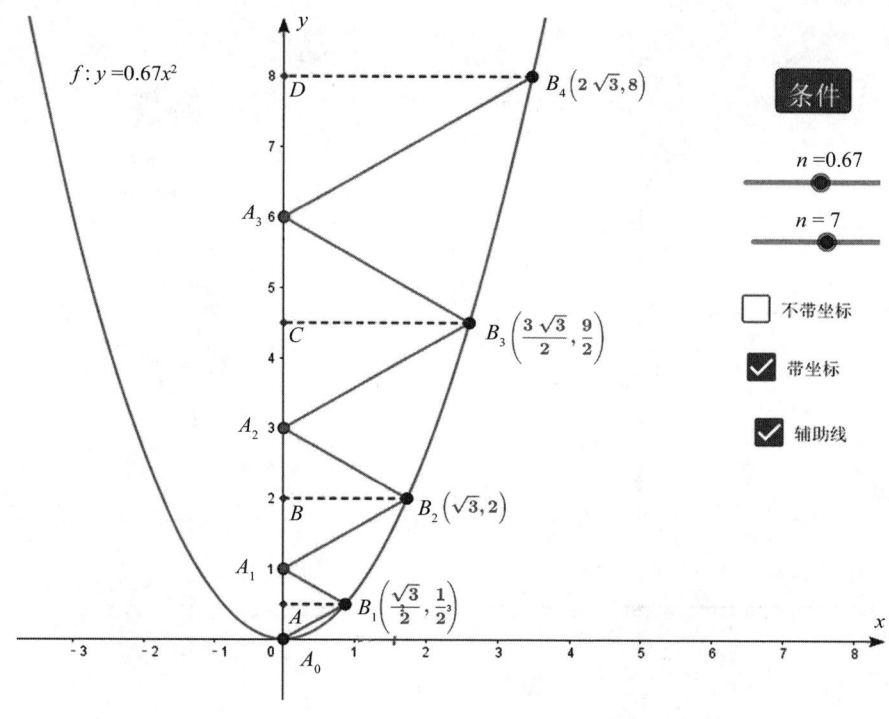

图 4-14-5

变式 2：如图 4-14-6 所示，直线下方的正方形或折线，如何绘制呢？

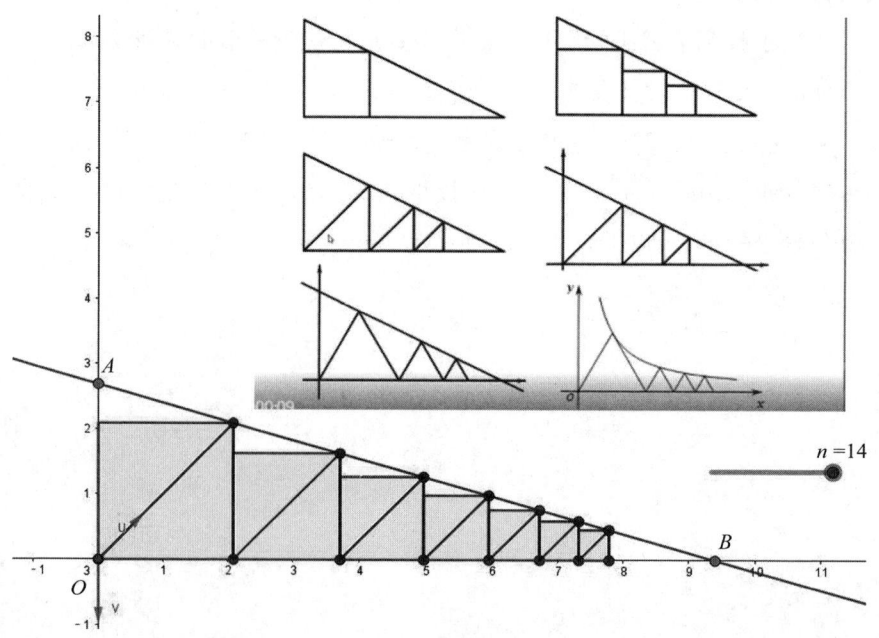

图 4-14-6

制作方法类似，即巧妙利用两个向量，产生直线的方向，然后进行迭代。步骤为：

（1）A，B 分别为轴上的点，f：直线（A，B）；

（2）$u =$ 向量（O，$O +$（1；45°）），$v =$ 向量（O，（0，-1））；

（3）$l1 =$ 迭代列表（如果（$p \in x$ 轴，交点（f，直线（p，u）），交点（x 轴，直线（p，v））），p，$\{O\}$，n）；

（4）$g =$ 折线（$l1$）；

（5）$l2 =$ 条件子列（y（p）$\stackrel{?}{=} 0$，p，$l1$）；

（6）$l3 =$ 映射（多边形（p，q，4），p，$l2$，q，提取（$l2$，2））。

4.15　利用迭代＋追加指令，绘制一类以列表长度为迭代次数的规律图形

本节探讨 2022 年山东省淄博市中考第 17 题、山东省潍坊市 2020 年中考第 18 题的制作。本节从中学数学常见的递推数列开始，让读者更好地理解这类规律图形的制作方法。

【例1】（2022 年山东省淄博市中考第 17 题）如图 4 - 15 - 1 所示，正方形 $ABCD$ 的中心与坐标原点 O 重合，将顶点 D（1，0）绕点 A（0，1）逆时针旋转 90°得点 D_1，再将 D_1 绕点 B 逆时针旋转 90°得点 D_2，再将 D_2 绕点 C 逆时针旋转 90°得点 D_3，再将 D_3 绕点 D 逆时针旋转 90°得点 D_4，再将 D_4 绕点 A 逆时针旋转 90°得点 D_5……依此类推，则点 D_{2022} 的坐标是_____。

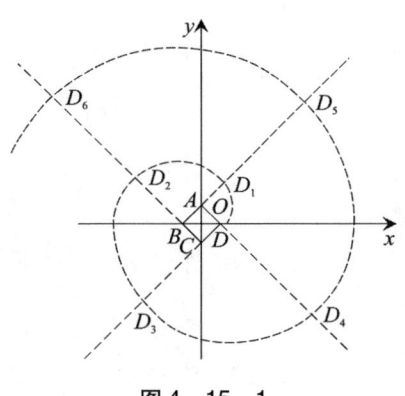

图 4 - 15 - 1

【分析】由题意观察发现：每四个点一个循环，$D_{4n+2}(-4n-3,4n+2)$，由 $2022=505\times4+2$，推出 $D_{2022}(-2023,2022)$。

【解】∵ 将顶点 $D(1,0)$ 绕点 $A(0,1)$ 逆时针旋转 90° 得点 D_1，

∴ $D_1(1,2)$。

∵ 再将 D_1 绕点 B 逆时针旋转 90° 得点 D_2，再将 D_2 绕点 C 逆时针旋转 90° 得点 D_3，再将 D_3 绕点 D 逆时针旋转 90° 得点 D_4，再将 D_4 绕点 A 逆时针旋转 90° 得点 D_5……

∴ $D_2(-3,2)$，$D_3(-3,-4)$，$D_4(5,-4)$，$D_5(5,6)$，$D_6(-7,6)$……

观察发现：每四个点一个循环，$D_{4n+2}(-4n-3,4n+2)$，

∵ $2022=4\times505+2$，∴ $D_{2022}(-2023,2022)$；

故答案为 $(-2023,2022)$。

【例2】（山东省潍坊市 2020 年中考第 18 题）如图 4-15-2 所示，四边形 $ABCD$ 是正方形，曲线 $DA_1B_1C_1D_1A_2$……是由一段段 90° 的弧组成的。其中：$\overset{\frown}{DA_1}$ 的圆心为点 A，半径为 AD；$\overset{\frown}{A_1B_1}$ 的圆心为点 B，半径为 BA_1；$\overset{\frown}{B_1C_1}$ 的圆心为点 C，半径为 CB_1；$\overset{\frown}{C_1D_1}$ 的圆心为点 D，半径为 DC_1；……$\overset{\frown}{DA_1}$，$\overset{\frown}{A_1B_1}$，$\overset{\frown}{B_1C_1}$，$\overset{\frown}{C_1D_1}$，……的圆心依次按点 A，B，C，D 循环．若正方形 $ABCD$ 的边长为 1，则 $\overset{\frown}{A_{2020}B_{2020}}$ 的长是_____。

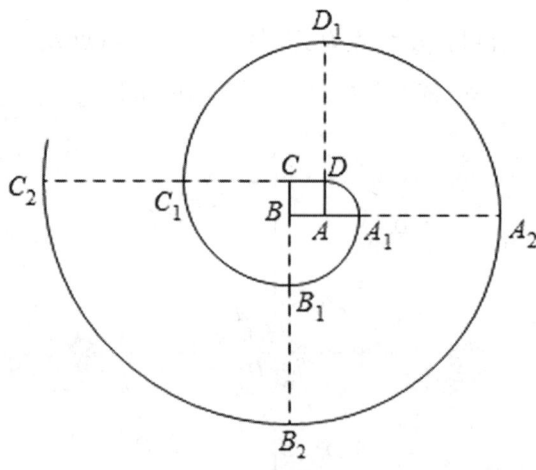

图 4-15-2

【解】由图可知，曲线 $DA_1B_1C_1D_1A_2\cdots$ 是由一段段 $90°$ 的弧组成的，半径每次比前一段弧半径 $+1$，$AD = AA_1 = 1$，$BA_1 = BB_1 = 2$，……，$AD_{n-1} = AA_n = 4(n-1) + 1$，$BA_n = BB_n = 4(n-1) + 2$。

故 $\overparen{A_{2020}B_{2020}}$ 的半径为 $BA_{2020} = BB_{2020} = 4(2020-1) + 2 = 8078$，$\overparen{A_{2020}B_{2020}}$ 的弧长 $= \dfrac{90}{180} \times 8078\pi = 4039\pi$。

故答案为：4039π。

历年各地的中考题比较钟爱这类有规律的图形探究题，所以有必要掌握这类图形的绘制方法。

用 GeoGebra 软件制作这类图形，如果能发现通项公式，就使用序列，如果能发现相邻两项或多项的规律（即递推规律），就使用迭代。

一般而言，发现递推规律比较容易。

笔者写过许多这样的迭代教程（更多可在笔者的公众号，历史文章，搜索"迭代"），上述两个例子中，都是迭代次数参与运算的迭代，使用的是"迭代+追加"的套路。

现在以例 1 为例，来讲相关的指令。

首先我们介绍一下迭代+追加的含义。

以最常见的递推数列为例，如：$a_1 = 1$，$a_n = a_{n-1} + (n-1)^2$。

指令：

$l1 = $ 迭代（追加（p，元素（p，长度（p））+长度$(p)^2$），p，$\{\{1\}\}$，20）

含义解读：

其中，p 是迭代变量，元素（p，长度（p））+长度$(p)^2$ 是迭代表达式，元素（p，长度（p））就是指列表的第长度（p）个元素，即 $a\_\{n-1\}$，长度（p）是指列表的长度，即 $(n-1)$，即每一次迭代之后，把迭代的结果，通过追加指令，放到列表的第一位，这样列表的长度增加了 1，相当于原先数列的项数增加了 1，这样就可以使用 长度（p）来表示迭代的次数。

类似的 $a_1 = 1$，$a_n = a_{n-1} + (n-1)$。

指令为：

$l2 = $ 迭代（追加（p，元素（p，长度（p））+长度（p）），p，{{1}}，20）

$a_1 = 1$，$a_n = 2 * a_{n-1} + (n-1)$

$l3 = $ 迭代（追加（p，2元素（p，长度（p））+长度（p）），p，{{1}}，20）

$a_1 = 1$，$a_n = n * a_{n-1} + (n-1)$

$l4 = $ 迭代（追加（p，（长度（p）+1）元素（p，长度（p））+长度（p）），p，{{1}}，20）

还有更多例子不再赘述。

例1的制作步骤：

（1）先建立四个点和整数滑动条 n：

$O = (0, 0)$，$A = O + (0, 1)$，$B = O + (-1, 0)$，$C = O + (0, -1)$，$D = O + (1, 0)$，$l1 = $ {多边形({A, B, C, D})}，$l2 = $ {A, B, C, D}；

（2）$l3 = $ 迭代（追加（p，旋转（元素（p，长度（p）），90°，元素（$l2$，余式（长度（p）-1，4）+1）））， p，{{D}}，n）；

（3）$l4 = $ 序列（圆弧（$l2$（余式（$i-1$，4）+1），$l3$（i），$l3$（$i+1$）），i，1，n）；

（4）绘制射线：f：射线（B，A），g：射线（A，D），h：射线（D，C），h：射线（D，C）；

（5）$l5 = $ 提取（$l3$，2）；

（6）$l6 = $ 序列（文本（"D_{" + (k) + "}"，$l5$（k），true，true），k，1，n）。

最后效果如图4-15-3所示。

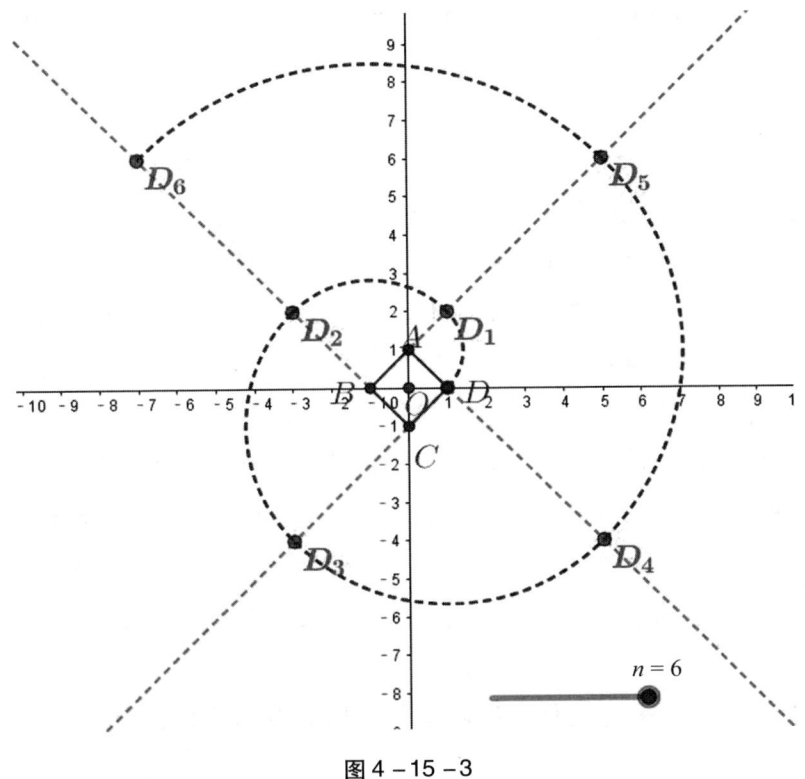

图 4-15-3

非常精美!

【反思1】此例利用"加一维"迭代或者表格迭代也行。

例如加一维迭代的指令:

$m1$ = 迭代列表({x(元素(p, 1)) + 1, 旋转(元素(p, 2), 90°, 元素($l2$, 余式(x(元素(p, 1)) −1, 4) +1))}, p, {{(1, 0), D}}, n);

$l7$ = 扁平列表($m1$);

$l8$ = 序列($l7(k)$, k, 2, $2n+2$, 2)。

也能得到上述一系列的规律点阵,加一维迭代的本质是构造一个不断增加1的迭代序号,这样可以避免使用迭代+追加的套路。

例2的制作步骤:

(1) 先绘制出 $ABCD$ 四个点,即 B = (0, 0),$A=B$ + (1, 0),$C=B$ + (0, 1),$D=B+1$,$l1$ = {A, B, C, D};

(2) 建立整数滑动条;

(3) $l2 = $迭代（追加（$p$，旋转（元素（$p$，长度（$p$）），-90°，元素（$l1$，余式（长度（$p$）-1，4）+1）））, p, {{D}}, n）；

(4) $l3 = $序列（圆弧（$l1$（余式（$i-1$，4）+1），$l2(i+1)$，$l2(i)$），$i$，1，$8n$）；

【反思2】如果此例利用加一维的迭代，步骤如下：

$m1 = $迭代列表（{$x$（元素（$p$，1））+1，旋转（元素（$p$，2），-90°，元素（$l1$，余式（$x$（元素（$p$，1））-1），4）+1））}，$p$，{{(1, 0)，$D$}}，$n$）

$l9 = $扁平列表（$m1$）；

$l10 = $序列（$l9(k)$，$k$，2，$2n$，2）。

上述的制作过程，也可以利用第10节所提到的"表格迭代"进行简化，关于表格的使用方法，也可在笔者的公众号，历史文章，搜索"表格"。

4.16 灵活使用一元迭代、二元迭代或多元迭代

如果你想学习多元迭代，建议从斐波那契数列开始，指令汇编有这个案例。

但是，只靠指令汇编也是远远不够的。虽然指令汇编说明了每个指令的作用，但实际上在作图的时候，往往需要两个或三个指令的嵌套才能完成，而这些指令嵌套汇编是没有的，最简单的例子叫旋转相似，这些往往涉及数学知识，也可以说 GeoGebra 软件提供了很多基本的指令和工具，但是如何利用这些指令和工具去完成我们数学需要的作图和解题，里面有很多套路或技巧或数学原理，需要我们去开发或挖掘。

本文从一元迭代的例子开始，到多元迭代，看完你就基本理解了这类问题的绘制套路。

【例1】（一元迭代）：在平面直角坐标系中，已知 P_1 的坐标为 (1, 0)，将其绕着原点按逆时针方向旋转30°得到点 P_2，延长 OP_2 到点 P_3，使 $OP_3 = 2OP_2$，再将点 P_3 绕着原点按逆时针方向旋转30°得到 P_4，延长 OP_4 到点 P_5，使 $OP_5 = 2OP_4$，如此继续下去，则点 P_{2010} 的坐标是_____。

【解】先创建整数滑动条 n，然后指令：

$l1 = $迭代（追加（$p$，如果（余式（长度（$p$），2）$\stackrel{?}{=} 1$，旋转（元素（$p$，

长度（p）），30°），元素（p，长度（p））＊2）），p，{{(1，0)}}，n）；

f = 折线（追加((0，0)，l1)）所示。

l2 = 映射（文本("P_{" + (p) + "}"，q，true，true)，p，1…(n + 1)），q，l1）。

即可完成制作，效果如图4－16－1所示。

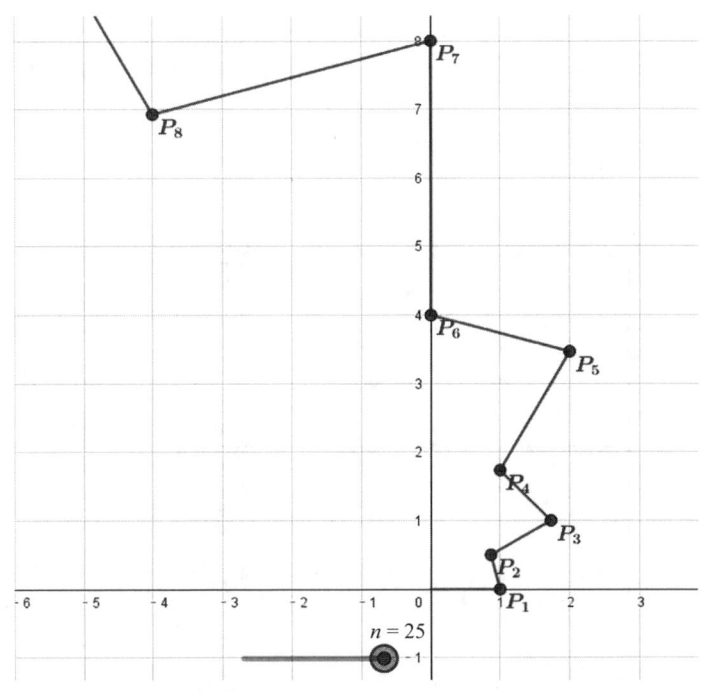

图4－16－1

【反思1】l1 = 迭代（追加（p，如果（余式（长度（p），2）$\stackrel{?}{=}$1，旋转（元素（p，长度（p）），30°），元素（p，长度（p））＊2）），p，{{(1，0)}}，n），这里利用了列表为变量的迭代方法，同时，迭代变量的元素进行了奇、偶不同情况的运算，所以利用"如果＋余式"进行分类. 元素（p，长度（p））＊2）和2＊元素（p，长度（p）），结果是一样的，即点的运算（中点的2倍）。

【例2】（二元迭代）：如图4－16－2所示，在平面直角坐标系中，设一质点M自P_0（1，0）处向上运动1个单位至P_1，然后向左运动2个单位至P_2处，再向下运动3个单位至P_3处，再向右运动4个单位至P_4处，再响上运动5

个单位至 P_5 处……如此继续运动下去 P_{2020} 的坐标为_____。

【解】制作步骤：

创建整数滑动条 n：

$A = O + (1, 0)$，$B = (1, 1)$；

$l1 = $ 迭代列表 $(p + (abs(p - q) + 1)$ 单位法向量 $(p - q)$，q，p，$\{A, B\}$，$n)$；

$l2 = $ 映射 (文本 $("P\_\{" + (p) + "\}", q, true, true)$，$p$，$0 \cdots n$，$q$，$l1)$。

即可达到如图 4 – 16 – 2 所示的效果。

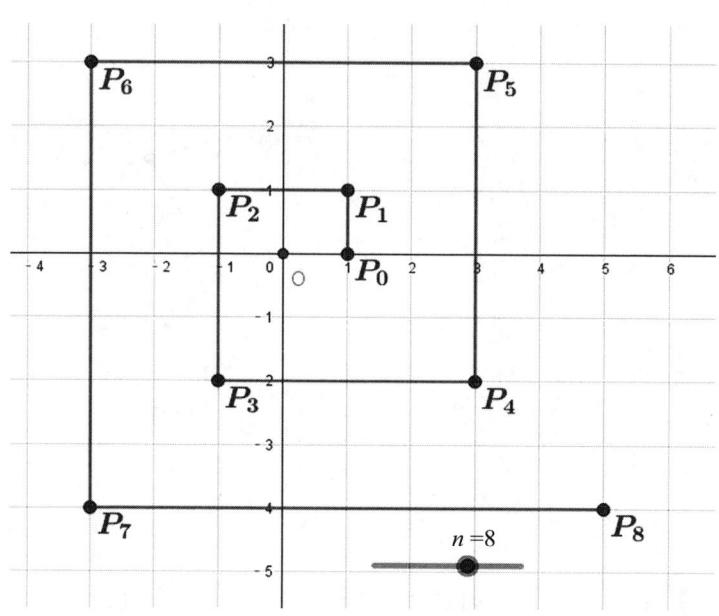

图 4 – 16 – 2

【反思 2】此题为什么需要二元迭代呢？实际上，P_2 是由 A、B 两点产生，点的运算规则为：$B + (abs(B - A) + 1)$ 单位法向量 $(B - A)$，其他点依次类推，所以此例采用二元迭代，非常方便！

【反思 3】把 $l2$ 修改为：$l3 = $ 映射 (文本 $("P\_\{" + (p) + ("\}" q), q, true, true)$，$p$，$0 \cdots n$，$q$，$l1)$，则可以体现出点的坐标效果，方便解题。

【例 3】（二元迭代）：如图 4 – 16 – 3，在平面直角坐标系中，函数 $y = 2x$ 和 $y = -x$ 的图像分别为直线 l_1、l_2，过点 $(1, 0)$ 作 x 轴的垂线交 l_1 于点 A_1，

过点 A_1 作 y 轴的垂线交 l_2 于点 A_2，过点 A_2 作 x 轴的垂线交 l_1 于点 A_3，过点 A_3 作 y 轴的垂线交 l_2 于点 A_4，…，依次进行下去，则点 A_{2021} 的坐标为_____。

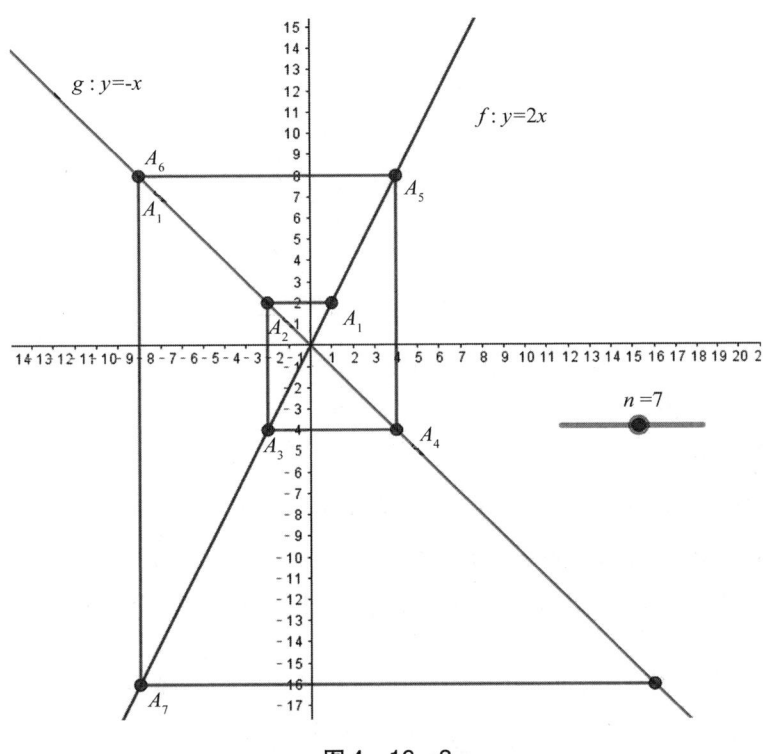

图 4 -16 -3

【解】绘制步骤：

$f: y = 2x$，$g: y = -x$；

$A = (0, 0) + (1, 2)$，$B = (0, 0) + (-2, 2)$；

创建整数滑动条 n；

$l1 = $ 迭代列表（$-2p, p, q, \{A, B\}, n$）；

$h = $ 折线（$l1$）；

$l2 = $ 映射（文本（"A_{" + (p) + "}", q, \text{true}, \text{true}$），$p, 1\cdots n, q, l1$）。

【例4】（二元迭代）：如图 4 -16 -4 所示，一动点从半径为 2 的圆 O 上的 A_0 点出发，沿着射线 A_0O 方向运动到圆 O 上的点 A_1 处，再向左沿着与射线 A_1O 夹角为 60° 的方向运动到圆 O 上的点 A_2 处；接着又从 A_2 点出发，沿着射

线 A_2O 方向运动到圆 O 上的点 A_3 处，再向左沿着与射线 A_3O 夹角为 $60°$ 的方向运动到圆 O 上的点 A_4 处；按此规律运动到点 A_{2018} 处，则点 A_{2018} 与点 A_0 间的距离是（　　）。

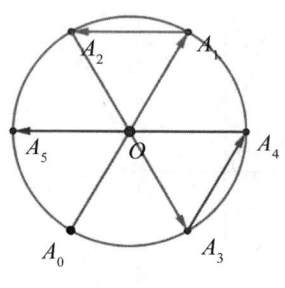

图 4-16-4

A. 0　　　B. $2\sqrt{3}$　　　C. 2　　　D. 4

【解】制作步骤：

(1) $O=(0,0)$，c：圆周 $(O,2)$，$C=O+(2；60°)$，$D=O+(2；120°)$，$A\_0=O+(2；-120°)$；

效果如图 4-16-5 所示（目的是以点 C 和点 D 作为迭代的初始变量）。

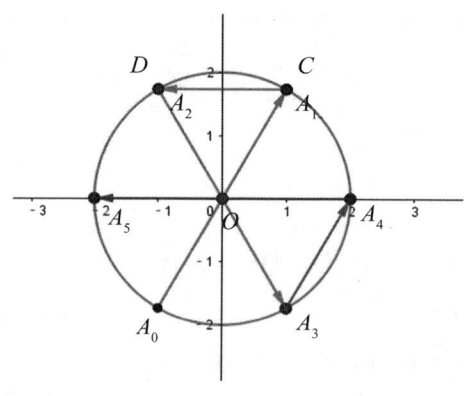

图 4-16-5

(2) 创建整数滑动条 n；

(3) $l1=$ 迭代列表（旋转（p，$-120°$，O），p，q，$\{C,D\}$，n）；

(4) $l2=$ 插入（$\{A\_0\}$，$l1$，1）；

(5) $l3=$ 序列（向量（$l2(k)$，$l2(k+1)$），k，1，$n+1$，1）；

(6) $l4 = $ 序列（文本（"A_" + " {" + （k） + "}"，$l1$ （k），true，true），k，1，n + 1）。

即可得到效果如图 4 – 16 – 4 所示。

【反思4】这里为什么不以 A_0 作为迭代的初始变量呢？因为 A_0 和其他点的产生实际上没有关系！即 A_3 由 A_1 顺时针旋转 120°产生，A_4 由 A_2 顺时针旋转 120°产生，依次类推，所以可以用二元迭代表示。

【例5】（四元迭代或更多元迭代）：如图 4 – 16 – 6 所示，在平面直角坐标系中，一个智能机器人接到如下指令，从原点 O 出发，按向右，向上，向右，向下的方向依次不断移动，每次移动 1 m，其行走路线如图所示，第 1 次移动到 A_1，第 2 次移动到 A_2，…，第 n 次移动到 A_n，则 $\triangle OA_2A_{2018}$ 的面积是（　　）。

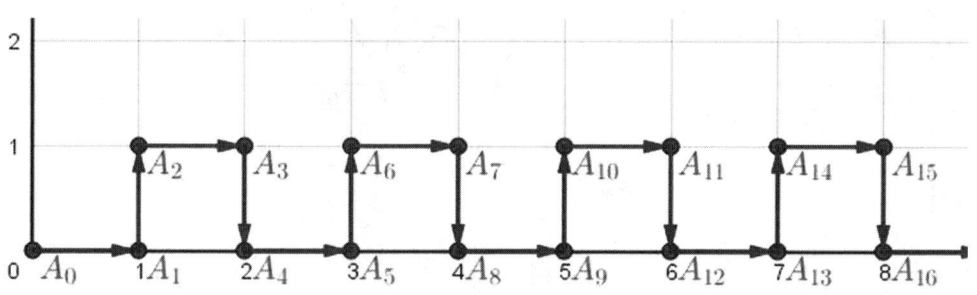

图 4 – 16 – 6

【解】绘制步骤：

创建整数滑动条 n；

$l1 = $ 迭代列表（$p + $（2，0），$p$，$q$，$r$，$s$，{（0，0），（0，1），（1，1），（1，0）}，n）；

$l2 = $ 映射（向量（p，q），p，$l1$，q，提取（$l1$，2））。

【反思5】此题多元迭代的原理，如图 4 – 16 – 7，以开始的四个点作为迭代的初始变量，后四个点与前四个点的关系是：$p + $（2，0），所以利用四元迭代即可简洁的绘制出来。

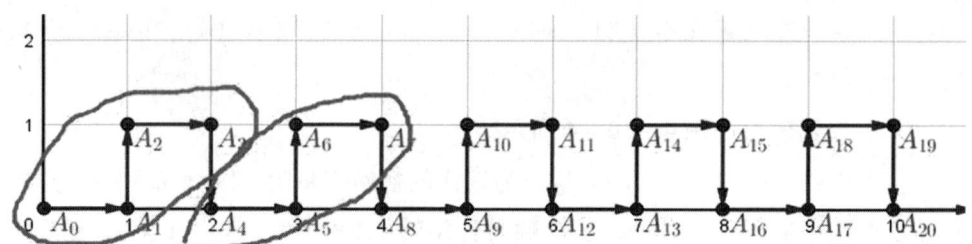

图 4-16-7

类似地，如图 4-16-8 所示的迭代指令为：

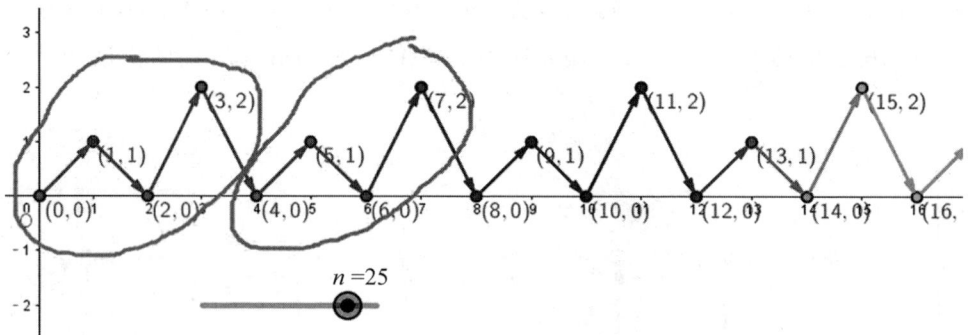

图 4-16-8

$l1$ = 迭代列表（p + (4, 0), p, q, r, s, {(0, 0), (1, 1), (2, 0), (3, 2)}, n)。

还有如图 4-16-9 所示的迭代指令为：

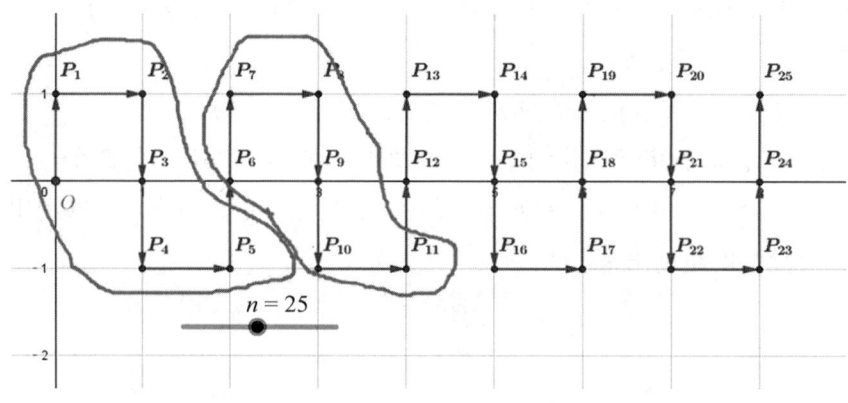

图 4-16-9

$l1 = $ 迭代列表 $(p + (2, 0), p, q, r, s, t, v, \{(0, 0), (0, 1), (1, 1), (1, 0), (1, -1), (2, -1)\}, n)$。

这里有 6 个点作为迭代的初始变量，迭代表达式都是 $p + (2, 0)$，即每一个点都向右平移 2 个单位，这样书写迭代表达式，非常简洁，容易理解。

第 5 章 GeoGebra 制作高中若干经典案例

2019 年已经把 GeoGebra 写进了高中数学新教材，笔者也利用 GeoGebra 软件制作了大量的高中课件，并且在科组进行了多次的培训和推广。但限于篇幅，这里列举了最新的若干典型的案例，以供参考，更多案例可以查看官网，或者笔者的公众号相关内容。

5.1 GeoGebra 软件绘制过点和函数相切的切线（修正原切线指令的不足）

已知函数和某个点 A，该点 A 可以在函数上，也可以不在函数上，如何绘制经过点 A 并且和函数相切的切线呢？

【例 1】函数 $y = x^2$，点 A 是平面上任一点，求经过点 A 的切线。

【解】方法一：直接利用切线指令或切线工具，切线 (A, f)，但效果不佳。

先输入 x^2，得到函数 f，然后使用指令：切线 (A, f)，得到直线 g，效果如图 5-1-1 所示。

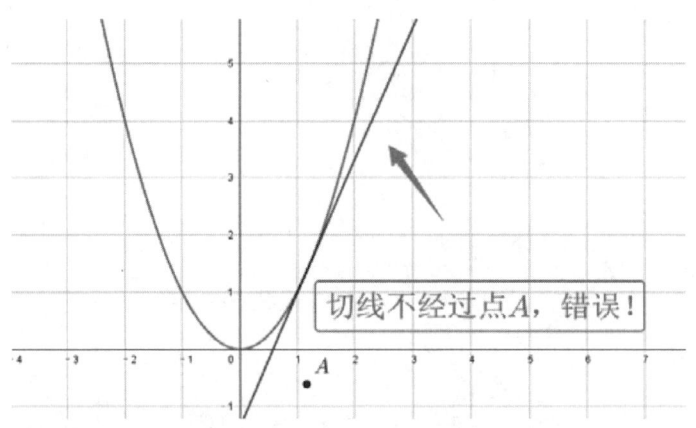

图 5-1-1

当发现点不在函数上时，直接使用 GeoGebra 软件的"切线"指令得到的切线不经过点 A，这个结果是错误的！如何改进呢？

方法二：把函数变成隐式曲线，即输入 $y=x^2$，或者输入 $f-y=0$，得到如下的隐式曲线：

h：$y=x^2$

$eq1$：$f-y=0$

此时利用切线指令：切线（A，h），或切线（A，$eq1$），即可得到如下正确的切线，如图 5-1-2 所示。

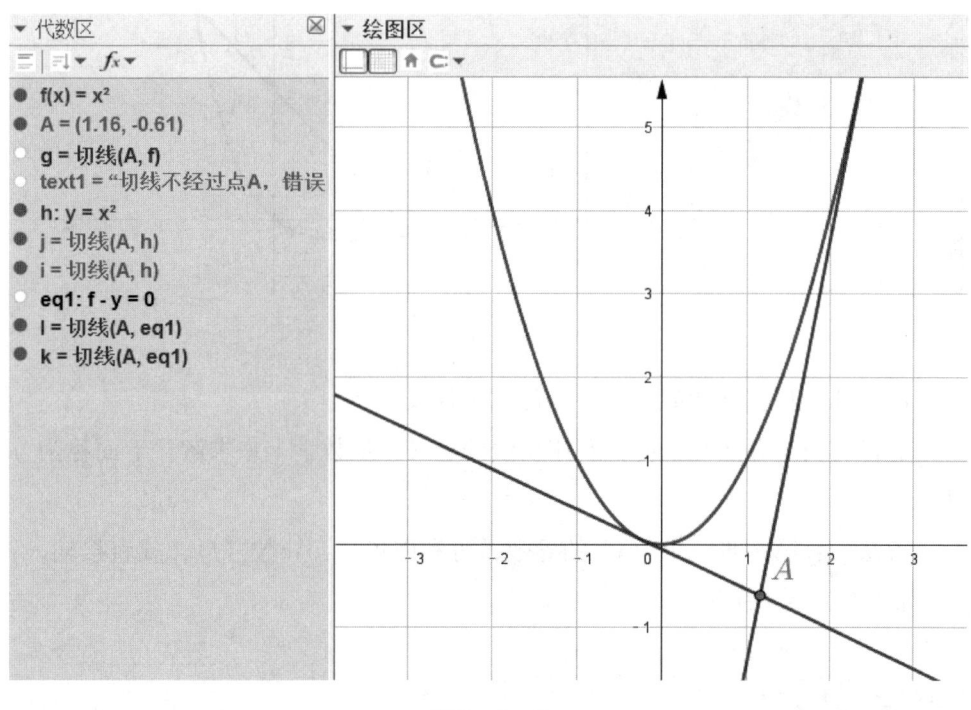

图 5-1-2

【反思1】在 GeoGebra 软件中，切线指令对于函数的效果较差，但对于隐式曲线的效果较好，GeoGebra 软件的交点指令也是如此。

【反思2】大部分函数通过"改写"，写成隐式曲线，利用原先的切线指令，都可以绘制出切线。

【反思3】对于某些特殊的超越函数，哪怕改写成隐式曲线，再来求切线，直接利用切线指令也不行。

【例2】 函数 $f(x) = x\,e^x$ 和平面上一点 A，求经过点 A 的切线方程。

【解】 方法一：改写为隐式曲线，即 eq2：$x\,e\hat{}\,x - y = 0$

再用指令：切线（A，eq2），效果并不稳定，而且可能出错。如图 5－1－3 所示。

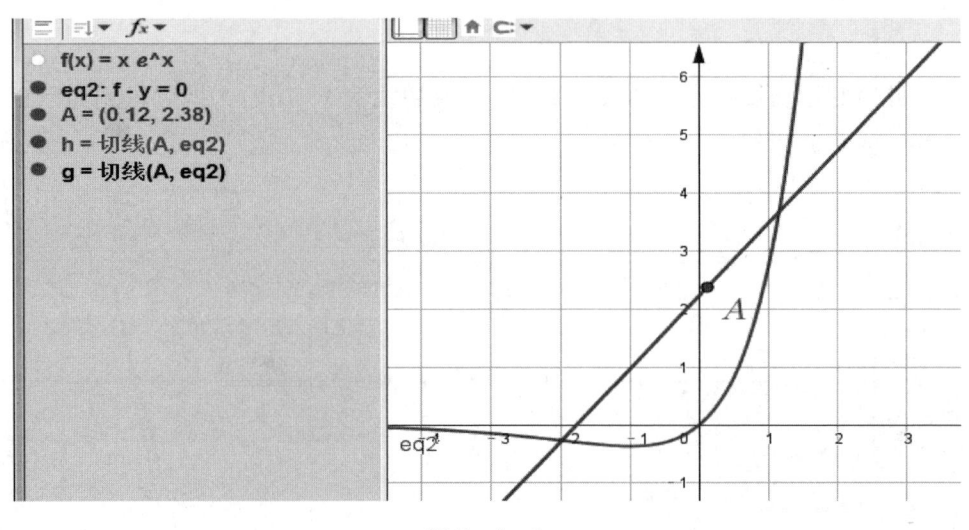

图 5－1－3

即点 A 的位置变化时，不一定能求出切线。

有没有新的办法呢？有！利用切线的意义，从数学上来求解，下面称为方法三。

方法二：第一步，求 $f(x)$ 的导数，可利用指令：导数（f），或直接输入：f'，如图 5－1－4 所示。

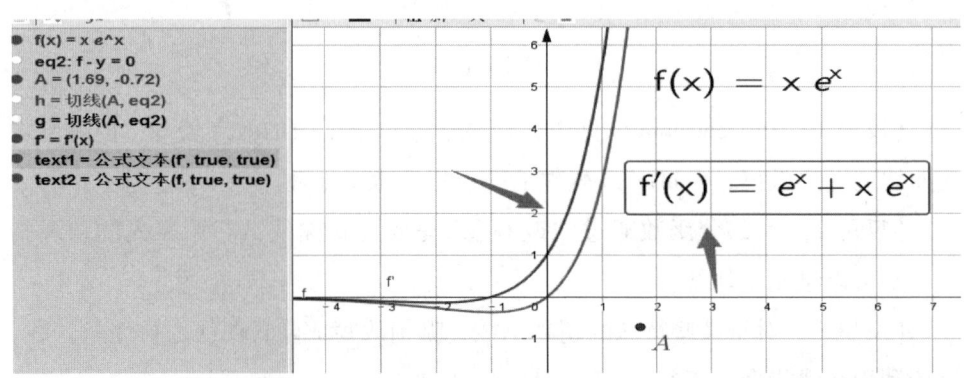

图 5－1－4

第二步：构造动态的切线函数 $g(x)$。

输入：$f(x) - y(A) -$ 导数$(f)(x - x(A))$，得到：$g(x)$，如图 5-1-5 所示。

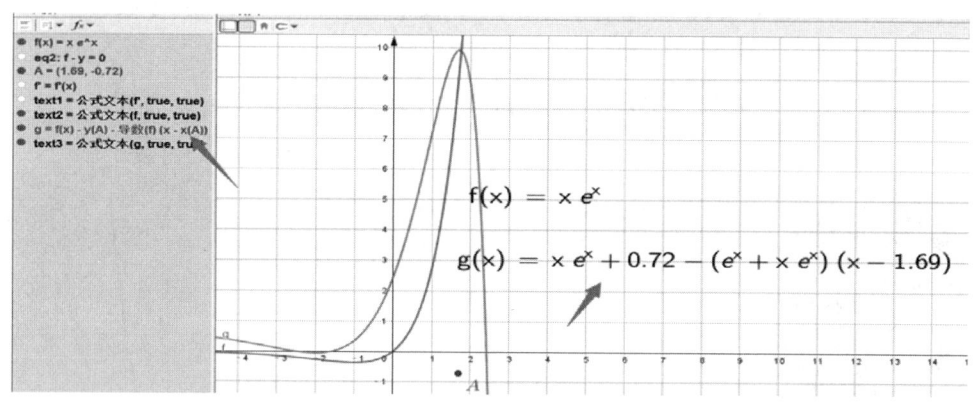

图 5-1-5

第三步，找出 $g(x)$ 的零值点，指令：{零值点 (g)}。

并把所得列表记为 $l1$，因为零值点的个数会随着点 A 的位置发生变化，把零值点放进列表里面便于处理；

第四步，作切点，输入指令：映射$((p, f(p)), p, x(l1))$。

把所得列表记为 $l2$，其中 $x(l1)$ 是零值点的横坐标所组成的列表；

第五步，绘制切线，

输入指令：映射（直线 $(A, p), p, l2$）。

至此，所求切线就绘制出来了，效果如图 5-1-6 所示。

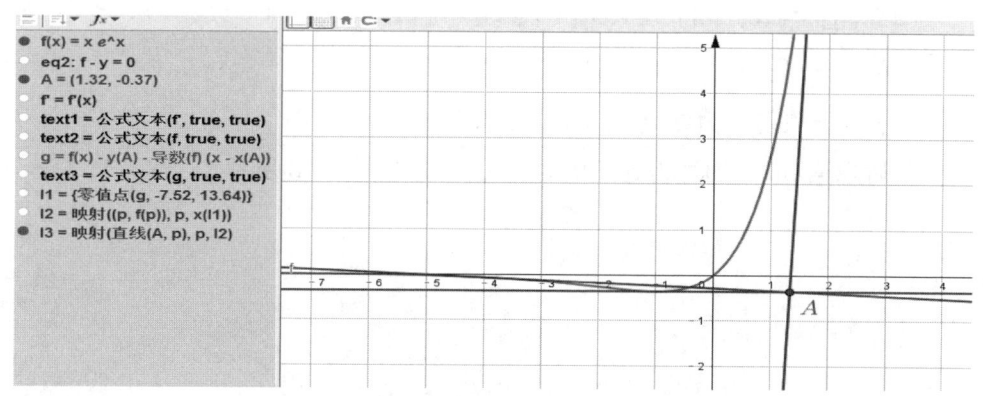

图 5-1-6

【反思4】上述的步骤，也可以利用指令的嵌套一步到位，绘制出来。

即已知函数 f 和任意点 A，绘制出切线的方法：

映射（直线$(A,(x(p),f(p))),p,\{$零值点$(f(x)-y(A)-$导数$(f)(x-x(A)))\})$

如图 5-1-7 所示，系统自动得到一个切线的列表 $l4$，非常简洁。

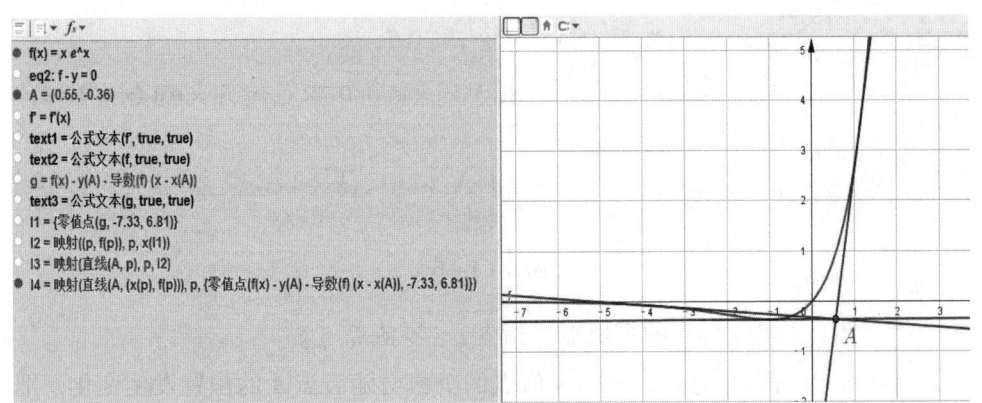

图 5-1-7

所以，也可以利用这个指令，得到一个"新切线"的自定义工具。

方法三：这个方法由赵林老师先提出，更加简洁。

(1) $f(x) = x\ e\hat{\ }x$；（说明：空格表示乘法）

(2) eq1：$y-f=0$；

(3) 在绘图区随意绘制出点 A；

(4) eq2：$y-y(A)=f'(x)(x-x(A))$；

(5) $l2=\{$交点$(eq1,eq2)\}$；

(6) $l3=$映射（直线$(A,p),p,l2$）。

最后隐藏 eq2，即可得到正确的切线，如图 5-1-8 所示。

第5章　GeoGebra制作高中若干经典案例

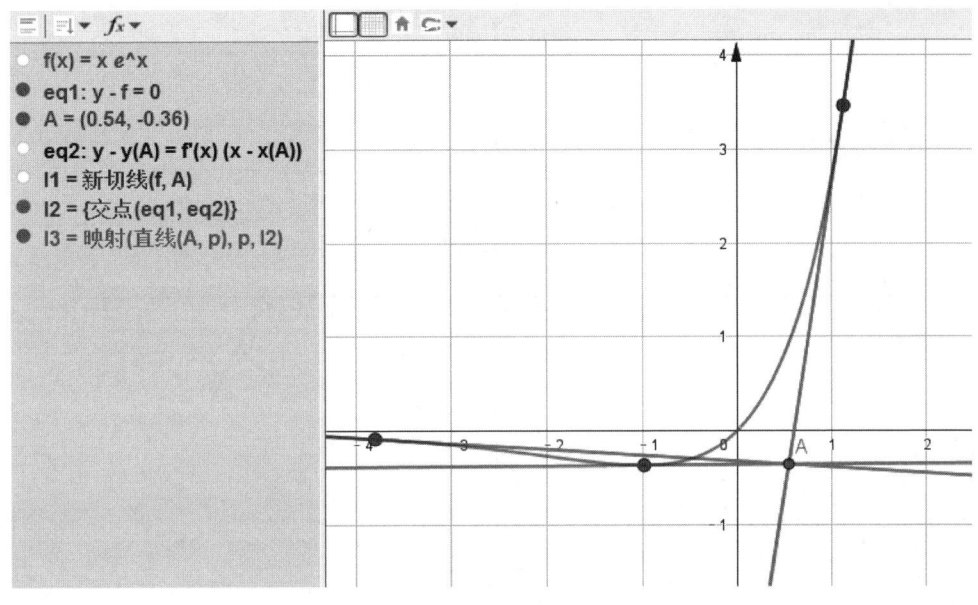

图 5-1-8

关于切线，在笔者的公众号历史文章搜索"切线"，可以查看更多的高考题案例。

5.2　函数的极值点（分数文本和根式文本的处理）

函数和导数，GeoGebra 软件有直接的指令，大家可以查看指令汇编或者 GeoGebra 软件的自带指令帮助。

如图 5-2-1 所示的极值点坐标怎样设成分数？能否直接由 GeoGebra 显示出来？当然可以。制作步骤如下：

（1）$f:y = 2\sin(x) + \sin(2x)$；

（2）极值点（f），得到 A，B，C……等极值点；

（3）在代数区选定这些极值点，拖动道指令栏区，回车，系统自动生成一个列表 $l1$；

（4）$l2 = $ 映射（文本（"（"+（分数文本（$x(p)/\pi$））+"π,"+（根式文本（$y(p)$））+"）", p, true, true），p, $l1$），

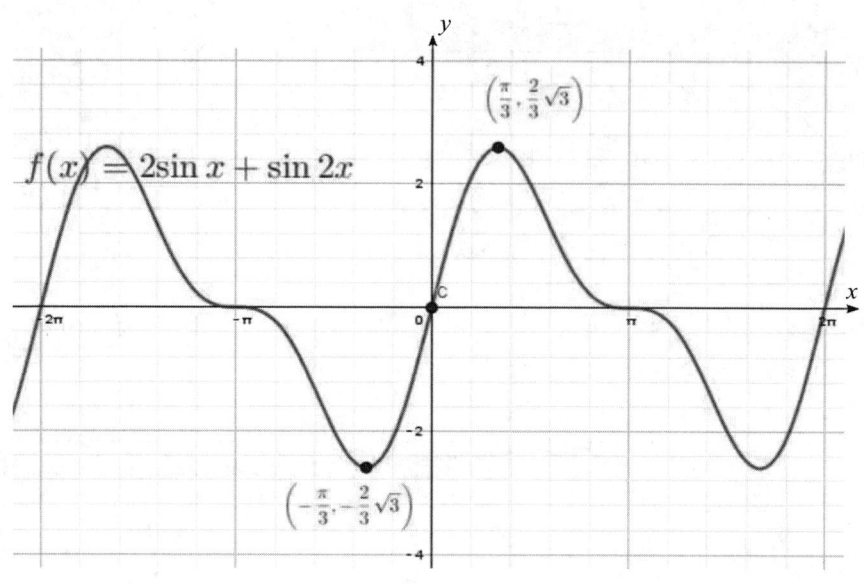

图 5-2-1

得到的效果如图 5-2-2 所示。

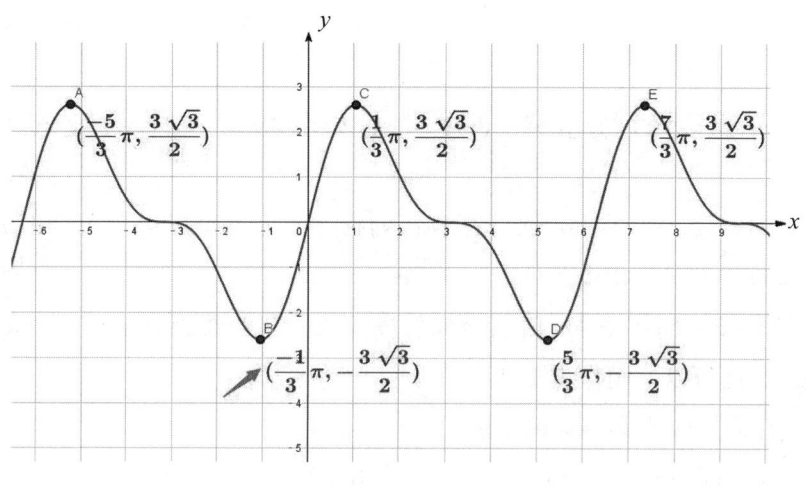

图 5-2-2

虽然大致完成,但是美中不足的是,分数文本和根式文本中,负号位置不一样!

如何改进呢?笔者提出,可以如下修改:

(5) $l3 = $ 条件子列 $(x(p) < 0, p, l1)$;

(6) l4 = 条件子列（x（p）> 0，p，l1）；

(7) l5 = 映射（文本（"（"+（分数文本（x（p）/π））+"π,"+（根式文本（y（p）））+"）"，p，true，true），p，l4）；

(8) l6 = 映射（文本（"（-"+（分数文本（abs（x（p）/π）））+"π,"+（根式文本（y（p）））+"）"，p，true，true），p，l3）。

这样效果就比较精美了（GeoGebra 总是能做到尽善尽美），如图 5-2-3 所示。

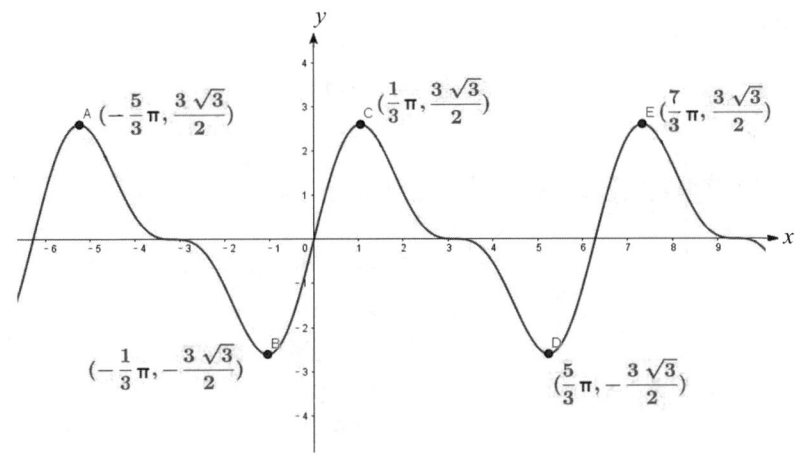

图 5-2-3

【反思 1】此题的难点在于怎么自动生成分数或根式？注意到，在 GeoGebra 软件中，点的横纵坐标都是可以直接获取的，例如 x（点坐标）可以提取得到横坐标，可惜根式文本对 π 是不支持的，因为 π 代表超越数，但 GeoGebra 软件非常精准，利用"分数文本（x（p）/π））"，就可以得到 π 前面的分数。

【反思 2】上述的步骤从第 4 步开始，也可以利用一条指令，进行简化。
即利用如果指令，进行符号的指定，如下：
l1 = {G，F，E，D，C，B，A}，
l2 = 映射（文本（"（"+（如果（x（p）< 0，"-"，""））+（分数文本（abs（x（p）/π）））+"π,"+（根式文本（y（p）））+"）"，p，true，true），p，l1）

【反思 3】关于 GeoGebra 软件文本的更多入门指令，可以参考笔者的公众

号文章，在历史文章中搜索"文本"即可。

5.3 列表描点连线研究对勾函数

对勾函数（或称双勾函数）是高中一种重要的函数。研究对勾函数，需要像研究其他已学过的函数一样，不能少了"列表"→"描点"→"连线"，从特殊到一般的研究过程。

以前的教学需要学生利用纸笔进行绘图，但是手工作图可能导致点的坐标还不一定能准确绘制，现在利用 GeoGebra 软件制作这样类似的课件，即能实现精准作图，也能实现让学生动手做实验的过程。效果如图 5-3-1 所示。

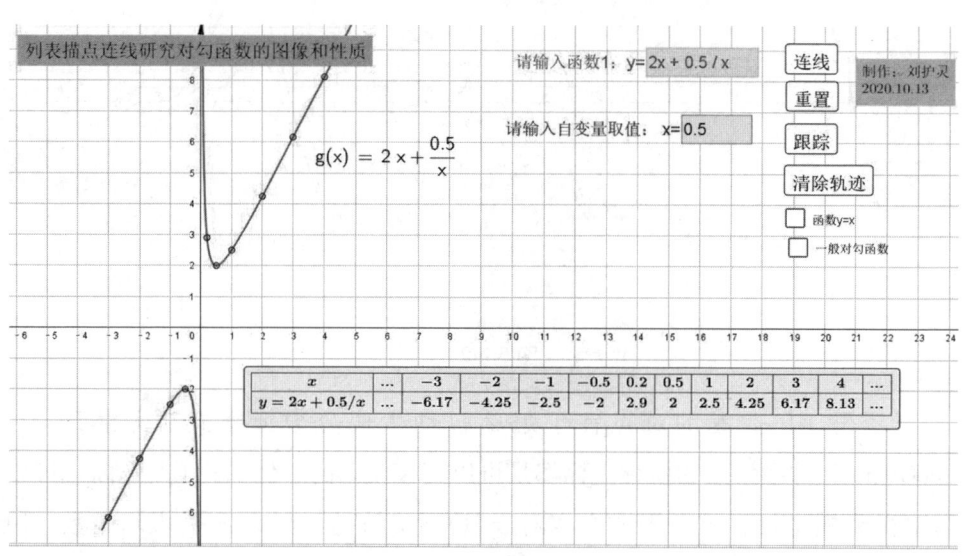

图 5-3-1

这类课件制作的三个要点：

（1）如何实现"列表"的过程？——利用输入框，但是输入框需要加个赋值的指令，即把输入的数值变成一个新的列表，再利用表格文本的指令体现出表格的变化；

（2）如何实现"描点"的过程？——可利用滑动条，条件显示，让点逐个出现；

（3）如何实现"连线"的过程？——利用滑动条控制函数的出现即可。

制作步骤:

(1) 创建一个具体的函数: $g(x) = 2x + 0.5/x$

然后创建一个空的列表: $l1 = \{\}$,

这个作用是用来存储输入的自变量。

继续创建: $l2 = $ 升序排列$(l1)$, $l3 = g(l2)$, $l4 = (l2, l3)$,

这个作用是得到了"描点";

(2) 创建两个输入框: 先创建一个滑条 c, 这个用来作输入的自变量 x, 然后如图 5-3-2 所示, 创建两个输入框:

输入框(g)

输入框(c)

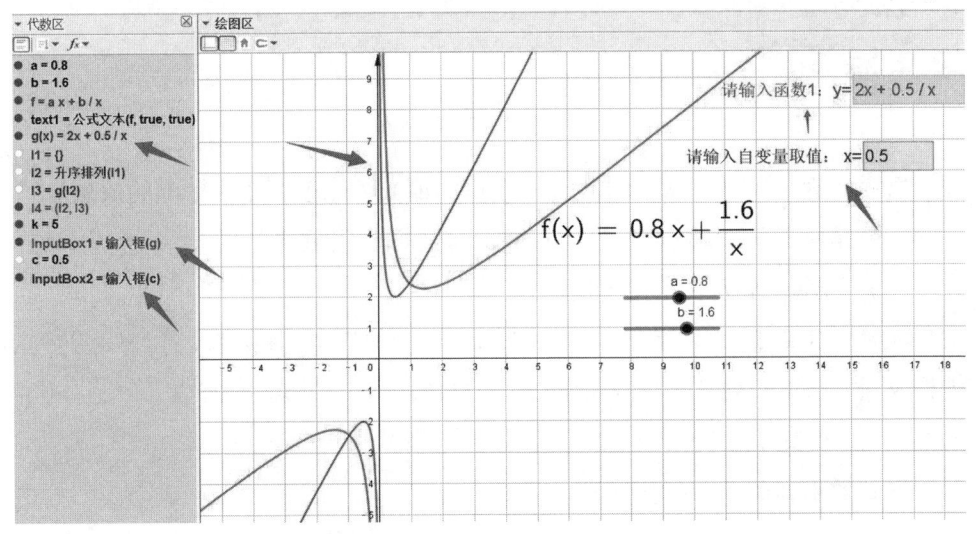

图 5-3-2

输入框 1 关联函数 g, 输入框 2 关联 c,

然后关键的一步是:

输入框 2 的脚本, 即脚本: $l1 = $ 赋值 $[l1, $ 追加 $[l1, c]]$, 如图 5-3-3 所示。

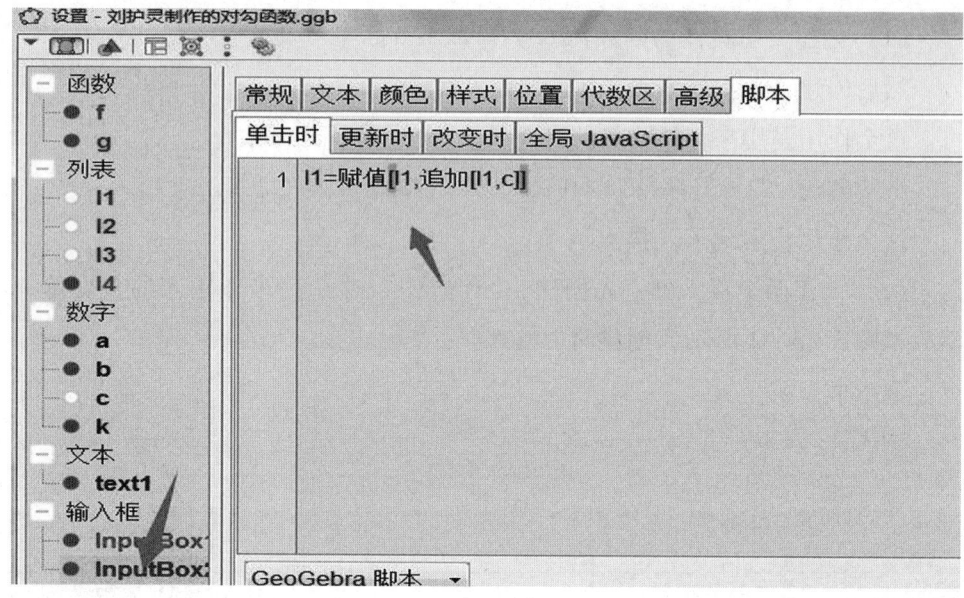

图 5-3-3

这样实现了输入一次 c 的值（自变量的值），就记录到列表 $l1$ 的效果。

这就是所谓的"描点"，这个存储变量的方法很重要。

（3）创建一个列表，指令栏输入：

如果（$l1 \stackrel{?}{=} \{\}$，表格文本（$\{"x","\cdots"\}$，$\{"y = " + g,"\cdots"\}$，"$c\_|$ "），表格文本（扁平列表（$\{"x","\cdots", l2,"\cdots"\}$），扁平列表（$\{"y = " + g,"\cdots", l3,"\cdots"\}$），"$c\_|$ "））。

得到效果如图 5-3-4 所示。

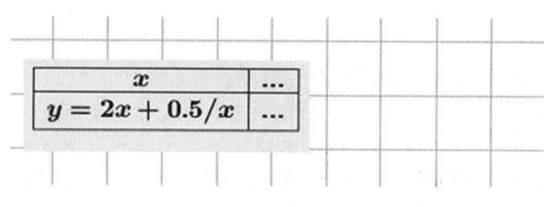

图 5-3-4

当在"输入框2"不断的输入数值时，这个表格的长度不断增加，实现了"列表"的效果。

（4）绘制一个"逐渐出现"的函数。

先创建一个数值滑条 k，范围为 $0 \sim 5$；

然后指令：$g(x)/$（最小值$(l1) - 0.2 < x < k$），得到 $h(x)$，

这个指令也可以用 if 的指令，即：如果（最小值（$l1$） $- 0.2 < x < k$，$g(x)$）；

（5）创建两个按钮。

如图 5-3-5 所示，第一个按钮标题为"连线"，单击脚本为：

设置可见性（h，1，true）

$k=$ 滑动条（最小值（$l1$） -0.3，最大值（$l1$） $+1$）

设置可见性（k，1，false）

赋值［k，最小值（$l1$） -1］

启动动画（k，true）

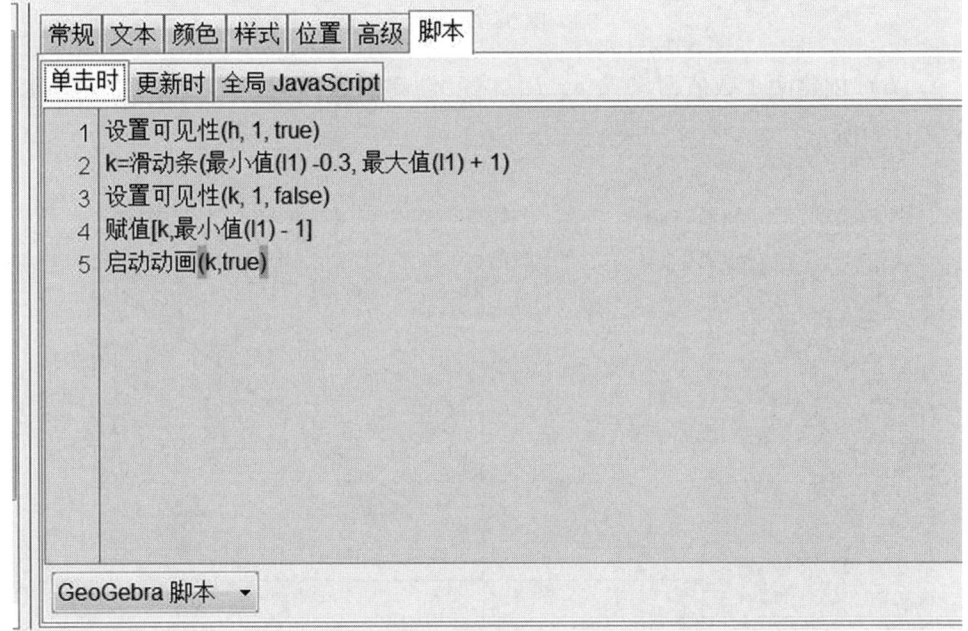

图 5-3-5

如图 5-3-6 所示，第二个按钮标题为"重置"，单击脚本为：

$l1 = \{\}$

设置可见性（h，1，false）；

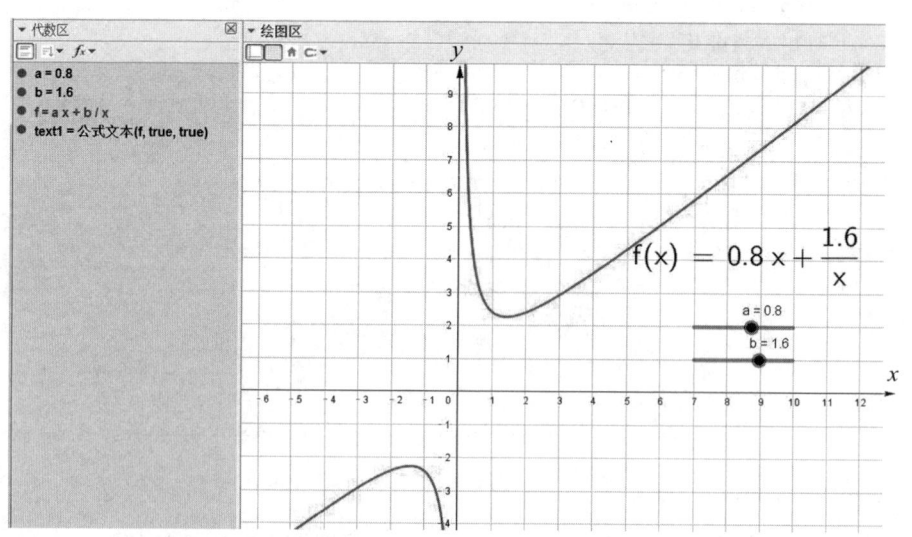

图 5-3-6

（6）创建两个数值滑动条 a，b，然后创建函数 $f(x) = ax + b/x$，如图 5-3-7 所示。

图 5-3-7

然后创建两个复选框，条件显示一般函数 $f(x) = ax + b/x$ 和 $y = x$ 的出现，目的是体现出一般性的结果。

这样就可以实现"列表描点连线"的动态过程了。

其他的函数，如一次函数、二次函数、对数函数等的"列表描点连线"的动态绘制过程也是类似的。

5.4 制作神奇的放大镜（"看清"指数、对数函数的交点）

在 2004 年，笔者曾经发表文章《关于方程 $a^x = |\log ax|$ 解的个数的探讨》。主要探讨的问题是：如果 $0 < a < 1$，$y = a^x$ 和 $y = |\log a^x|$ 的交点究竟有几个？

常见的错误是根据"数形结合"的"草图"（图 5 - 4 - 1），得到有两个交点的错误结论。

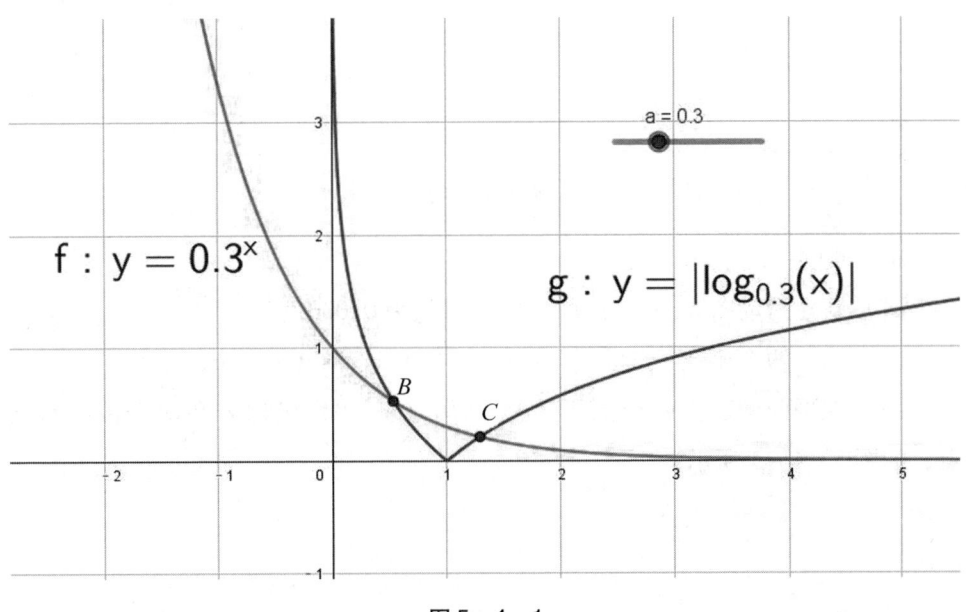

图 5 - 4 - 1

实际上，笔者的文章曾经证明了一个结论，上述交点的个数和 a 的范围有关！

证明过程主要应用了导数的知识，能否利用 GeoGebra 软件的精准作图功能，把图像"放大"，避免看漏交点？

当然可以，直接利用鼠标滚轮即可放大。

进一步，如果能用 GeoGebra 软件绘制出"放大镜"的效果，那就更好了。最近看到几何画板有不少老师制作出了"放大镜"，方法比较麻烦，而利用 GeoGebra 软件制作，只需要两个指令——位似 + 平移即可（此法由杨磊老师先提出），非常简单，效果生动，效果如图 5-4-2 所示。

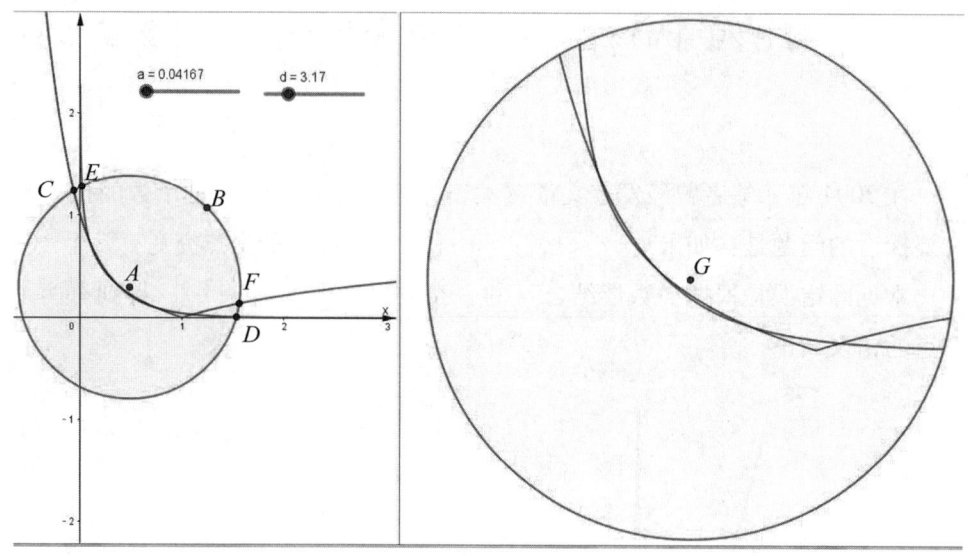

图 5-4-2

制作步骤：

（1）新建滑动条 a，范围为 0 到 1，增量为 0.0001；

（2）输入两个函数：$f(x) = a\verb|^|x$，$g(x) = \text{abs}(\log(a, x))$；

（3）在平面中建立一个圆周：c：圆周(A, B) 确保 c 和两个函数有交点，如图 5-4-3 所示；

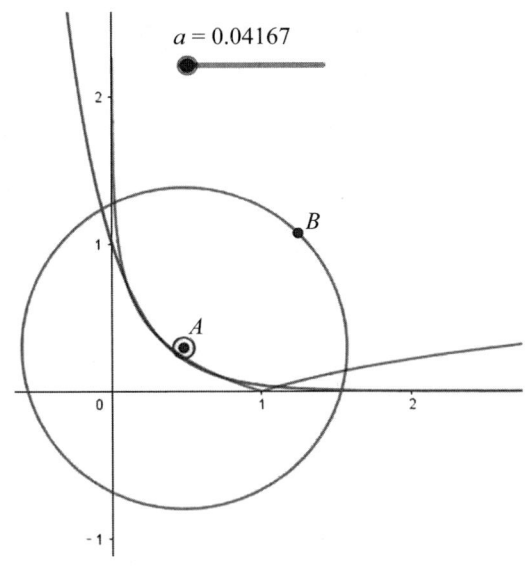

图 5-4-3

(4) 利用交点工具,得到圆周 c 和前面两个函数的交点,即 $C=$ 交点(f, c),$D=$ 交点(f,c),$F=$ 交点(g,c),$E=$ 交点(g,c),如图 5-4-4 所示。

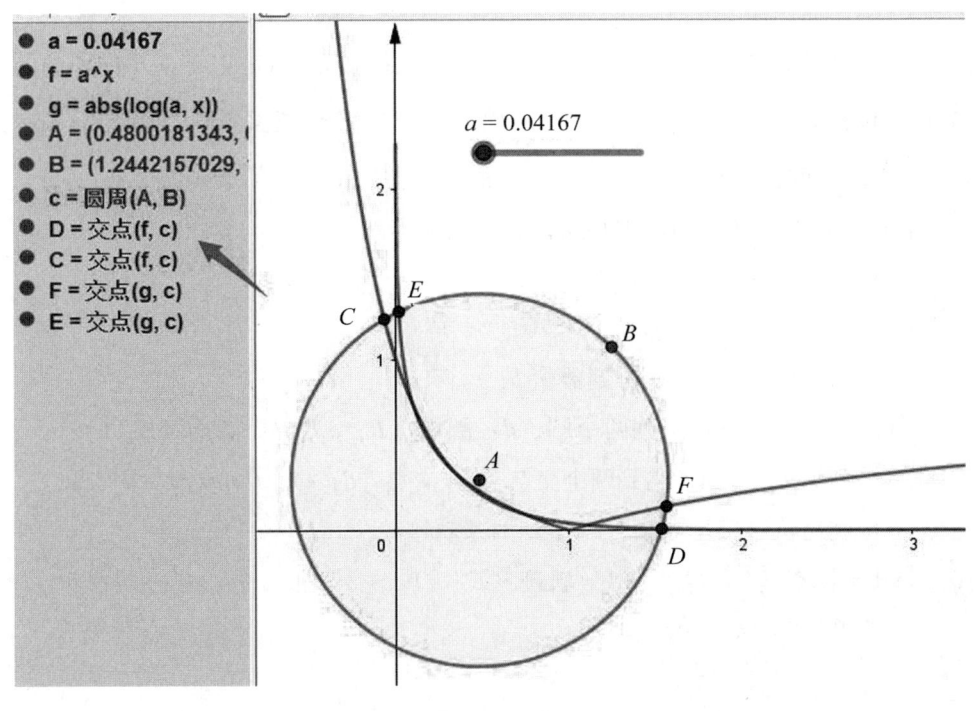

图 5-4-4

（5）指令：半径（c），得到 b = 半径（c），获得圆 c 的半径；

（6）新建一个滑动条 d，范围为 1～10，增量为 0.01，然后输入：b d，获得数值 e，这个就是新的圆周的半径——这个用来作"放大镜"；

（7）在平面上以点 G 为圆心，半径 e 为半径画圆，得到 h：圆周（G, e）——这个就是"放大镜"；

（8）（关键指令），输入：

$p(x)$ = 位似（平移（如果（$x(C) < x < x(D)$, $f(x)$）, $G - A$）, d, G）

$q(x)$ = 位似（平移（如果（$x(E) < x < x(F)$, $g(x)$）, $G - A$）, d, G）

制作完成。

为了更方便的在两个绘图显示，可以打开绘图区 2，把点 G、圆周（G, e）和函数 $p(x)$、$q(x)$ 都放在绘图区 2 中，这样更好看。

5.5 从"阿波罗尼斯圆"到"阿波罗尼斯球"

【例】已知圆 O 的直径 $AB = 4$，动点 M 与点 A 的距离是它与点 B 的距离的 $\sqrt{2}$ 倍。试探究点 M 的轨迹，并判断该轨迹与圆 O 的位置关系。如果把本例中的" $\sqrt{2}$ 倍"改为" $k(k>0)$ 倍"，你能分析并解决这个问题吗？

【解】方法一（利用两圆相交的交点轨迹）。

（1）创建滑动条 k，范围 0～5；

（2）创建滑动条 a，范围 0～20；

（3）指令栏输入 $k a$，得到数值 b；

（4）利用圆工具，得到两个圆，d：圆周（B, a），e：圆周（A, b）；

（5）利用交点工具，得到两个交点，E = 交点（d, e），D = 交点（d, e）；

（6）利用轨迹工具或指令，得到两条轨迹：

loc1 = 轨迹（E, a），loc1 = 轨迹（E, a）

效果如图 5-5-1 所示。

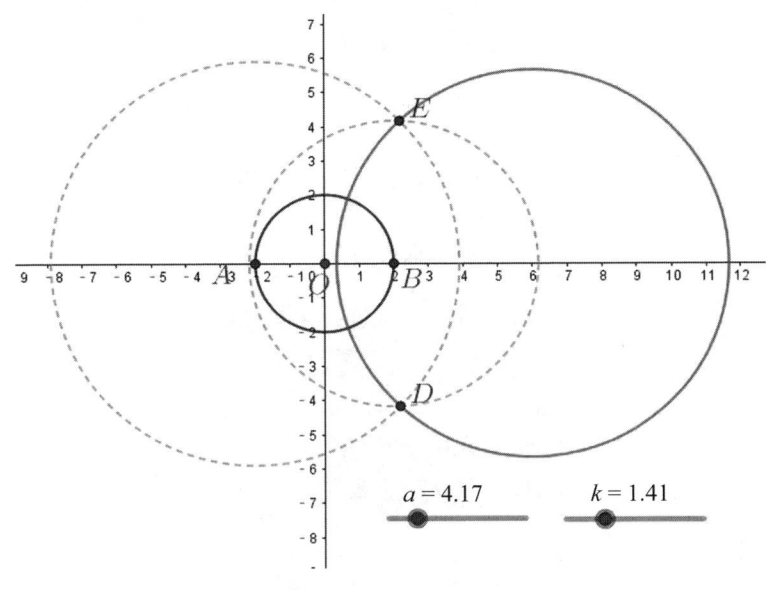

图 5-5-1

方法二：利用隐式曲线。

指令栏输入：

$(x-x(A))^2 + (y-y(A))^2 = k^2((x-x(B))^2 + (y-y(B))^2)$，得到 eq1。

或者输入：

$\mathrm{sqrt}((x-x(A))^2 + (y-y(A))^2) = k\,\mathrm{sqrt}((x-x(B))^2 + (y-y(B))^2)$，得到 eq2。

这两个指令得到的隐式曲线，效果是一样的。

利用隐式曲线之后，如果想产生点的运动而"出现轨迹"的情况，可以利用曲线指令，进行如下操作：

C = 描点（eq1, 0），D = 描点（eq1, 0.5），E = 描点（eq1, 0.75）；

创建 0° 到 360° 的角度滑动条 α；

a = 曲线((半径（圆周（C, D, E））; t) + 中心（圆周（C, D, E）），t, 0, α）；

$F = a(\alpha)$；

$f = $ 线段 (A, F)，$g = $ 线段 (F, B)，$b = f/g$；

再用文本框如图 5-5-2 输入。

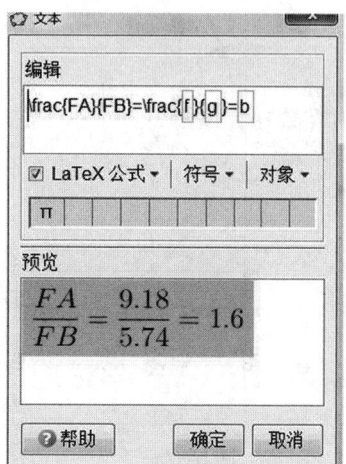

图 5-5-2

这样就得到了阿波罗尼斯圆的演示效果，如图 5-5-3 所示。

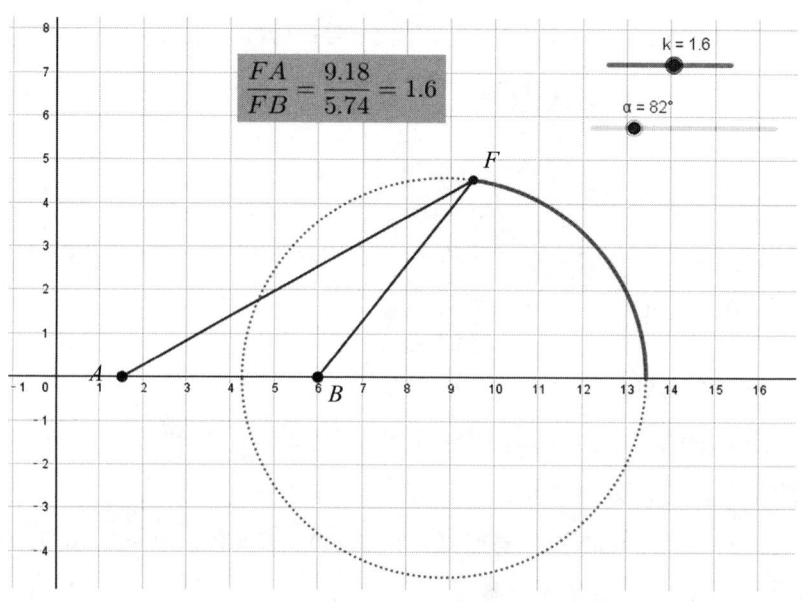

图 5-5-3

第5章 GeoGebra制作高中若干经典案例

【反思1】此题为了演示例6的特殊情况，可以创建一个按钮，按钮的单击脚本为：

赋值（k，sqrt（2））。

【反思2】利用曲线指令得到的是"伪轨迹"，能通过演示设置情境，当然课堂上重要的不是演示，还是要引导学生进行数学的推理演算。

有趣的是，这个平面图形可以推广到空间的情况，即"阿波罗尼斯球"问题：在平面内，已知动点 P 与两定点 A，B 的距离之比为 λ（$\lambda > 0$ 且 $\lambda \neq 1$），那么点 P 的轨迹是圆，此圆称为阿波罗尼斯圆。在空间中，也可得到类似结论。

【例2】如图 5-5-4 所示，三棱柱 $ABC-A_1B_1C_1$ 中，$A_1A \perp$ 平面 ABC，$AB = BC = 2$，$BB_1 = \sqrt{2}\pi \angle ABC = 90°$，点 M 为 AB 的中点，点 P 在三棱柱内部或表面上运动，且 $|PA| = \sqrt{2}|PM|$，动点 P 形成的曲面将三棱柱分成两个部分，体积分别为 V_1，V_2（$V_1 < V_2$），则 $\dfrac{V_1}{V_2} = $（　　）。

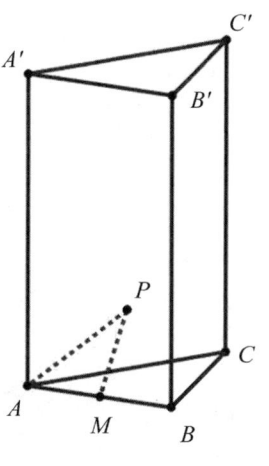

图 5-5-4

【解】用 GeoGebra 软件如何才能得到点 P 的准确图形呢？即如何准确的绘制"阿波罗尼斯球"呢？可以使用如下的方法：

（1）绘制棱柱：$B = $ 交点（x 轴，y 轴），$A = B + (2,0)$，$C = B + (0,2)$，$B\_1 = (0,0,\text{sqrt}(2)\pi) + B$，$A\_1 = (0,0,\text{sqrt}(2)\pi) + A$，$C\_1 = (0,0,\text{sqrt}(2)\pi) + C$，$l1 = \{$棱柱（多边形$(A,B,C)$，$A\_1$）$\}$；

（说明，棱柱利用花括号括起来，是为了避免出现其他太多的线面等元素。）

（2）绘制球面：$M = $ 中点(B,A)，eq1：$(x - x(A))^2 + (y - y(A))^2 + (z - z(A))^2 = 2((x - x(M))^2 + (y - y(M))^2 + (z - z(M))^2)$；

（说明：利用隐式曲线，得到球面方程，这个就是"阿波罗尼斯球"。）

（3）根据题意，点 P 的位置在 1/4 半球，所以指令：$d = $ 曲面（$B + (\text{sqrt}(2); \alpha; \beta), \alpha, 0, \pi/2, \beta, 0, \pi/2)$，

（4）为了美化，还可以绘制出侧面：（说明，先写出上下边界的曲线，再

利用直纹面的方法获得曲面。)

$i=$ 曲线 $(t, 0, \text{sqrt}(2-t^2), t, 0, \text{sqrt}(2))$,

$j=$ 曲线 $(t, 0, 0, t, 0, \text{sqrt}(2))$,

$k=$ 曲面$((1-s)j(t)+s i(t), s, 0, 1, t, 0, \text{sqrt}(2))$,

$l=$ 曲线 $(0, t, 0, t, 0, \text{sqrt}(2))$,

$m=$ 曲线 $(0, t, \text{sqrt}(2-t^2), t, 0, \text{sqrt}(2))$,

$n'=$ 曲面$((1-s)l(t)+s m(t), s, 0, 1, t, 0, \text{sqrt}(2))$,

（5）创建范围从 0 到 1 的两个滑动条 u 和 v，输入指令：$P=d(u,v)$；这样就得到了由滑动条控制的点 P，得到的效果如图 5-5-5：

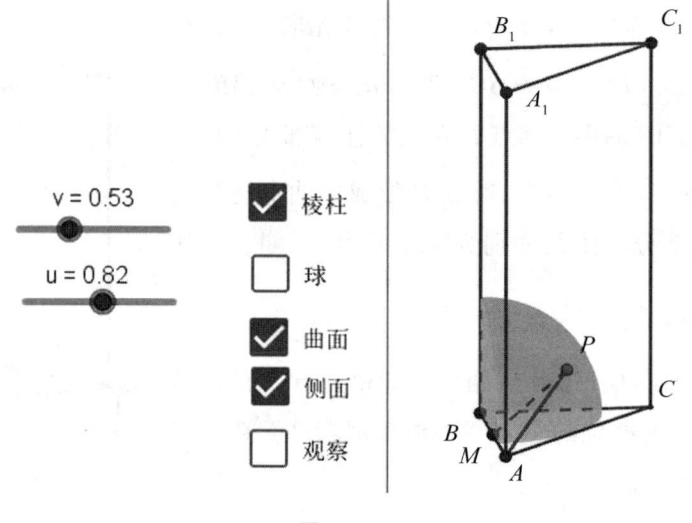

图 5-5-5

（6）$f=$ 线段 (A, P)，$g=$ 线段 (P, M)，$a=f/g$，这样就可以观察出这两个线段的比值，是非常精准的，即题目条件的 $\sqrt{2}$ 倍。

5.6 斜率之积是定值的点的轨迹（椭圆、双曲线等）

【例1】设 A，B 两点的坐标分别为 $(-5,0)$，$(5,0)$。直线 AM，BM 相交于点 M，且它们的斜率之积是 $-\dfrac{4}{9}$，求点 M 的轨迹方程。

【解】实际上，如果斜率之积不是 $\dfrac{4}{9}$，或是其他数值呢？数学上推导的过程类似,作为 GeoGebra 软件的作图,则可以直接进行一般化处理。

一般化:设点 A、B 的坐标分别为 $(-a,0)$、$(a,0)$,直线 AM、BM 相交于点 M,且它们的斜率之积为 b($-1 \leqslant b \leqslant 1$),求点 M 的轨迹方程。

效果如图 5-6-1 所示。

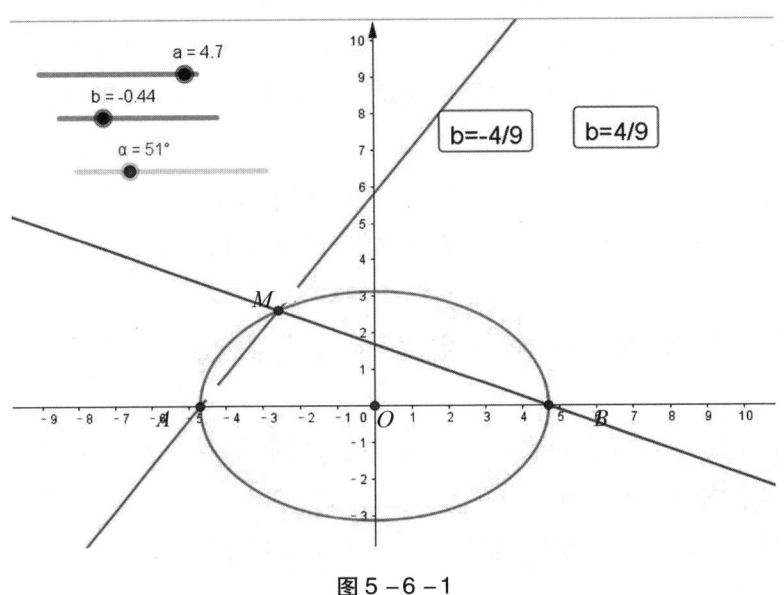

图 5-6-1

制作步骤:

(1) 新建数值滑动条 a,范围 $0.5 \sim 5$,增量 0.01,用它来表示顶点的坐标;

(2) 新建数值滑动条 b,范围 $-1 \sim 1$,增量 0.01,用它来表示斜率之积;

(3) 新建角度滑动条 α,范围 $0° \sim 180°$,增量 $0.01°$,用它来表示直线 AM 的倾斜角;

(4) 指令栏输入:$O=(0,0)$,$B=O+(a,0)$,$A=$ 对称$(B,y$ 轴$)$;

(5)(重点来了)指令栏输入:直线$(A,A+(1;\alpha))$,得到直线 f;

(6) 输入:$\tan(\alpha)$,得到 c,它表示直线 AM 的斜率;

(7) 输入:b/c,得到 k,它表示直线 BM 的斜率;

(8) 输入:直线$(B,B+(1,k))$,得到直线 g;

(9) $M=$ 交点(g,f),$loc1=$ 轨迹(M,α);

(10) 新建按钮 1,标题为 "$b=-4/9$",单击脚本为:赋值$(b,-4/$

9);

(11) 新建按钮 2，标题为"$b=4/9$"，单击脚本为：赋值（b，4/9）；

至此，这个课件基本完成。

【反思】在绘制直线的时候，尽量不用直线的点斜式，原因在于倾斜角为 90° 的时候不存在，在这个案例中，绘制直线用了两个方法。

方法 1：直线（A，$A+(1;\alpha)$），这是利用了指令"直线（<点>，<点>）"，其中，$(1;\alpha)$ 是极坐标的写法，表示极径是 1，极角（倾斜角）为 α 的点。

方法 2：直线（B，$B+(1,k)$），这里利用了指令"直线（<点>，<方向向量>"，其中，$(1,k)$，表示直线 BM 的方向向量。

5.7 圆锥曲线的统一定义（隐式曲线）

【例 1】若动点 M 到定点 F 的距离与动点到定直线 $x=l$ 的距离之比为常数 e，则动点的轨迹是什么呢？

【解】用 GeoGebra 软件绘制效果如图 5-7-1 所示：

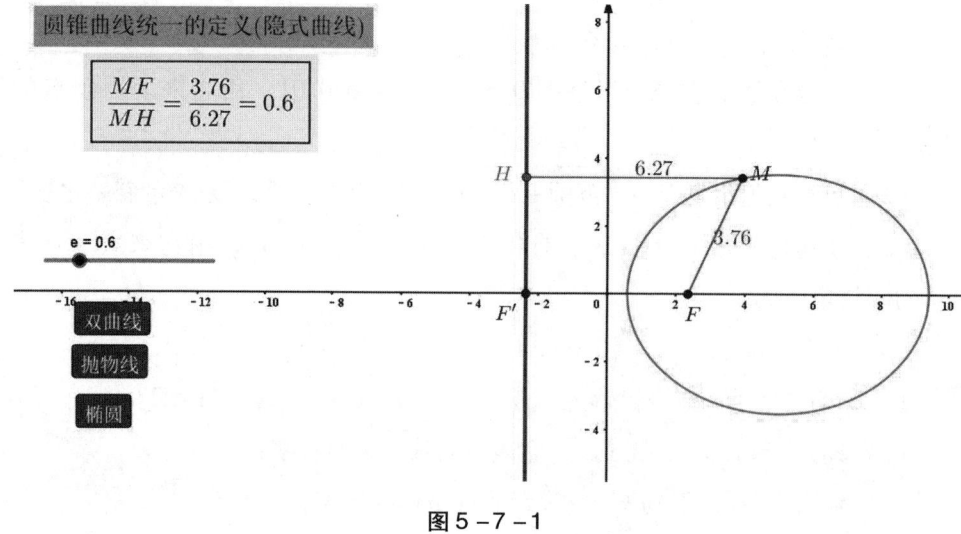

图 5-7-1

制作步骤：

(1) F = 描点（x 轴），F' = 对称（F，y 轴），f：垂线（F'，x 轴），目的

是绘制出焦点和准线；

（2）创建数值滑动条 e，范围 $0 \sim 3$，增量 0.01，目的是作为离心率；

（3）关键指令：$\mathrm{sqrt}((x-x(F))^2+(y-y(F))^2)/abs(x-x(F'))=e$，得到 eq1，这个 GeoGebra 称为隐式曲线，即利用方程写出的曲线；

（4）$M=$ 描点（eq1），$g=$ 线段（M,F），$H=$ 最近点（f,M），$h=$ 线段（M,H）；

说明：最近点，就是点向直线引垂线的垂足，这一步也可以利用先做垂线再取交点代替。

（5）点击文本框，如图 5-7-2 所示输入：

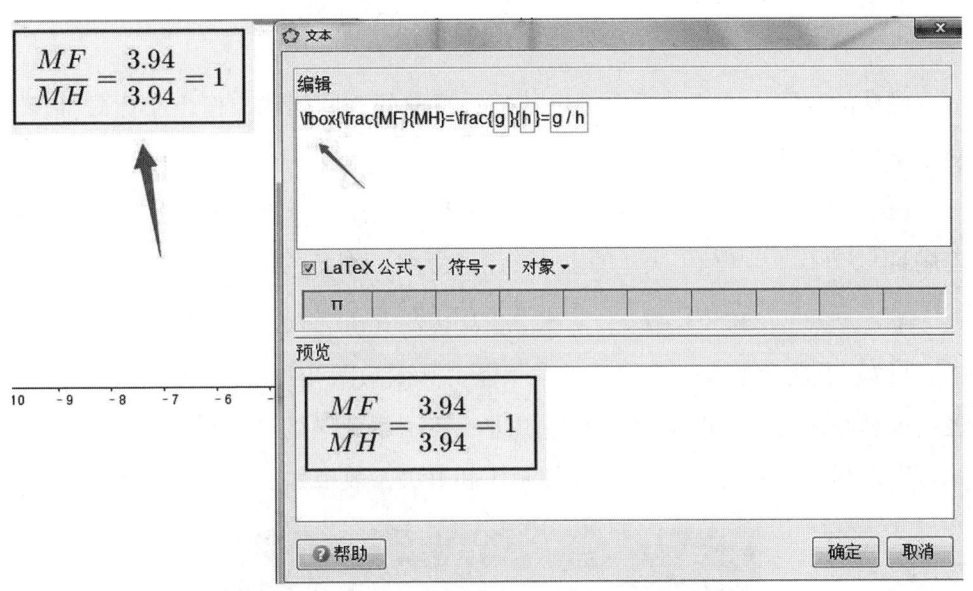

图 5-7-2

【说明1】如果要给公式加一个边框，可以使用 \boxed 或 \fbox 命令，得到的是上图的方框，使用 \ovalbox{} 则得到的是圆框，更多类似指令可查询段明老师编辑的 LaTeX 语法。

【说明2】上述应用了文本框的"空白公式框"进行实时计算。

（6）新建三个按钮，按钮1，标题为"椭圆"，单击脚本是：赋值（$e,0.6$）；

按钮2，标题为"抛物线"，单击脚本是：赋值（$e,1$）；

按钮 3，标题为"双曲线"，单击脚本是：赋值（e, 2.6）。

【反思 1】利用隐式曲线直接绘制圆锥曲线的统一定义，比较方便，但是 GeoGebra 软件的隐式曲线功能并不太强，一些复杂的隐式曲线并不能绘制出来，如"爱心"方程，$(x^2+9/4y\wedge 2+z\wedge 2-1)\wedge 3-x^2*z\wedge 3-9/80*y\wedge 2*z\wedge 3=0$，在指令栏直接输入，绘图区（含 3D 绘图区）都不能显示，但可以转化为参数方程，利用曲线和曲面指令绘制，可在笔者的公众号搜"爱心"。

【反思 2】能否不用隐式曲线，而是利用点的轨迹生成圆锥曲线的统一定义？当然可以，其中用到了相似三角形的构图，有兴趣的可以尝试。

5.8 椭球和正方体棱的交点个数探究

椭球的问题，虽然本质上可以转化为平面的椭圆问题，但由于比较抽象，对于学生而言难度较大。

【例】在棱长为 1 的正方体 $ABCD-A_1B_1C_1D_1$ 中，点 P 是正方体棱上一点，若满足 $|PB|+|PC_1|=d$ 的点 P 的个数为 4，则 d 的最小值为（   ）。

A. $2\sqrt{2}$ B. $\sqrt{3}+1$ C. 2,   D. $\sqrt{2}$

【解】此题原题没有图，要求学生能"无图想图""无图画图"，并且进行逻辑推理和计算，难度不小，如果想进一步了解此题的"全貌"并且进行变式探究，则可以采用 GeoGebra 软件制作和解决，效果如图 5-8-1 所示。

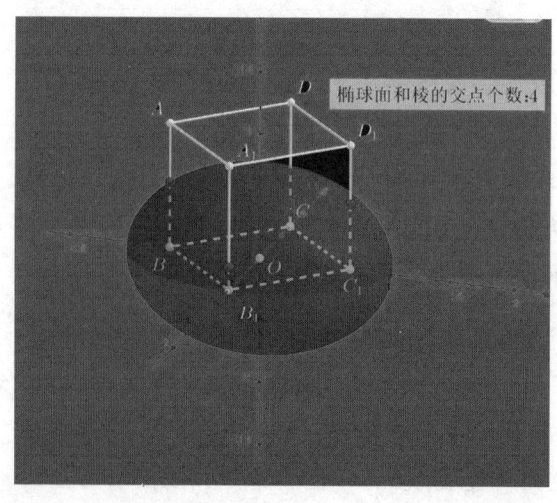

图 5-8-1

此题绘制的难点：GeoGebra 软件可以绘制出标准坐标系下的椭球（即焦点在 x，y 轴上），但是此题如果开始绘制的正方体是标准坐标系下的，则问题所需椭球的焦点并不在 x，y 轴上，怎么处理？

方法一："迁就"椭球，重新摆放正方体的位置。（此方法由赵林老师先提出）

GeoGebra 软件本身内置的椭球面的隐式曲线，如图 5-8-2 所示。

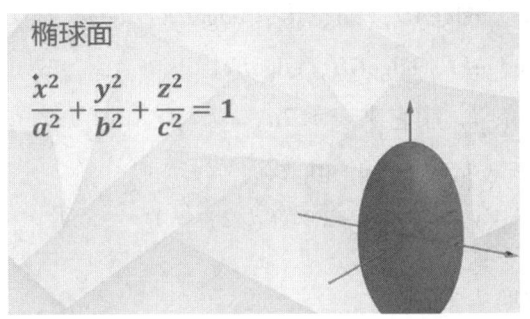

图 5-8-2

大家可以建立三个滑动条（a，b，c），输入：

eq1：$x^2/a^2 + y^2/b^2 + z^2/c^2 = 1$

然后观察它的形状，如图 5-8-3 所示。

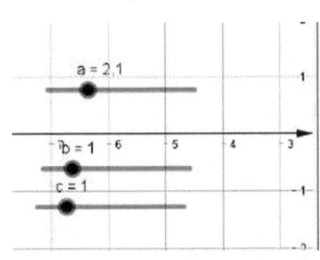 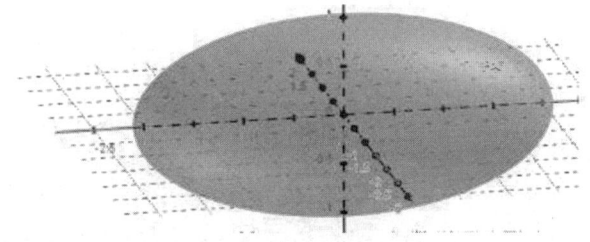

图 5-8-3

从上面的数学基础知识可以知道，椭球面在三个坐标平面上的截线都是椭圆。因此本质上佛山一模的题目是考察平面椭圆，即立体中的平面椭圆问题。

GeoGebra 软件的绘制技巧如下：

$O = (0,0), B = O + ((-\text{sqrt}(2))/2, 0), C\_1 = -B,$

得到效果如图 5-8-4 所示（相当于重新摆放正方体的位置）。

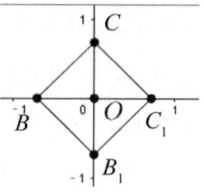

图 5-8-4

然后选定 B 和 C_1，作如下正方体。

$a = 正六面体（C\_1, C, D\_\{2\}）$

$l1 = \{\text{edge}AC, \text{edge}AD, \text{edge}AG, \text{edge}CE, \text{edge}CF, \text{edge}DE, \text{edge}DH,$
$\text{edge}EI, \text{edge}FG, \text{edge}FI, \text{edge}GH, \text{edge}HI\}$

新建数值滑动条 d，用它来表示 $2a$，

新建数值：$e = (d/2)^2 - (\text{sqrt}(2)/2)^2$，

输入指令：$eq3: y^2/e + z^2/e + x^2/(d/2)^2 = 1$

这个就是椭球面。

$l2 = 映射（\{交点（p, eq3）\}, p, l1）$

$l3 = 互异（去除未定义对象（扁平列表（l2）））$

$b = 长度（l3）$

则可以统计点的个数了！再看看精美的图形吧！（图 5-8-5）

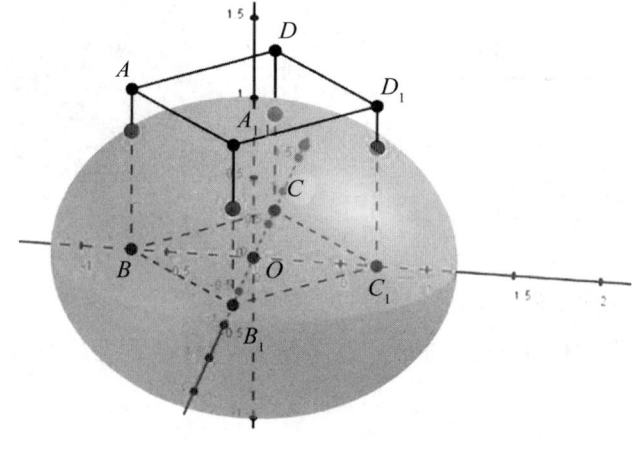

图 5-8-5

方法二："迁就"正方体，利用坐标变换，重新摆放椭球的位置。

此方法由笔者和群内老师交流的时候提出。

首先，需要理解 GeoGebra 软件下的坐标系变换的知识，如图 5-8-6 所示。

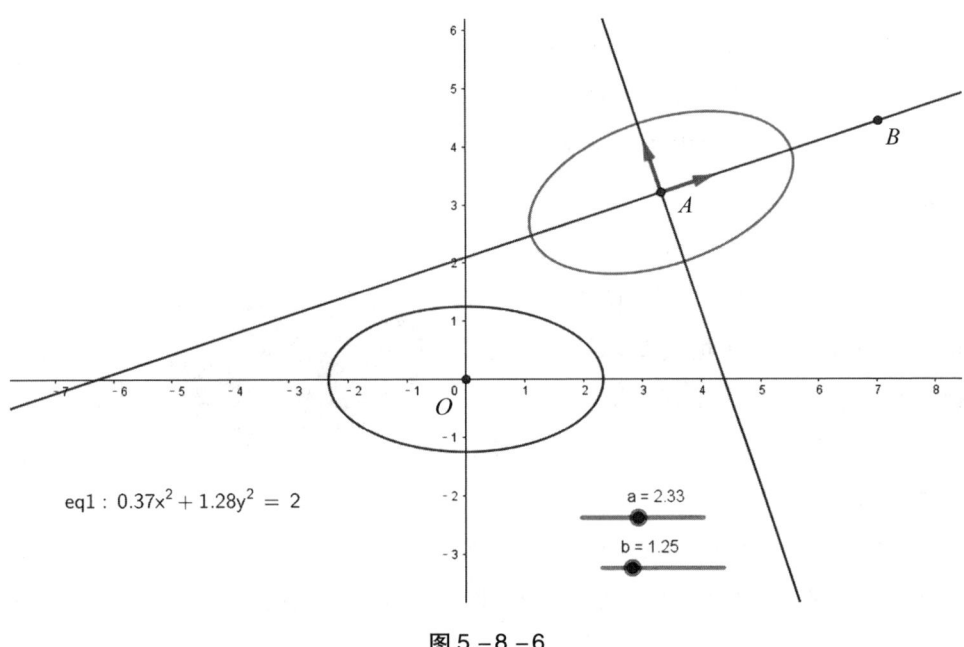

图 5-8-6

在图 5-8-6 中，如果想把椭圆方程 eq1（中心为点 O），移动到以 A 为中心的"新直角坐标系"中，怎么办？

方法如下：

（1）f：直线 (A, B)，g：垂线 (A, f)；

（2）$u = $ 向量 $(A, A + $ 单位向量 $(B-A))$，$v = $ 向量 $(A, A + $ 单位法向量 $(B-A))$；

（3）新建两个数值滑动条 a，b，范围为 $0 \sim 5$；

（4）指令栏输入：$x^2/a^2 + y^2/b^2 = 1$，得到 eq1；

（5）指令栏输入：$(((x, y) - A) u)^2/a^2 + (((x, y) - A) v)^2/b^2 = 1$，即可得到平移之后的 eq2（上图红色的椭圆）。

理解原理之后，制作步骤如下：

（1）$A = (0, 0, 0)$，$B = (1, 0, 0)$，然后选择 3D 绘图区的"正六面体"工具，再选择 A、B，得到 $a = $ 正六面体 (A, B, C)；

(2) 新建滑动条 d, 表示题意中的 d, 范围为 1.41～3, (这个范围可以做好之后在修改也可以);

(3) 输入 $(d/2)^2 - (\text{sqrt}(2)/2)^2$, 得到 e;

(4) eq1: $y^2/e + z^2/e + x^2/(d/2)^2 = 1$。

这里得到的椭球的中心为原点 O, 如图 5-8-7 所示。

这样并不符合题意, 下面要把椭球移动到以点 B、C_1 的中点为中心的位置上来。

(5) E = 中点 (B, C_1), F = 中点 (A_1, D), u = 向量 (E, C_1), v = 向量 (E, C), w = 向量 (E, F), 目的是得到空间正交的三个基底向量。

(6) eq2: $(((x, y, z) - E)$ 单位向量 $(v))^2/e + (((x, y, z) - E)$ 单位向量 $(w))^2/e + (((x, y, z) - E)$ 单位向量 $(u))^2/(d/2)^2 = 1$; 则这个椭球就以点 E 为中心了, 如图 5-8-8

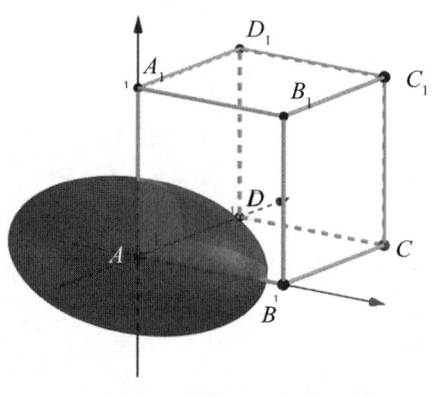

图 5-8-7

所示。

(7) 以上的步骤同方法 1, 即:

$l1$ = {edgeAB, edgeAD, edgeAE, edgeBC, edgeBF, edgeCD, edgeCG, edgeDH, edgeEF, edgeEH, edgeFG, edgeGH},

$l2$ = 映射({交点$(p, \text{eq2})$}, $p, l1$),

$l3$ = 互异 (去除未定义对象 (扁平列表 $(l2)$)),

b = 长度 $(l3)$,

text1 = "椭球和棱的交点个数为: " + (公式文本 (b)) + ""。

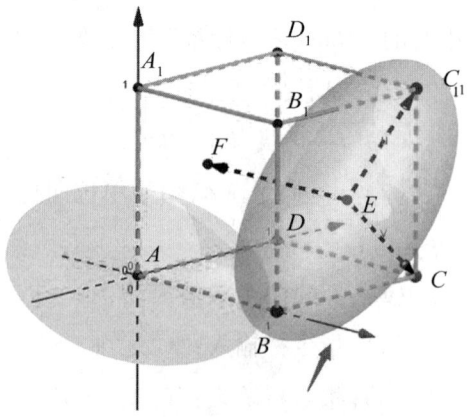

图 5-8-8

最后隐藏一些不必要的元素, 调节颜色和线径大小, 得到的精美效果如图 5-8-9 所示。

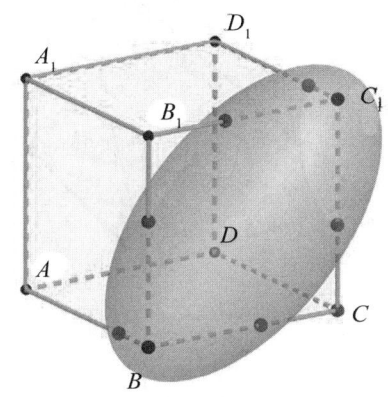

图 5-8-9

自 2021 年佛山一模出现之后，各地陆续出现类似的试题，如下题：

在棱长为 2 的正方体 $ABCD-A_1B_1C_1D_1$ 中点 P 是正方体的棱上一点，$|PB|+|PC_1|=\lambda$，则（　　）。

A. $\lambda=2$ 时，满足条件的点 P 的个数为 1

B. $\lambda=4$ 时，满足条件的点 P 的个数为 4

C. $\lambda=4\sqrt{2}$ 时，满足条件的点 P 的个数为 2

D. 若满足 $|PB|+|PC_1|=\lambda$ 的点 P 的个数为 6，则 λ 的取值范围为 $(2\sqrt{2},4)$

这题制作方法和上述的案例一样，请读者尝试。

5.9 巧用"球的交点"绘制立体几何问题

【例】四面体 $A-BCD$ 中 $AB=CD=5$，$AC=BD=\sqrt{34}$，$AD=BC=\sqrt{41}$，则四面体 $A-BCD$ 外接球的表面积为_____。

【解】绘制步骤：

（1）先绘制出草图，把各边的长度标上，如图 5-9-1 所示。

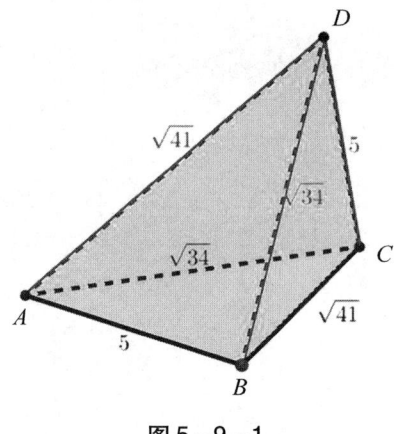

图 5-9-1

通过分析草图，发现只要设主动点为 A，其他点都可以利用"圆的交点"或"球的交点"得到；

（2）指令栏输入：描点（圆周（A，5）），

系统自动得到 $B=$ 描点（圆周（A，5，xOy 平面）），

同理，指令栏输入：$C=$ 交点（圆周（A，sqrt（34）），圆周（B，sqrt（41）），1），

系统自动得到 $C=$ 交点（圆周（A，sqrt（34)，xOy 平面），圆周（B，sqrt（41），xOy 平面），1）；

（3）a：球面（A，sqrt（41）），b：球面（B，sqrt（34）），c：球面（C，5）（说明：分别以 A，B，C 为圆心，相应长为半径作球）；

（4）d：相交曲线（b，a），e：相交曲线（c，b），$D=$ 交点（d，e，1），（说明：利用两个相交曲线得到交点 D），效果如图 5-9-2 所示；

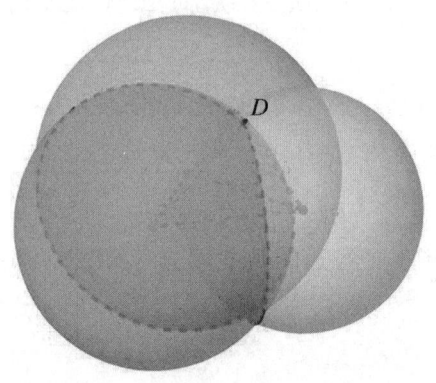

图 5-9-2

(5) $f=$ 棱锥（A，B，C，D），隐藏三个球和两条相交曲线，即可得到所求的棱锥，如图 5-9-3 所示；

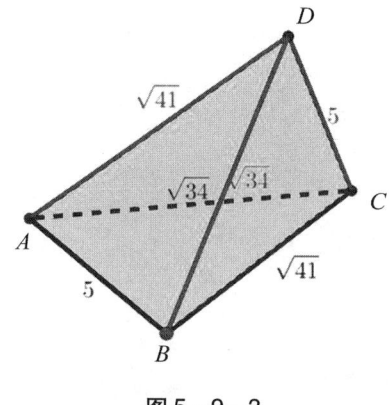

图 5-9-3

(6) 如何利用 GeoGebra 软件求得这个棱锥的外接球的表面积呢？则需要把外接球的球心和半径求出来或绘制出来。

注意：到棱锥的外接球的球心，是经过各个面的外心的垂线的交点，所以可以利用"三角形中心"的指令制作。

$E=$ 三角形中心（A，B，C，3），$F=$ 三角形中心（D，B，C，3），g：垂线（E，xOy 平面），p：平面（B，C，D），h：垂线（F，p），$G=$ 交点（g，h），如图 5-9-4 所示。

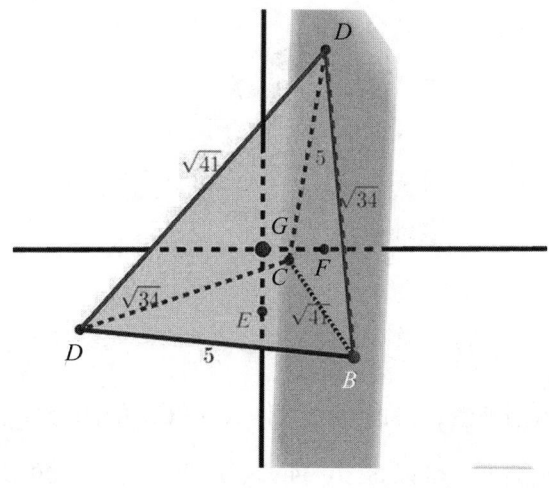

图 5-9-4

(7) i：球面 (G, D)，$k=$ 线段 (A, G)，利用根式文本指令，根式文本（距离 (G, A)），即可得到半径，如图 5-9-5 所示。

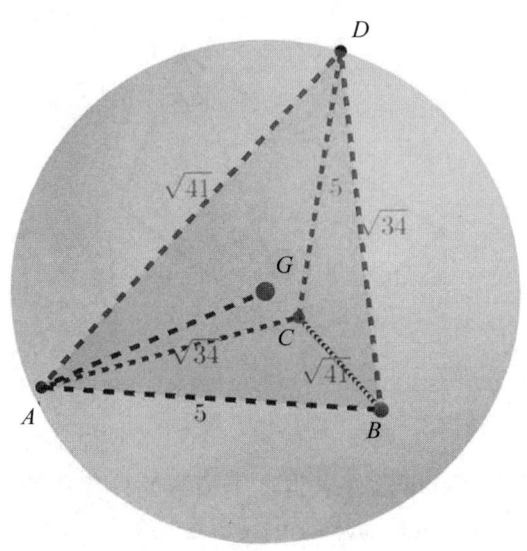

图 5-9-5

这样即可手工计算，求出其表面积为：50π。

【反思】此题尽管利用 GeoGebra 软件可以得到准确的答案，但是，学生在纸笔上求解，更应该采用"补形"的方法，如图 5-9-6 所示。

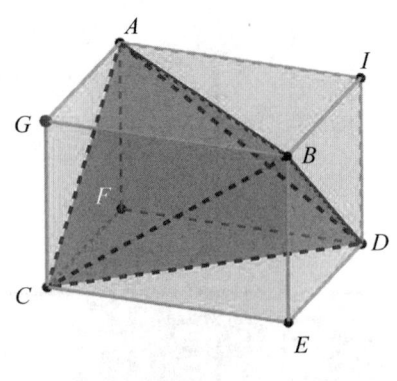

图 5-9-6

由题意可采用割补法，考虑到四面体 $A-BCD$ 的四个面为全等的三角形，所以可在其每个面补上一个以 5、$\sqrt{34}$、$\sqrt{44}$ 为三边的三角形作为底面，且分别以 a、b、c 为长，两两垂直的侧棱的三棱锥。

从而可得到一个长、宽、高分别为 a，b，c 的长方体，

并且 $a^2+b^2=25$，$a^2+c^2=34$，$b^2+c^2=41$，

设球半径为 R，则有 $(2R)^2=a^2+b^2+c^2$，即 $4R^2=50\pi$ 球的表面积为 $s=4\pi R^2=50\pi$。

【反思】三角形中心 TriangleCenter（,,,），已经能绘制三角形的各种"心"达到 1000 多个点，指令汇编的提示为：

三角形中心（,,,＜数字 1_内心｜2_重心｜3_外心｜4_垂心｜5_九点中心｜6_类似重心｜7_热尔岗点｜8_奈格尔点｜13_费马点＞）。

5.10 递推数列之统一迭代法（"加一维"迭代）

任意一阶、二阶线性或非线性的递推数列，迭代都有一个统一的简洁写法——加一维。搞清这个问题很重要，因为很多绘图的迭代，其实就是已知递推数列，去写迭代表达式，但是写迭代表达方法有点多，也比较难想，利用多一维的方法可以简化这种困难。

当然迭代只能写前几项或指定的某一项，本文的方法不能得到通项公式。如何在 GeoGebra 软件中得到这些通项公式，这个问题值得大家探究。

【例 1】（一阶递推数列）已知数列 $\{a\_n\}$ 满足 $a_1=1$，$a_{n+1}=a_n+3n$，写出该数列的前 n 项。

【解】对于下标，GeoGebra 软件则在文本框中输入如下：a_1 = 1，a_{n + 1} = a_n + 3n。

这是最简单的一阶递推数列，制作的方法 4 种都可以。

首先创建一个整数滑动条 n，

（1）$l1 =$ 序列(1 + 3 总和(序列($i-1$)), i, 1, n)；

（2）$l2 =$ 迭代(合并({p, 最后元素(p) + 3 长度(p)}), p, {{1}}, $n-1$)；

（3）$l3 =$ 逆序排列(迭代(追加(3 长度(p) + 元素(p, 1), p), p, {{1}}, $n-1$))；

（4）$l4 =$ 迭代(追加(p, 元素(p, 长度(p)) + 3 长度(p)), p, {{1}}, $n-1$)。

笔者在上面的基础上提出一个统一的方法——"加一维"：

$l5 =$ 迭代列表(($x(p)+1,y(p)+3x(p)$), p, {(1,1)}, n)

$l6 = y(l5)$

原数列是一阶递推数列,因此只需要一个迭代变量 p,但是为了表示迭代的序号,把原先一维的点,转化为二维的点,在这个二维的点中,$x(p)$ 表示迭代的序号,每次迭代加 1,$y(p) + 3x(p)$ 就是迭代表达式,优点在于和原来的递推式形式上是一样的。$y(p)$ 即表示 a_n,这里有个关键问题在于迭代的初始值,为什么是 $\{(1,1)\}$ 呢?

其实很简单。点 $(1,1)$,横坐标表示自然数 1,纵坐标表示 $a\_1 = 1$。

$l5 = $ 迭代列表$((x(p)+1, y(p)+3x(p)), p, \{(1,1)\}, n)$ 得到是一个平面二维点列,需要用 $y(l5)$ 提取出来。

当然这两步可以一步写出:

$y($迭代列表$((x(p)+1, y(p)+3x(p)), p, \{(1,1)\}, n))$

【例2】已知数列 $\{a_n\}$,$a_1 = 5$,$a_2 = 2$,$a_n = 2a_{n-1} + 3a_{n-2}$ ($n \geq 3$),求数列的通项公式。

【解】我们这里不求通项,这里只列出前几项,所以可以使用迭代。

方法一:迭代列表$(3p+2q, p, q, \{5, 2\}, n)$

因为没有带 n 的系数,可以直接照做写。这和斐波那契数列的迭代写法是一样的。

方法二:迭代列表$((x(p)+1, 3y(p)+2y(q)), p, q, \{(1,5), (1,2)\}, n)$

这个写法,序号并没有参与运算,即 $x(p)$ 没有作用。主要是为了理解和推广使用。

【例3】已知数列 $\{a\_n\}$ 满足 $a\_1 = 5$,$a\_2 = 2$,$a\_\{n+2\} = 4a\_n + (3n+1)a\_\{n+1\}$,写出该数列的前 n 项。

【解】这个看起来就困难了。但是利用加一维的方法可以简单完成。

即:$l8 = $ 迭代列表$((x(p)+1, 4y(p)+(3x(p)+1)y(q)), p, q, \{(1,5), (1,2)\}, n)$

$l9 = y(l8)$

点的横坐标 $x(p)+1$ 仍然表示序号;点的纵坐标 $4y(p) + (3x(p)+1)y(q)$ 表示迭代表达式;这个迭代表达式的优点是和数学式子 $a\_\{n+2\} = 4a\_n + (3n+1)a\_\{n+1\}$ 是一样的!即不用再去思考探究什么另外的迭代表

达式!

因为有两个初始值,所以需要两个迭代变量 p,q;最主要的是迭代初始值为两个点:(1,5),(1,2) 这两个点的横坐标都是自然数1,纵坐标刚好分别就是 $a\_1=5,a\_2=2$!当然,最后利用 y($l8$) 提取出我们需要的数值。

多么简洁、可读性强的迭代写法啊!可以推广到三阶——三个变量的多元迭代。

【例4】(带指数的递推数列)已知数列 $\{a_n\}$,$a_1=1$,$a_n=2a_{n-1}+2^{n-1}$ ($n\geqslant2$),求数列的通项公式。

【解】赵林老师提出的指令为:

$m1=$迭代列表({2 元素(p,1)+2^元素(p,2),元素(p,2)+1},p,{{1,1}},n)

$l2=$映射(元素(p,1),p,$m1$)

这个可读性也不错。

但是可以用上统一的方法如下:

$l1=y$(迭代列表((x(p)+1,$2y$(p)+2^x(p)),p,{(1,1)},n))

【例5】(二阶非线性递推数列)已知数列 $\{a\_n\}$ 满足 $a\_1=1$,$a\_2=2$,$a\_\{n+2\}=na\_n+(n+1)a\_\{n+1\}$,写出该数列的前 n 项。

【解】指令为:

$l5=$迭代列表((x(q)+1,x(p)y(p)+x(q)y(q)),p,q,{(1,1),(2,2)},n)

$l6=y$($l5$)

利用这个方法制作任意的递推数列,包括之前图形的迭代,效果都相当好,而且指令意义清楚,可读性强,值得推广。

5.11 追加指令的进一步应用(表格文本和表格不同列的涂色)

查阅唐家军老师的指令汇编,追加指令的案例如下:

Apend. 追加

Apend(<*List*>,<*Object*>);追加(<列表>,<对象>)。作用是向列

表中追加对象。

案例："追加({1, 2, 3}, 4)"创建列表"{1, 2, 3, 4}"。

案例："追加(4, {1, 2, 3})"创建列表"{4, 1, 2, 3}"。

即追加指令的效果，总是把要追加的那个对象放在新列表的前面。

【例1】在绘制函数图像时，想列表，从 $1/6π$ 到 $12/6π$，怎么用列表做出来，并做成表格？

【解】如图5-11-1所示的效果是不对的。

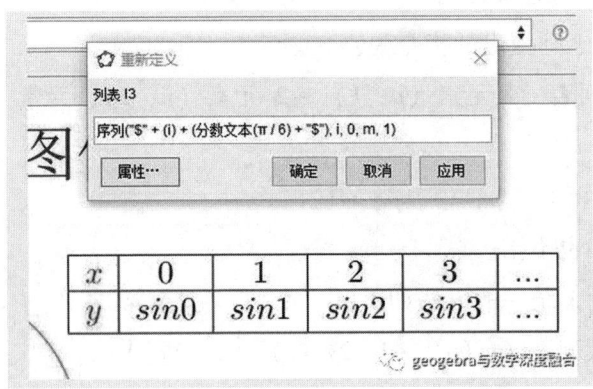

图5-11-1

改进：

$l1 = $ 追加(追加("...", 序列("sin(\frac{" + (k) + "}{6}" + π + ")", k, 1, 12)), "...")

$l2 = $ 追加(追加("...", 序列(根式文本(sin(k π/6)), k, 1, 12)), "...")

text1 = 表格文本($l1, l2, "c | \_"$)

注意：$l1, l2$ 不显示，只显示 text1，即可实现如图5-11-2所示精美的效果。

...	$\sin(\frac{1}{6}π)$	$\sin(\frac{2}{6}π)$	$\sin(\frac{3}{6}π)$	$\sin(\frac{4}{6}π)$	$\sin(\frac{5}{6}π)$	$\sin(\frac{6}{6}π)$	$\sin(\frac{7}{6}π)$	$\sin(\frac{8}{6}π)$	$\sin(\frac{9}{6}π)$	$\sin(\frac{10}{6}π)$	$\sin(\frac{11}{6}π)$	$\sin(\frac{12}{6}π)$	...
...	$\frac{1}{2}$	$\frac{\sqrt{3}}{2}$	1	$\frac{\sqrt{3}}{2}$	$\frac{1}{2}$	0	$-\frac{1}{2}$	$-\frac{\sqrt{3}}{2}$	-1	$-\frac{\sqrt{3}}{2}$	$-\frac{1}{2}$	0	...

图5-11-2

【例2】有老师问，要 2 + 3 + 4 + … 这个字符串，想用迭代实现，如何实现？

【解】实际上，比例用序列，总和的指令较方便。

这里主要用到了"总和"的指令，英文为 sum。

即 sum 就是总和的指令。

总和指令如下：（有 4 个）

总和（<数值列表1>）

总和（<数值列表1>，<最前元素数量>）

总和（<数值列表1>，<频数列表>）

总和（<表达式>，<变量>，<起始值>，<终止值>）

指令：

text2 = 总和（序列（k + 如果（$k \stackrel{?}{=} 10, "", "+"$），$k, 1, 10, 1$））

效果如图 5 – 11 – 3 所示。

$$1+2+3+4+5+6+7+8+9+10$$

图 5 – 11 – 3

大家可以对比一下：

text4 = 总和（序列（$k + "+", k, 1, n, 1$））——产生一系列连加的文本

text5 = 总和（序列（$k, k, 1, n, 1$））——计算 1 – n 的总和，相当于计算器

a = 总和（$k, k, 1, n$）——计算 1 – n 的总和，相当于计算器

体会他们的区别。

【例3】创建月份和表格文本。

【解】先创建一个整数滑动条 n。

指令：

$l1$ = 迭代列表（（$x(P) + y(P), x(P)$），$P, \{(1, 0)\}, n$）

text2 = 表格文本（追加（"开始"，序列（"第" + (k) + "月"，$k, 1, n$）），序列（$x(l1(k)), k, 1, n+1$），序列（$y(l1(k)), k, 1, n+1$），"| _| h"）

或者：

text1 = 表格文本（追加（"开始"，序列（文本（"第" + (i) + "月"），$i, 1, n$）），序列（文本（"" + (x（元素（$l1, i$）))+""），$i, 1, n+1$），序列（文本（"" + (y（元素（$l1, i$)))+""），$i, 1, n+1$），"| _ | h"）

都是可以的，效果如图 5 – 11 – 4 所示。

开始	第1月	第2月	第3月	第4月	第5月	第6月	第7月	第8月	第9月
1	1	2	3	5	8	13	21	34	55
0	1	1	2	3	5	8	13	21	34

图 5 – 11 – 4

如果想对表格文本涂色，则：

text8 = 表格文本（追加（"\colorbox{Red}{开始}"，序列（"\color{blue}{第}" + (k) + "\color{Red}{月}", $k, 1, n$）），序列（$x(l1(k)), k, 1, n+1$），序列（$y(l1(k)), k, 1, n+1$），"c_| v"）

效果得到如图 5 – 11 – 5 所示。

$n = 9$

开始	1	0
第1月	1	1
第2月	2	1
第3月	3	2
第4月	5	3
第5月	8	5
第6月	13	8
第7月	21	13
第8月	34	21
第9月	55	34

图 5 – 11 – 5

即把 text1 = 表格文本(追加("开始",序列(文本("第" + (i) +"月"),i,1,n)),序列(文本("" + (x(元素(l1,i))) +""),i,1,n + 1),序列(文本("" + (y(元素(l1,i))) +""),i,1,n + 1),"| _| h")

修改为：

text12 = 表格文本(追加("开始",序列(文本("第" + (i) +"月"),i,1,n)),序列(文本("" + ("\ blue{" x(元素(l1,i)) "}") +""),i,1,n + 1),序列(文本("" + ("\ red{" y(元素(l1,i)) "}") +""),i,1,n + 1),"c_| v")

则实现对表格不同列进行涂色！效果如图 5 - 11 - 5 所示。

n = 9

开始	1	0
第1月	1	1
第2月	2	1
第3月	3	2
第4月	5	3
第5月	8	5
第6月	13	8
第7月	21	13
第8月	34	21
第9月	55	34

图 5 - 11 - 5

5.12　绘制彩色、动态、精美的频率分布直方图

利用 GeoGebra 软件自带的丰富指令，如“直方图”等指令，即可绘制出如图 5 - 12 - 1 所示的动态效果。

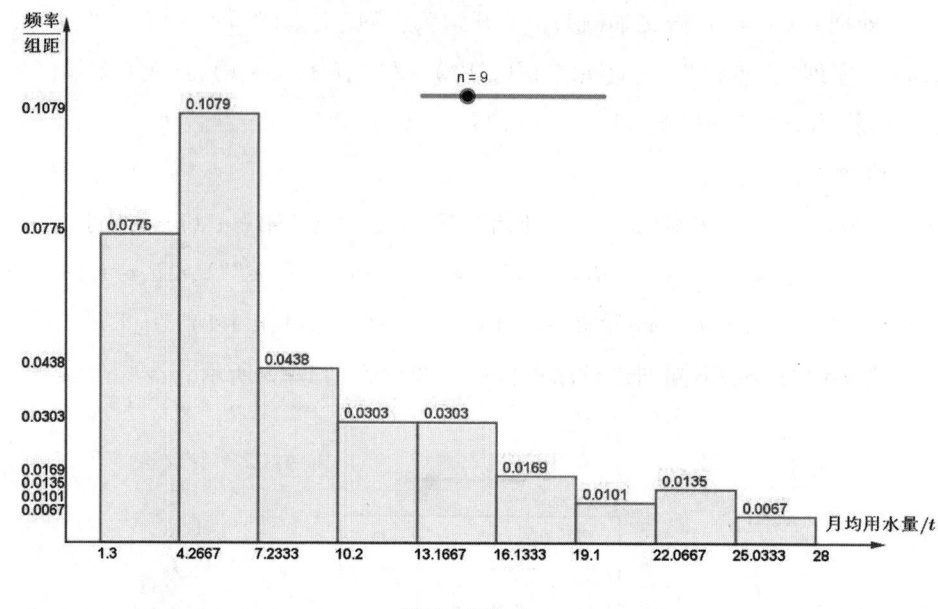

图 5-12-1

实现了随着分组 n 的不同，频率分布直方图也随着变化的效果，基本上和 2019 年新高中教材人教社 A 版高中第二册第 206 页的图形类似，也非常美观。

但再对比人教版高中第二册第 206 页上的原图（图 5-12-2）：

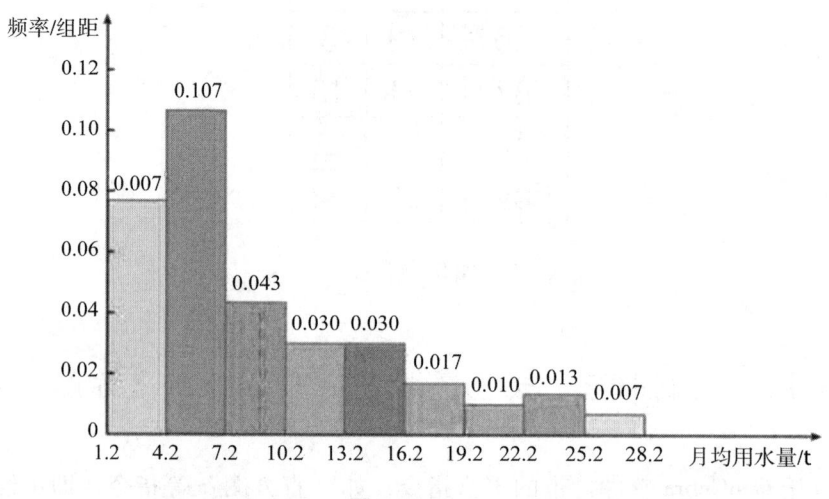

图 5-12-2

教材上的小长方形是彩色的！GeoGebra 软件怎么绘制呢？

办法总是比困难多，只有你想不到，没有 GeoGebra 软件做不到。——这也是我接触以来的感慨。经过修改，的确绘制出了和课本上可以媲美的图形，如图 5-12-3 所示。

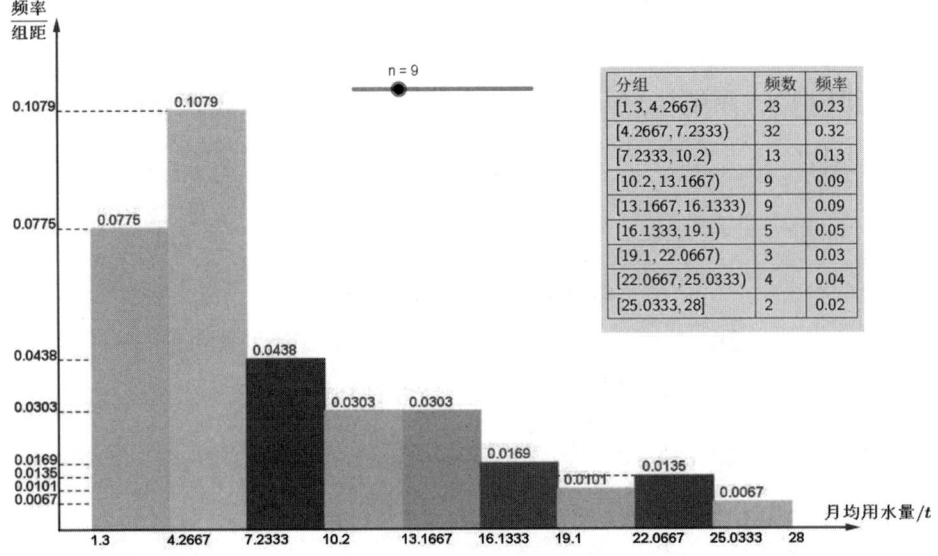

图 5-12-3

GeoGebra 软件的直方图指令，得到结果是一个整体，如图 5-12-4 所示。

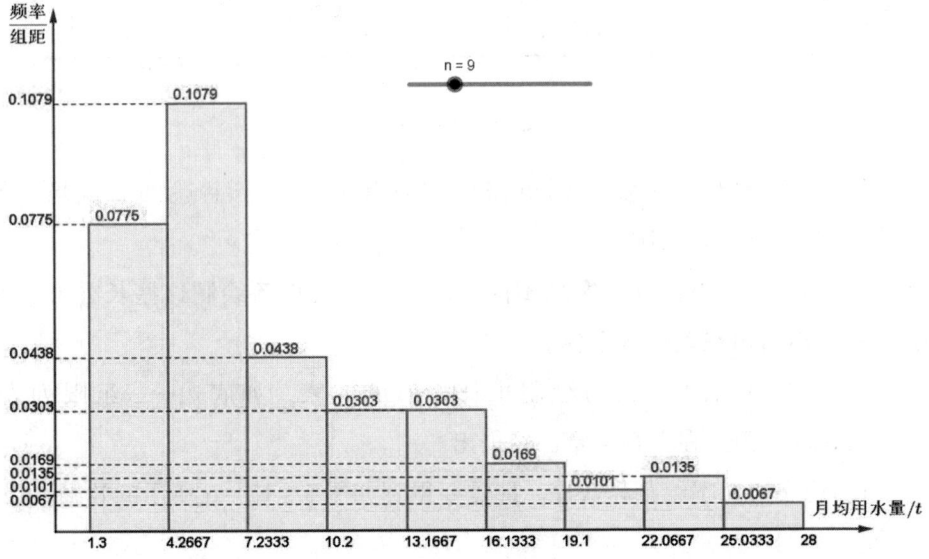

图 5-12-4

在代数区分类中，它是一个数值，这个数值代表的是直方图的面积。

因而若改变颜色，只能一起改变，不能实现不同的长方形，颜色不同的效果。

利用指令：频数表（$l2，l1$），得到是一个文本对象，如图 5 – 12 – 5 所示。

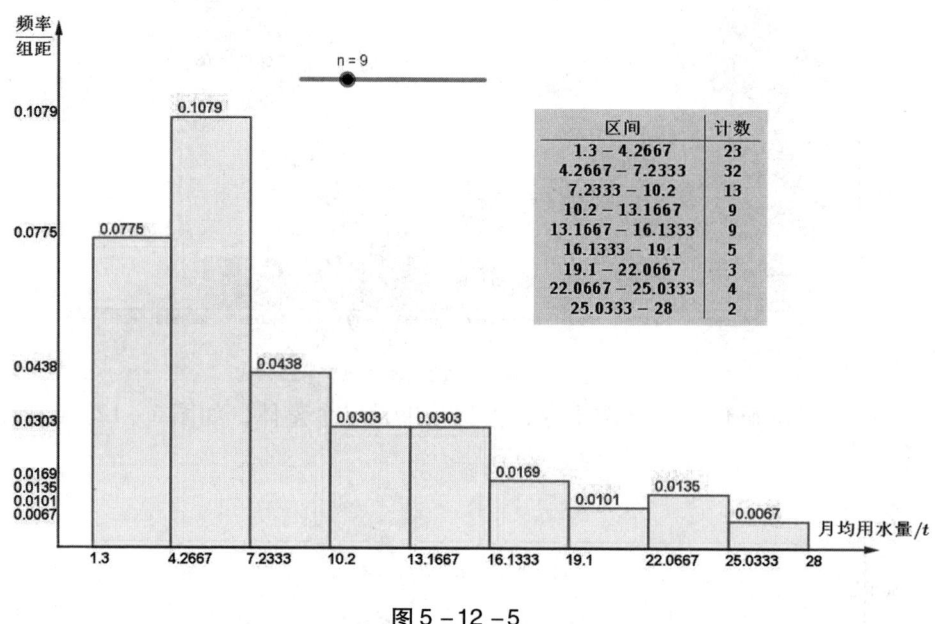

图 5 – 12 – 5

只能看到频数，其实我们更需要的是频率。对于上述两个问题，用 GeoGebra 软件如何修改呢？

要绘制不同的小长方形实现不同的颜色，需要重新绘制这些长方形（利用序列），然后再在表格区上色。

这个其实不难了，因为绘制小长方形的元素，如底边——组限列表，高——频率/组距，在上篇文章已经得出。

重新用表格文本绘制频数表。即需要得到如图 5 – 12 – 6 所示的效果。

分组	频数	频率
[1.3, 4.2667)	23	0.23
[4.2667, 7.2333)	32	0.32
[7.2333, 10.2)	13	0.13
[10.2, 13.1667)	9	0.09
[13.1667, 16.1333)	9	0.09
[16.1333, 19.1)	5	0.05
[19.1, 22.0667)	3	0.03
[22.0667, 25.0333)	4	0.04
[25.0333, 28]	2	0.02

图 5-12-6

步骤如下：

（1）打开 GeoGebra 的表格区，把这 100 个数值逐个输入，如图 5-12-7 所示。

	A	B	C	D	E	F	G	H	I	J
1	9	13.6	14.9	5.9	4	7.1	6.4	5.4	19.4	2
2	2.2	8.6	13.8	5.4	10.2	4.9	6.8	14	2	10.5
3	2.1	5.7	5.1	16.8	6	11.1	1.3	11.2	7.7	4.9
4	2.3	10	16.7	12	12.4	7.8	5.2	13.6	2.6	22.4
5	3.6	7.1	8.8	25.6	3.2	18.3	5.1	2	3	12
6	22.2	10.8	5.5	2	24.3	9.9	3.6	5.6	4.4	7.9
7	5.1	24.5	6.4	7.5	4.7	20.5	5.5	15.7	2.6	5.7
8	5.5	6	16	2.4	9.5	3.7	17	3.8	4.1	2.3
9	5.3	7.8	8.1	4.3	13.3	6.8	1.3	7	4.9	1.8
10	7.1	28	10.2	13.8	17.9	10.1	5.5	4.6	3.2	21.6

图 5-12-7

（2）创建原始数据列表。

用鼠标左键框选表格区的数值，右键点击创建列表，得到列表 1，如图 5-12-8 所示。

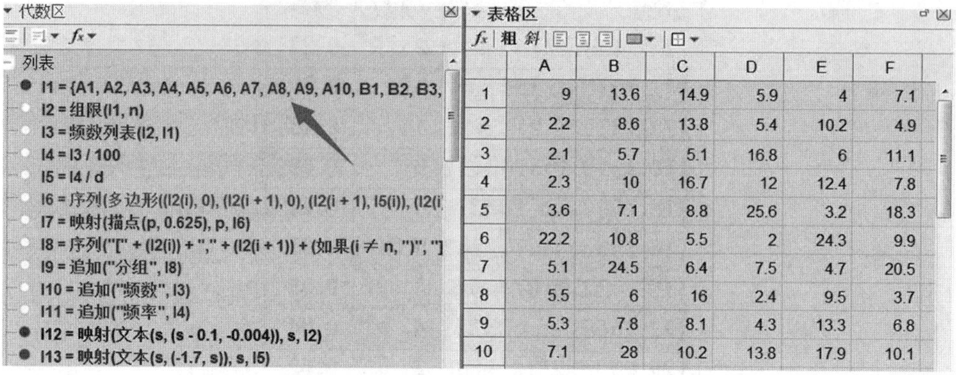

图 5-12-8

（3）创建整数滑动条 n，范围为 $3\sim 27$，教材上分为 9 组，现在随着 n 的变化，组数不同。

（4）利用指令，得到 $l2 =$ 组限 $(l1, n)$。

前 4 步和上文是一样的。这个组限 $(l1, n)$ 其实就是横坐标的区间值。

从这里开始不同了，下面我们不用直方图的指令，而是利用序列绘制小长方形。

（5）指令栏分别输入：

$a =$ 最小值 $(l1)$，

$b =$ 最大值 $(l1)$，

$d = (b - a)/n$。

这三个小步，其实就是计算组距的。

（6）指令：$l3 =$ 频数列表 $(l2, l1)$。

得到每个区间的频数。

（7）$l4 = l3/100$。

（8）$l5 = l4/d$。

解读：$l4$ 得到是频率列表，$l5$ 得到是频率/组距，即小长方形的高。

分开两个步骤的原因，下面还要用到 $l4$ 作表格文本。

（9）$l6 =$ 序列（多边形（($l2(i)$, 0)，($l2(i+1)$, 0)，($l2(i+1)$, $l5(i)$)，($l2(i)$, $l5(i)$))，i, 1, n)。

解读：这是关键一步，绘制出小长方形，如图 5-12-9 所示。

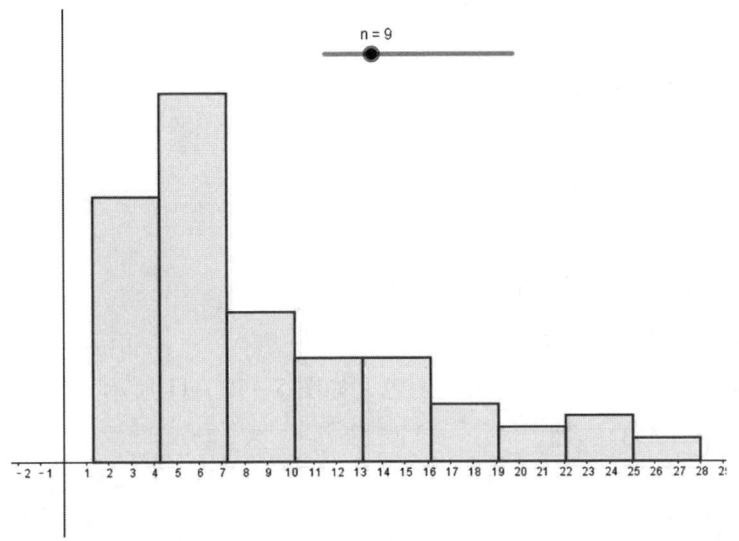

图 5-12-9

当然也要对 x，y 轴的比例设置，本例设置为 150∶1。

(10) $l7$ = 映射（描点（p, 0.625），p, $l6$）。

(11) f = 折线（$l7$）。

上面两步主要是代替绘制频数多边形的，即得到效果如图 5-12-10 所示。

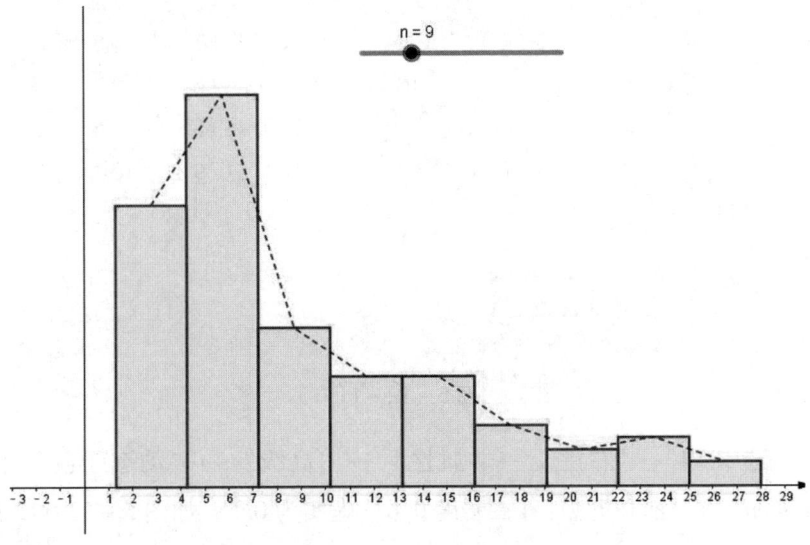

图 5-12-10

（12）*l*8 = 序列（"［" +（*l*2（*i*））+"," +（*l*2（*i*+1））+（如果（*i* ≠ *n*,")","］")），*i*，1，*n*）。

（13）指令栏分别输入：

*l*9 = 追加（"分组"，*l*8）

*l*10 = 追加（"频数"，*l*3）

*l*11 = 追加（"频率"，*l*4）

表格文本（*l*9，*l*10，*l*11,"*v*| _"）

解读：目的是得到频率分布表。

（14）对小长方形，进行表格上色，如图 5 - 12 - 11 所示。

*B*13 = *l*6（*A*13），即

	A	B	C	D	E	F
1	9	13.6	14.9	5.9	4	7.1
2	2.2	8.6	13.8	5.4	10.2	4.9
3	2.1	5.7	5.1	16.8	6	11.1
4	2.3	10	16.7	12	12.4	7.8
5	3.6	7.1	8.8	25.6	3.2	18.3
6	22.2	10.8	5.5	2	24.3	9.9
7	5.1	24.5	6.4	7.5	4.7	20.5
8	5.5	6	16	2.4	9.5	3.7
9	5.3	7.8	8.1	4.3	13.3	6.8
10	7.1	28	10.2	13.8	17.9	10.1
11						
12						
13	1	0.23				
14	2	0.32				

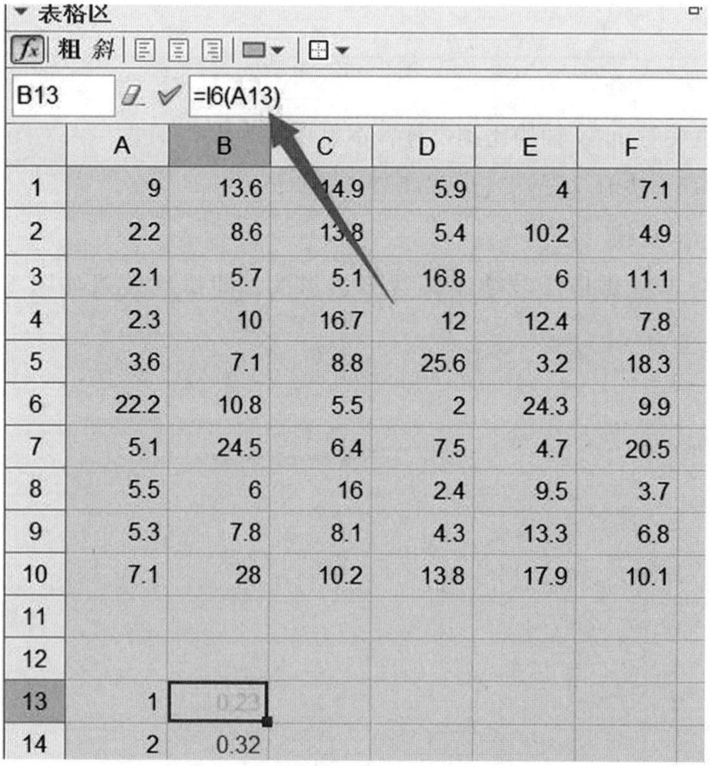

图 5 - 12 - 11

然后选中 *B*13，"右键" → "属性" → "高级" → "动态颜色" 中，色调：*random*（），饱和度为：1，明度 0.6，虚实为 0.5，如图 5 - 12 - 12 所示。

第5章　GeoGebra制作高中若干经典案例

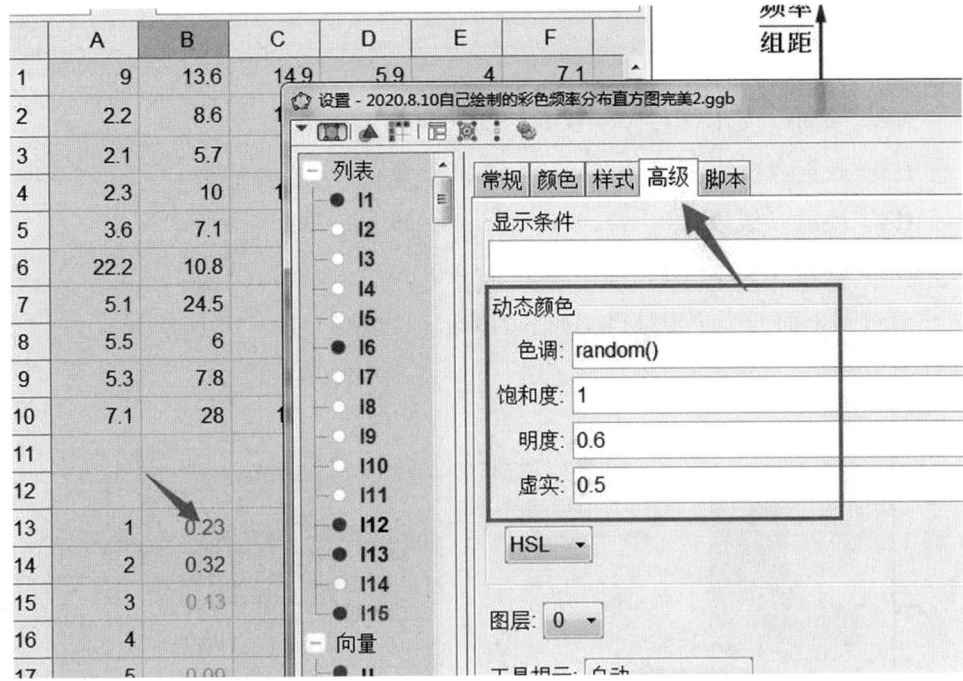

图 5 – 12 – 12

设置好 l6（A13）后，往下拖拉，即可得到彩色的小长方形。（图 5 – 12 – 13）。

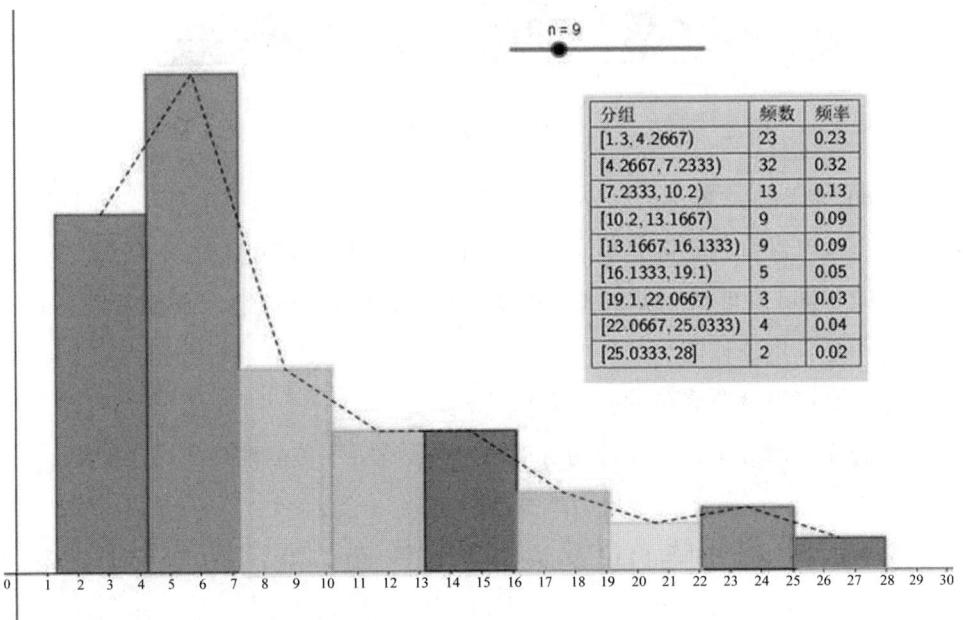

图 5 – 12 – 13

真漂亮！

15，分别在指令栏输入：

$l12 = $ 映射（文本（s，（$s-0.1$，-0.004）），s，$l2$）

$l13 = $ 映射（文本（s，（-1.7，s）），s，$l5$）

$l14 = $ 映射（线段（（0，s），（t，s）），s，$l5$，t，$l2$）

$l15 = $ 映射（文本（T，（$S+0.26$，$T+0.001$），true），S，$l2$，T，$l5$）

解读：上面四个小步是得到如下的标记，如图 5-12-14 所示。

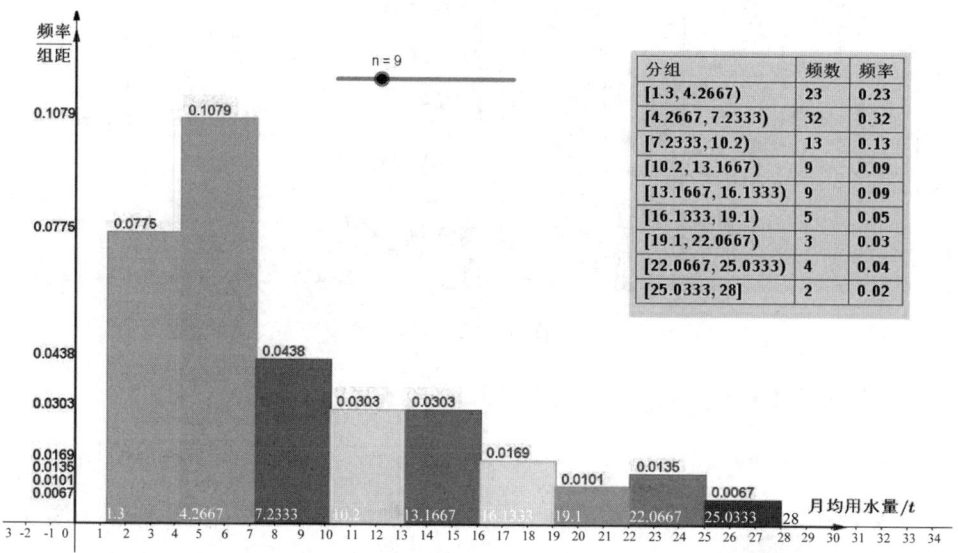

图 5-12-14

（16）利用文本输入：\frac{频率}{组距}，月均用水量$/t$，并且调节好位置，也可以画两个向量当 x，y 轴，隐藏坐标轴，即可大功告成。

（17）也可以再添加更新脚本指令在滑动条的更新脚本，或者新建一个按钮，脚本是：更新作图（ ）。

这样就可以调节彩色的变化啦！

您若作图做好了，可以拉动滑动条 n，欣赏一下美丽酷炫的动态图吧。

5.13 妙用矩阵的逆反运算绘制平面、空间向量基本定理

GeoGebra 软件相比几何画板和其他画板的优势在于，与向量（含点的运

算)、矩阵、复数、解析几何、立体几何等数学内容结合得特别出色。

【例1】已知点 A、B、C 是平面上不共线的三点，O 为坐标原点，点 P 满足：$\overrightarrow{OP} = \dfrac{1}{3}[(1-\lambda)\overrightarrow{OA} + (1-\lambda)\overrightarrow{OB} + (1+2\lambda)\overrightarrow{OC}]$，$\lambda \in \mathbf{R}$，则点 P 的轨迹一定经过（　　）。

A. △ABC 的内心　　　　　　B. △ABC 的垂心

C. △ABC 的重心　　　　　　D. △AB 边的中点

【解】由于 GeoGebra 软件和向量、点的运算结合得特别好，除了数学推导，还可以进行如下验证：

先创建数值滑动条 λ，利用点工具在平面内输入 O，A，B，C 四个点，利用多边形工具得到三角形 ABC，在指令栏输入：$P = 1/3((1-\lambda)A + (1-\lambda)B + (1+2\lambda)C)$，即可得到问题中所需要的点 P，利用轨迹指令：loc1 = 轨迹 (P,λ)，利用三角形中心的指令，三角形中心 $(A, B, C, 2)$，即可得到重心 E，利用中点指令即可得到 AB 的中点 D，如图 5-13-1 所示。

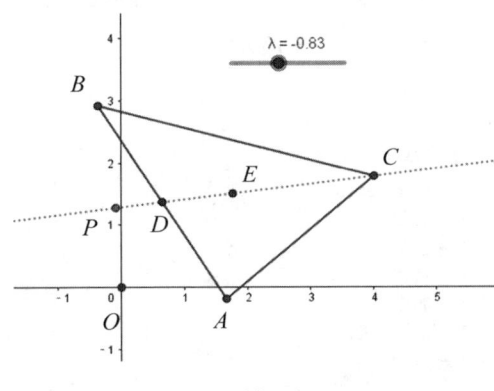

5-13-1

此题经过三角形的重心 E，也经过 AB 边的中点 D，点 P 是否可能在空间中？实际上你可以打开3D绘图区，看到点 P 只能在平面 ABC 上，这个在数学上的证明并不困难。

查询 GeoGebra 软件文件自带的帮助功能，向量与矩阵的指令比较丰富，基本满足了我们制作有关课件的需求，如图 5-13-2 所示。

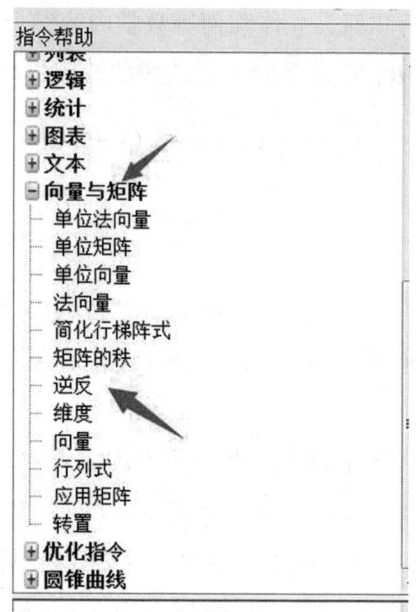

图 5-13-2

在几何的有关指令帮助里面,也有我们常用的向量指令,如"方向向量""仿射比λ"等指令,如图 5-13-3 所示。

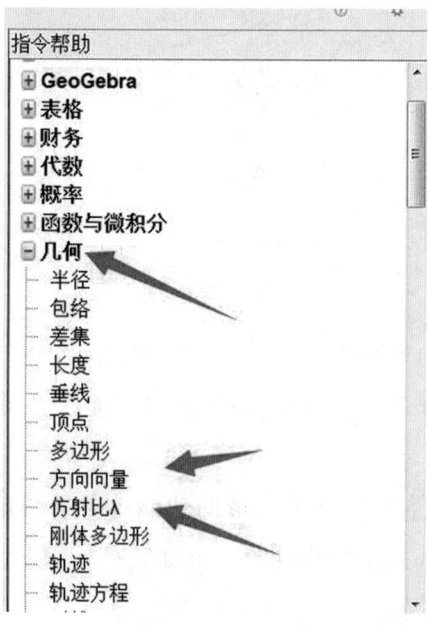

图 5-13-3

顺便指出，向量在 GeoGebra 软件文本框的输入方法是：\ vec{a}，或者
\ overrightarrow{ AB}。

平面向量基本定理是高中向量知识中非常重要的一部分（上海市初中也学向量），高中新教材通过类比，把平面向量基本定理推广到了空间向量基本定理。

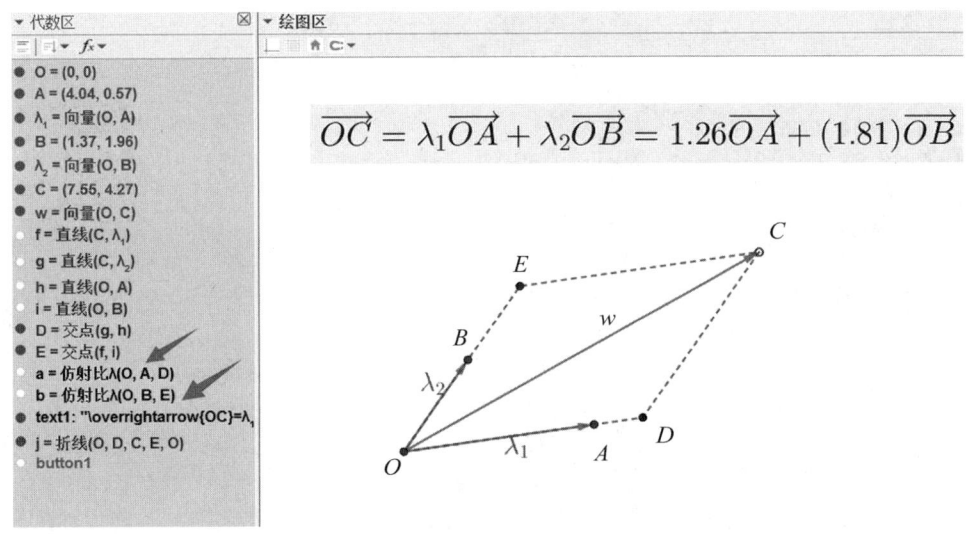

图 5-13-4

如果你忘记了"仿射比 λ"的含义，除了查询指令汇编，也可以直接在 GeoGebra 软件的文件上选几个点，利用这个指令试一试，就知道它的含义了。

限于篇幅所限，这里直接讲授更简单、更具有一般性的方法——利用逆反矩阵绘制平面或空间向量的基本定理。这个方法由赵林老师先提出，笔者推广到空间向量。

相关的推导过程可参考笔者的公众号《GeoGebra 进阶 131：妙用矩阵的逆反运算绘制平面、空间向量基本定理》查询，这里只提出制作步骤。

5.13.1 平面向量基本定理的制作步骤

平面向量基本定理的制作步骤如下：

（1）利用向量工具绘制任意三个向量 u，v，w，准备以 u，v 作为基底表示 w，如图 5-13-5 所示。

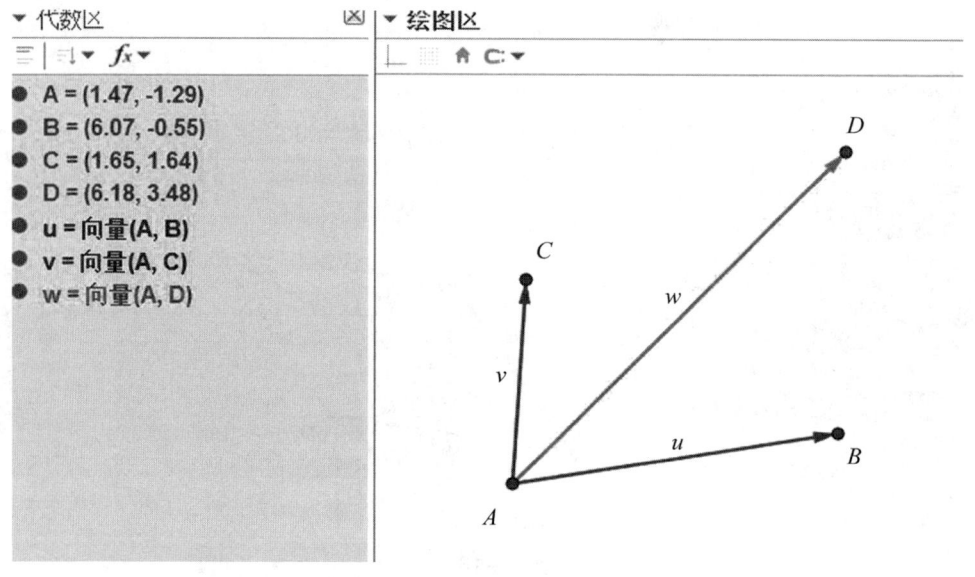

图 5-13-5

（2）输入指令：

$m1 = \{\{x(u), x(v)\}, \{y(u), y(v)\}\}$

$m2 = $ 逆反（$m1$）

$m3 = $ （$m2\ w$）；

说明，$m3$ 的横坐标就是 λ_1，纵坐标就是 λ_2。

（3）指令：

$\lambda\_1 = x$（$m3$）

$\lambda\_2 = y$（$m3$）

（4）可以输入文本：λ_1 和 λ_2 是动态文本，如图 5-13-6 所示。

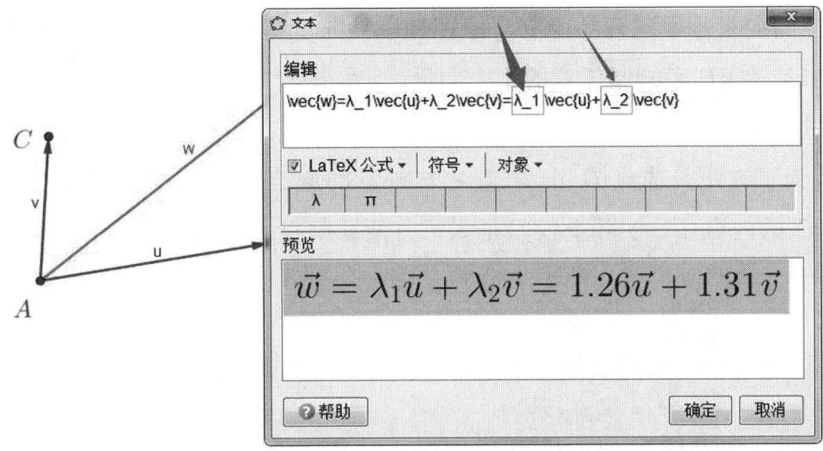

图 5-13-6

（5）指令：

$E = A + \lambda\_1 \ u$

$F = A + \lambda\_2 \ v$

$f = $ 折线 (A, F, D, E, A)，并且设置为虚线，这样的目的是得到一个平行四边形，最终效果如图 5-13-7 所示。

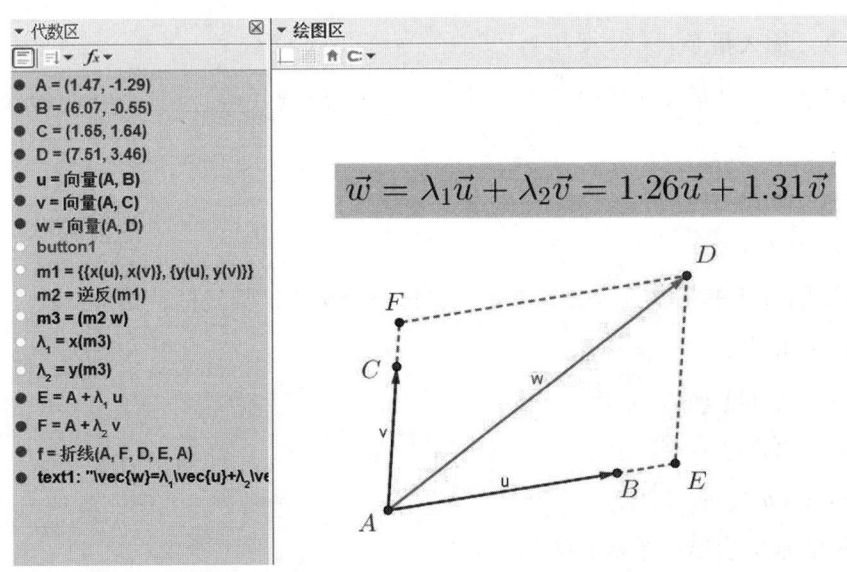

图 5-13-7

5.13.2 空间向量基本定理的制作步骤

空间向量基本定理的绘制，原理和平面向量基本定理的类似。绘制步骤：

（1）在 3D 区绘制任意的 4 个向量，，其中 u，v，w 作为基底，a 是目标要分解的向量；

（为了方便，选点 O 作为这 4 个向量的起点，同时把点 C 看成为平面 f：$z=2$ 的内点——实际上仅只是为了方便绘制点 C），如图 5-13-8 所示。

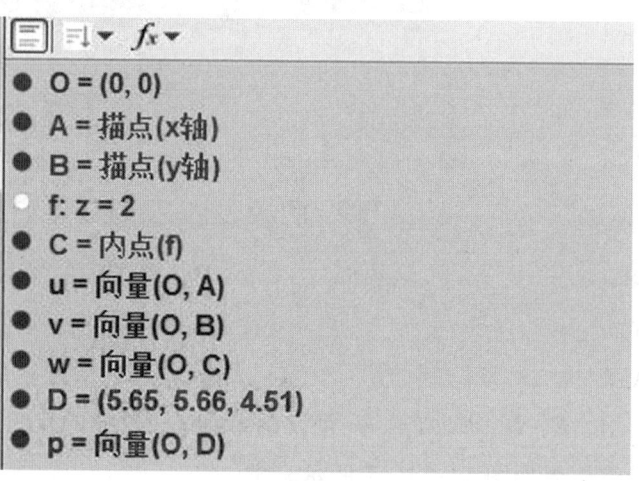

图 5-13-8

（2）输入指令：

$m1=\{\{x(u),x(v),x(w)\},\{y(u),y(v),y(w)\},\{z(u),z(v),z(w)\}\}$

$m2=$ 逆反（$m1$）

$m3=$ （$m2\ p$）

说明，$m3$ 的横坐标就是 λ_1，纵坐标就是 λ_2，竖坐标就是 λ_3。

（3）指令：

$c=x(m3)u$

$d=y(m3)v$

$e=z(m3)w$

目的是描绘出三个基底的分量向量；

（4）

$E = $ 描点（O，c）

$F = $ 描点（O，d）

$G = $ 描点（O，e）

g：直线（D，e）——目的是做出过点 D 且和向量 e 平行的直线；

$H = $ 交点（g，xOy 平面）———目的是做出过点 D 且和向量 e 平行的直线于底面的交点；

$a = $ 棱柱（O，E，H，F，G）；

目的是为了得到平行六面体，并且调节为虚线；

（5）指令：

$b = x$（$m3$）

$h = y$（$m3$）

$i = z$（$m3$）。

然后利用文本，得到动态文本，如图 5 - 13 - 9 所示。

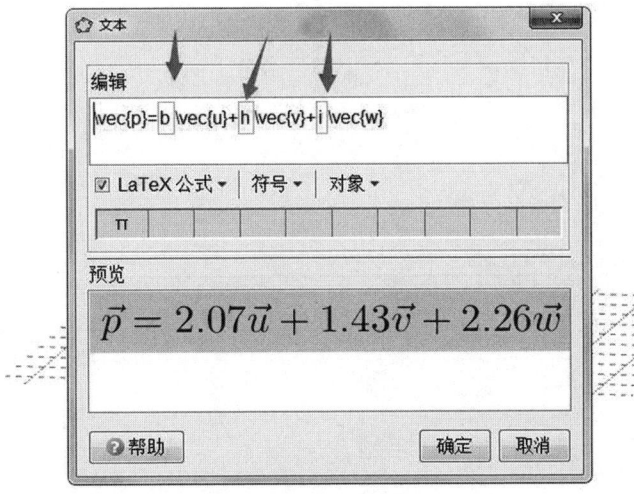

图 5 - 13 - 9

最后的效果如图 5-13-10 所示。

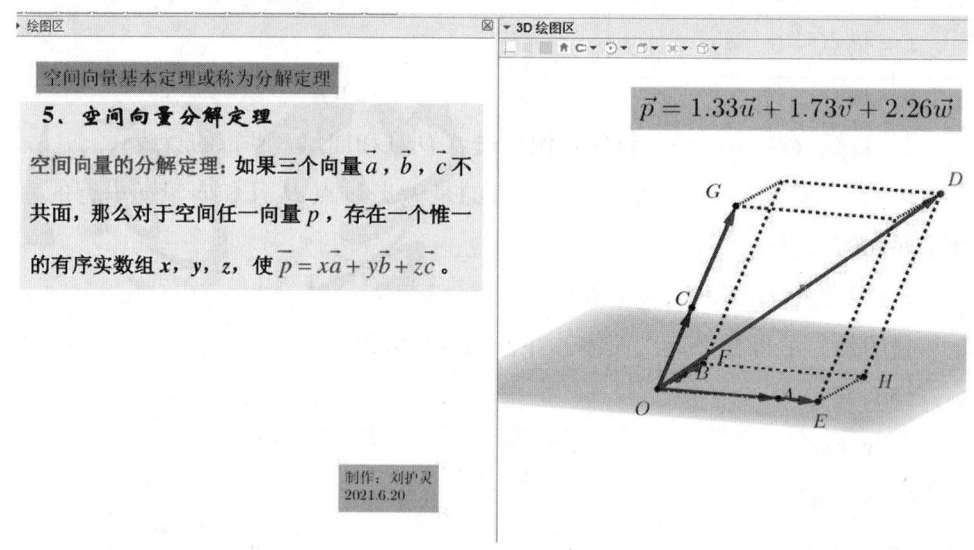

图 5-13-10

显然，这样的效果比 PPT 要好很多，因为可以实时、动态地呈现定理的内容。

第6章 关于 GeoGebra 软件和数学教学深度融合的思考

GeoGebra 软件与数学课程深度融合具有如下优势：动态呈现，协助学生观察分析及归纳；互动教学，激发学生的数学兴趣；自主探究，提升学生数学思维能力、发展学生数学学科核心素养。

在实践中，要和传统教学的优势（如黑板板演过程）等相结合，笔者利用 GeoGebra 软件最多的场合，是在解决难题或压轴题的过程中。解决一个问题，其结论固然重要，但更能锻炼人的思维能力的是其过程。合理运用或者善于运用 GeoGebra 软件，不仅没有弱化人的思考能力，反而开拓了视野，可以达到对相关数学问题的理解有更深刻的效果。

6.1 在纸笔考试不变的情况下，信息技术（含 GeoGebra）的作用是什么

目前学生的各种考试，依然和至少 30 年前是一样的——纸笔考试。尽管在这 30 年里，电脑从无到有，信息革命深刻地改变着世界，改变着我们每一个人的衣食出行。但是目前比较公平的考试，还是在有监控下的纸笔考试。

那么在这样的环境下，信息技术（含 GeoGebra）的作用究竟体现在什么地方？请看以下两个问题。

【问题1】点 C 为圆 M 上的一定点，A,B 为圆上的两动点，且圆 M 的半径 $r=2$，求 $\overrightarrow{CA}\cdot\overrightarrow{CB}$ 的最小值。

【解】这个问题比较简洁，目前的搜题软件也没有解答。这样对于大部分人而言，是一个陌生的问题。

由于 GeoGebra 软件和向量运算结合得比较完美，所以 GeoGebra 软件绘制非常简单，如图 6-1-1 所示。

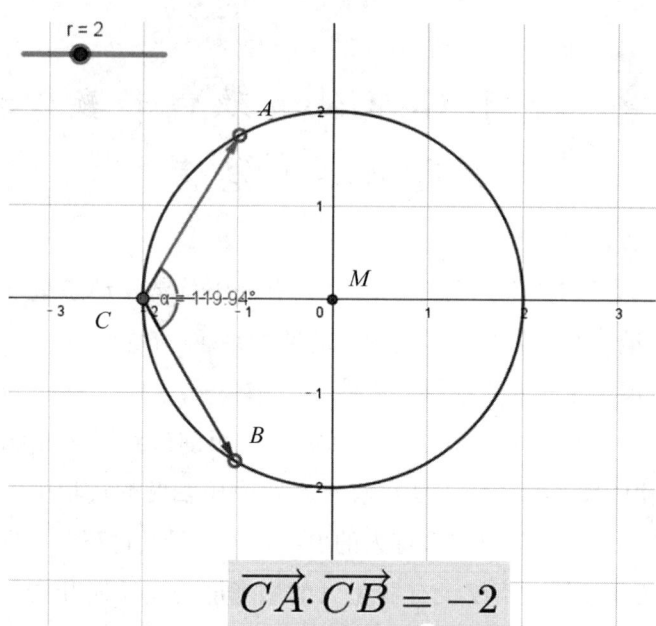

图 6-1-1

加一个动态文本，就能实时看到这个数量积的变化。

通过建立半径 r 的滑动条，我们还得到一个神奇的猜想——把半径推广到一般情况，似乎都是夹角在 120° 得到的最小值。

这个猜想正确吗？如何证明或证否？

接下来就是数学的推理和证明了……

应该不是太难，有兴趣的试一试。

【问题2】已知椭圆 $C: \dfrac{x^2}{a^2}+\dfrac{y^2}{b^2}=1$，过椭圆 C 外一点 P 作椭圆的两条切线 PA，PB，其中 A，B 是切点，如果两条切线 PA，PB 的夹角是 45°，点 P 的轨迹又是什么？如果两条切线 PA，PB 所成的角为 $\alpha(0<\alpha<180°)$，点 P 的轨迹是什么？

【解】这个问题其实是蒙日圆问题的推广。

GeoGebra 软件作图很简单，先创建三个滑动条 α，a，b，然后输入：$x^2/a^2+y^2/b^2=1$ 得到 eq1，$A=$ 描点（eq1），$f:$ 切线（A, eq1），$f':$ 旋转（f, $-\alpha$, A），$h:$ 切线（f', eq1），$P=$ 交点（f, h），loc1 = 轨迹（P, A），$C=$ 交点（eq1, h, 1）。

即可得到点 P 的轨迹如图 6-1-2 所示。

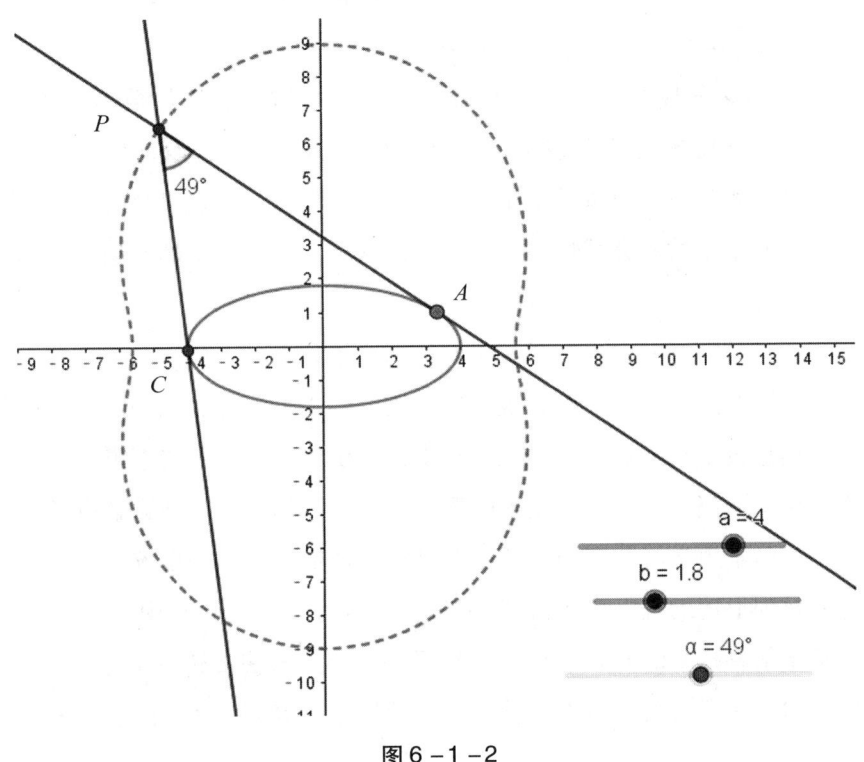

图 6-1-2

拉动滑动条 α，a，b，会得到不同的漂亮的轨迹。

但是数学上如何求解和证明？

如果推广到双曲线、抛物线，点 P 的轨迹是怎么样的？

……

通过上述两个例子我们可以知道，GeoGebra 软件可以用来"创设生动、有趣的问题情境"，但是它目前不能在考场上使用！要使学生在考场上考试获得理想的成绩，需要平时在练习的时候，除了利用 GeoGebra 软件等信息技术，教师本身要做好黑板画图的示范，也需要教导学生利用铅笔多画图，学会利用铅笔和草稿纸，模仿真实的考试情境。

在平时教学的时候，教师要用好黑板，展示过程，做好示范，以利于学生模仿，绝不能仅仅是利用信息技术画一个动态的图形就算完成教学任务，需要思考哪些必备技能是学生在考场环境中是要学习的。

同时，我们也要一分为二的看问题，类似考场上的这种只用铅笔、直尺、

圆规等的探究是落后而低效的，而且是在公平的前提下的选择。

平时学习可利用 GeoGebra 软件等数学实验工具，对于学习者而言可以提高学习的效率，可以产生更多的学习成果。

2022 年版义务教育新课程标准在关于"促进信息技术与数学课程融合"中提到：合理利用现代信息技术，提供丰富的学习资源，设计生动的教学活动，促进数学教学方式方法的变革。在实际问题解决中，创设合理的信息化学习环境，提升学生的探究热情，开阔学生的视野，激发学生的想象力，提高学生的信息素养。

何小亚教授则再一次强调了其中的信息技术理念，不要为了信息技术而信息技术，一定要凸显信息技术为数学教育服务的本质定位。他提出：以增强有效地利用信息技术学习数学的意识为根本，提供信息技术支持下丰富的学习资源和教学资源，倡导基于信息技术的概念理解、原理运用、问题解决的创新教学活动，提高学生学习数学的兴趣，促进学生对数学的深刻理解。

笔者赞同上述的观点，下面所举的若干案例，也是"利用信息技术学习数学、基于信息技术的概念理解、原理运用、问题解决的创新教学活动"，更多案例可以在笔者的公众号平台搜索"领悟"或"培优"系列。

6.2 融合案例 1：探寻架设问题解决的桥梁——基于 GeoGebra 对 2023 年广东省中考第 23 题的深度探究

美国数学教育家波利亚认为数学解题可分为四个步骤：①理解题目；②拟订方案；③执行方案；④回顾与反思。引导学生按照解题四步骤进行思考，容易找到问题解决的切入点；获得解法后，在回顾和反思中可借助动态数学软件 GeoGebra 进行拓展探究和深度学习，以培养学生的观察、分析、综合、比较、概括等能力。下面以一道中考几何综合题为例进行说明。

（2023 年广东省中考卷第 23 题）如图 6－2－1（1）所示，在平面直角坐标系中，正方形 OABC 的顶点 A 在 x 轴的正半轴上。如图 6－2－1（2）所示，将正方形 OABC 绕点 O 逆时针旋转，旋转角为 α（0°<α<45°），AB 交直线 y = x 于点 E，BC 交 y 轴于点 F。

（1）当旋转角∠COF 为多少度时，OE = OF。（直接写出结果，不要求写

解答过程)

(2) 若点 A (4, 3),求 FC 的长。

(3) 如图 6-2-1 (3) 所示,对角线 AC 交 y 轴于点 M,交直线 $y=x$ 于点 N,连接 FN。将 $\triangle OFN$ 与 $\triangle OCF$ 的面积分别记为 S_1 与 S_2。设 $S = S_1 - S_2$,$AN = n$,求 S 关于 n 的函数表达式。

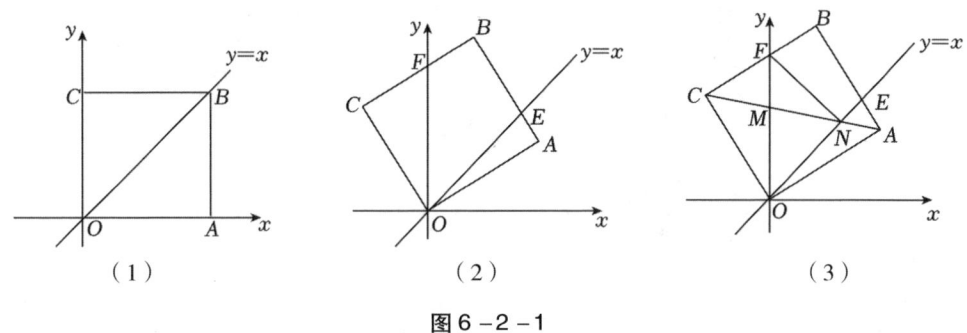

图 6-2-1

步骤一　理解题目

本文主要研究第 (3) 问。从题意上看,随着正方形 $OABC$ 绕着点 O 逆时针旋转,$\triangle OFN$ 与 $\triangle OCF$ 的面积发生变化,它们的面积差随着 AN(即 n)的变化而变化。如何找到解题切入点?经验表明,学生解决综合题的痛点往往在于"读不懂题",尤其读不懂动态变化问题的本质,没有不断地向自己提问。实际上,提问越多,对问题理解越深刻。

进一步深究,若以此问开展解题教学,该如何做会更合适?此问涉及抽象概括水平较高,当它超出学生的心理水平时,就容易形成思维障碍。而大多数初中生在抽象概括事物属性时,主要依赖感性经验,而在抽象属性的疑难处,若使用形象直观的方法可以有效化解难点,如借助 GeoGebra 软件绘制精准的、动态的几何图形演示,通过直观化帮助学生积累感性经验,促进学生对知识的深层理解和有意义的自主建构。以下呈现基本过程。

GeoGebra 软件绘图过程:

① 分别创建范围为 0~5 的数值滑动条 a,范围为 0°~45°的角度滑动条 α,范围为 0°~90°的角度滑动条 β;

② 指令栏输入:$O = (0, 0)$,$A = O + (a; \alpha)$,多边形 $(O, A, 4)$,得到 poly1;

③ 指令栏输入：$y = \tan(\beta)x$，得到直线 f；

④ 利用线段、交点和多边形等基本工具，绘制出问题所示的图形，如图 6-2-2 所示；

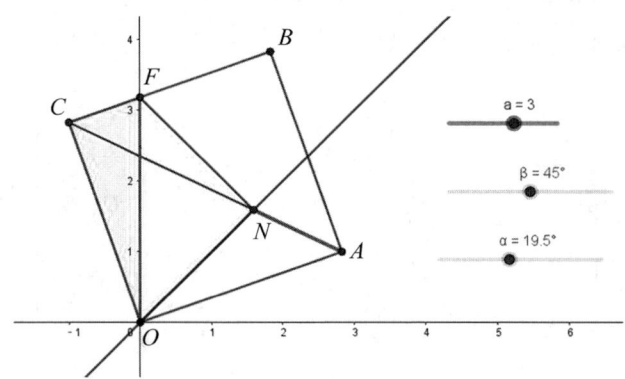

图 6-2-2

⑤ 由第④可知，$t1 = $ 多边形 (O, N, F)，$t2 = $ 多边形 (O, F, C)，$l = $ 线段 (A, N)，在指令栏输入：$b = t1 - t2$，$G = (l, b)$，loc1 $= $ 轨迹 (G, α)，得到所求的轨迹如图 6-2-3 所示。

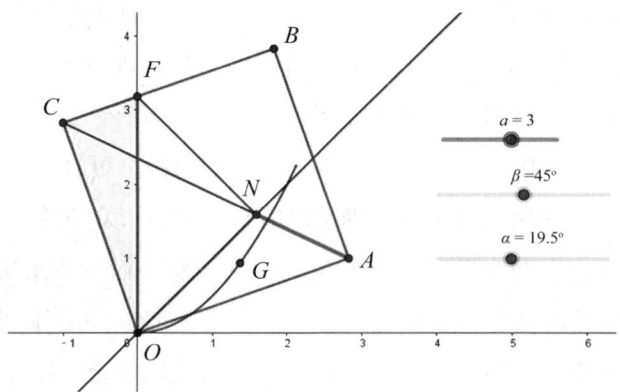

图 6-2-3

⑥ 拉动滑动条 β，发现点 G 的轨迹随着角度 β 的变化而变化，但是都"像"一个二次函数，如图 6-2-4 所示，所以我们猜想：条件中的直线 $y = x$，修改为任意的直线 $y = \tan(\beta)x$，所求的面积差，都是和 n 有关的二次函数。

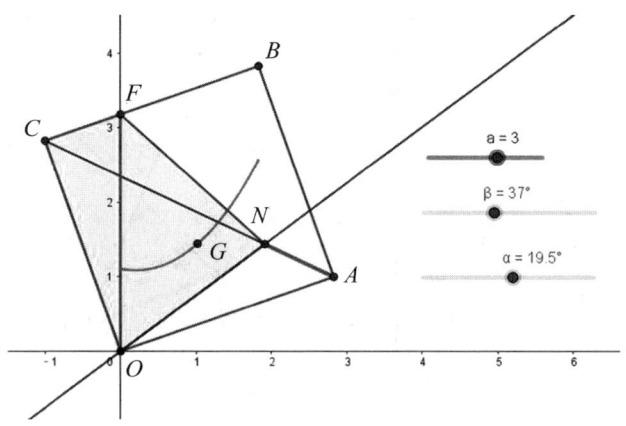

图 6-2-4

步骤二　拟订方案

通过作图分析，发现计算或表达 △OFN 与 △OCF 的面积，是解决此题的关键。

方案一，△OCF 是否和 △OFN 一样，都是直角三角形？若是，利用公式可直接计算出面积。而直接选择变量 n 作为参数表达面积，会出现较大困难，需要合理选择其他参数，按照这条思路，形成解法 1 和解法 2。

方案二，如果一时间想不到合理的参数，应转换思维，对面积差进行整体转化，形成解法 3 和解法 4，但面积转化对学生的思维能力要求更高。

方案三，抓住正方形特征建立直角坐标系，设点的坐标，开展代数计算，成了解法 5，但代数法对运算能力要求较高。

还有其他的解决方法，此处不一一列举。

步骤三　执行方案

【**解法 1**】利用题目隐含的 45°角，得到四点共圆。

如图 6-2-5 所示，由条件中的直线 $y = x$，得到 $\angle FAN = 45°$，则有 $\angle FAN = \angle ACB = 45°$，所以点 O、N、F、C 四点共圆，得 $\angle OCF = \angle ONF = 90°$，所以 △OFN 为等腰直角三角形，最关键的参数如何设？因为面积差和正方形边长无关，可设 $OK = x$，$NK = y$，由旋转角的范围 $0° < \alpha < 45°$，可知 $x > y$，则 $ON^2 = x^2 + y^2$，作 $NK \perp OA$ 于点 K，在等腰直角 △OFN 中，$AN = n = \sqrt{2}y$，则 $S_1 = \dfrac{1}{2}ON^2 = \dfrac{1}{2}(x^2 + y^2)$。

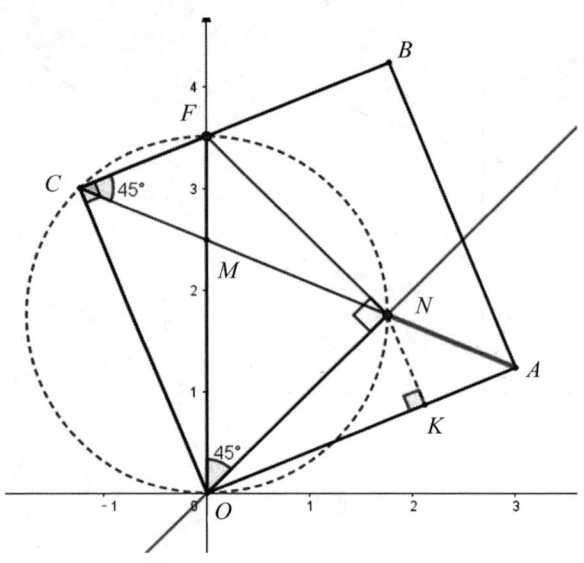

图6-2-5

如何计算 S_2 呢？显然 $S_2 = \frac{1}{2}OC \cdot CF$，转化为求 OC，CF，可利用勾股定理。

∵ 因为 $OC = OA = x + y$，在 $Rt\triangle OFN$ 中，$OF^2 = 2ON^2 = 2(x^2 + y^2)$，

∴ 在 $Rt\triangle OCF$ 中，$CF^2 = OF^2 - OC^2 = 2(x^2 + y^2) - (x + y)^2 = (x - y)^2$，

∴ $CF = x - y$，则 $S_2 = \frac{1}{2}OC \cdot CF = \frac{1}{2}(x + y)(x - y) = \frac{1}{2}(x^2 - y^2)$，

∴ $S_1 - S_2 = \frac{1}{2}(x^2 + y^2) - \frac{1}{2}(x^2 - y^2) = y^2$（刚好消去了 x），

把 $y = \frac{1}{\sqrt{2}}n$ 代入上式，即得 $S_1 - S_2 = \frac{1}{2}n^2$。

【解法2】如图6-2-6所示，过点 N 作直线 $PQ \perp BC$ 于点 P，交 OA 于点 Q。

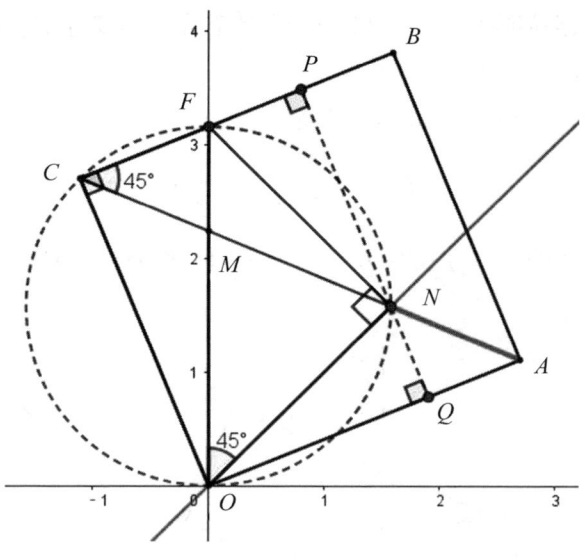

图 6-2-6

同解法 1 的结论,易证 $\triangle NOQ \cong \triangle FNP$(AAS),则有 $NP = OQ$,$FP = NQ$,又 $CP = OQ$,$OC = PQ$,可设 $PN = OQ = x$,$PF = NQ = y$,得 $CF = CP - PF = x - y$,$OC = OA = x + y$,于是,$S_{\triangle OFN} = S_1 = \frac{1}{2}ON^2 = \frac{1}{2}(x^2 + y^2)$,$S_2 = \frac{1}{2}OC \cdot CF = \frac{1}{2}(x+y)(x-y) = \frac{1}{2}(x^2 - y^2)$,求得 $S_1 - S_2 = \frac{1}{2}n^2$。

【解法 3】(面积转化)如图 6-2-7 所示,延长 FN、BA 交于点 R,作 $NS \perp AC$,交 OA 于点 S。

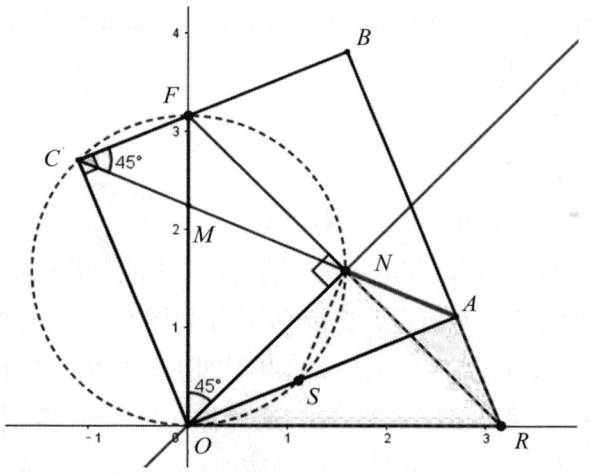

图 6-2-7

同解法 1，容易证明 △FON 和 △ONR 是全等的等腰直角三角形，并证明得到 △OFC ≌ △OAR，这样，$S_1 - S_2 = S_{\triangle ONR} - S_{\triangle OAR} = S_{\triangle ONA} - S_{\triangle NAR}$，由 $NS \perp AC$，$\angle AOE = 45°$，得 △ANS 是等腰直角三角形，并可证明得到 △ONS ≌ △RNA。

所以 $S_1 - S_2 = S_{\triangle ONA} - S_{\triangle NAR} = S_{\triangle NAS} = \frac{1}{2}AN^2 = \frac{1}{2}n^2$。

【解法 4】（面积转化）如图 6-2-8 所示，作 $OT \perp AC$ 于点 T，$RU \perp AC$ 于点 U。

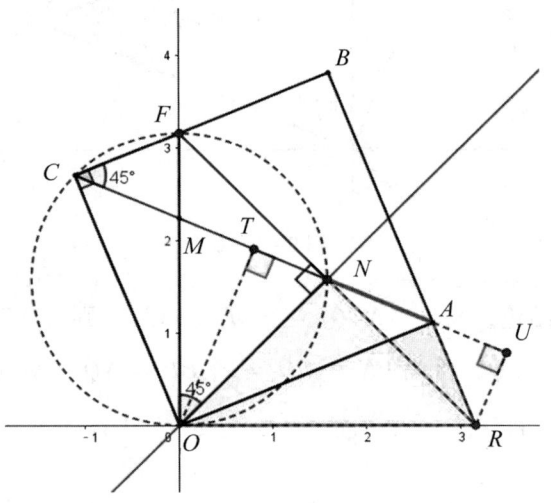

图 6-2-8

同解法 4，易得 $S_1 - S_2 = S_{\triangle ONR} - S_{\triangle OAR} = \frac{1}{2}AN \cdot OT - \frac{1}{2}AN \cdot RU = \frac{1}{2}AN \cdot (OT - RU)$，而后证明 △ONT ≌ △NRU，且 △ARU 为等腰直角三角形，得 $OT - RU = NU - AU = n$。

所以 $S_1 - S_2 = \frac{1}{2}n^2$。

【解法 5】利用解析几何进行代数计算。

如图 6-2-9 所示，设点 $A(a, b)$，则正方形中的点 B 和点 C 都可用点 A 的坐标表示，如图 6-2-10 所示，连接 OB，作如图 6-2-10 所示的各条垂线段，通过构造全等，得到 $C(-b, a)$，再利用四点共圆和 △BZA ≌ △AOV，得到点 $B(a-b, a+b)$，得到图 6-2-11，通过各点的坐标，可计算得到直线 AC 的解析式为 $y = \frac{b-a}{a+b}x + \frac{a^2+b^2}{a+b}$，直线 BC 的解析式为 $y = \frac{b}{a}x + \frac{a^2+b^2}{a}$。

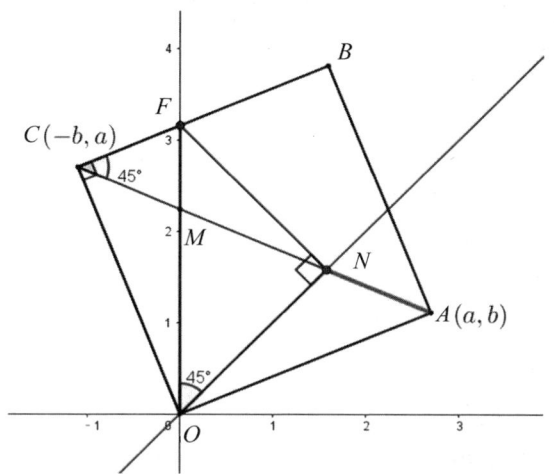

图 6-2-9

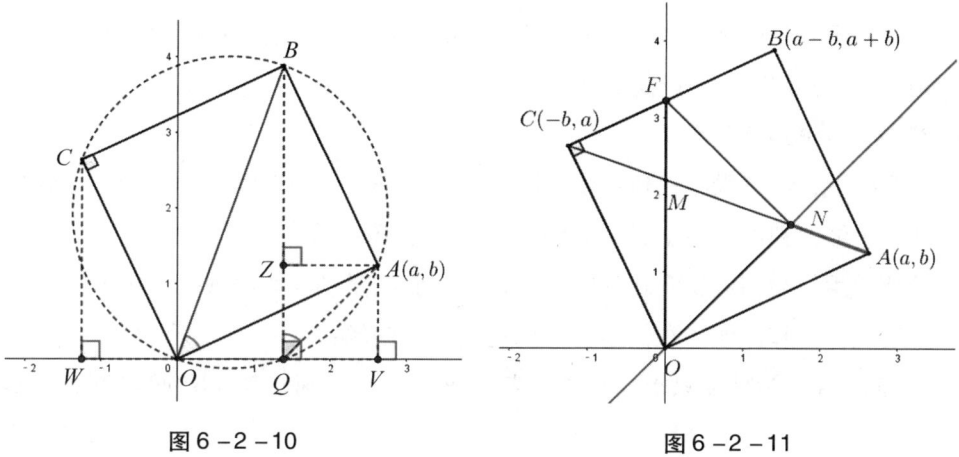

图 6-2-10　　　　　　　　图 6-2-11

由于点 N 是直线 AC 和 $y=x$ 的交点，所以联立可得 $N(\dfrac{a^2+b^2}{2a},\dfrac{a^2+b^2}{2a})$。

由于点 F 是直线 BC 和 y 轴的交点，所以 $F(0,\dfrac{a^2+b^2}{a})$。

利用两点间距离公式，可计算出 AN 的值，即：

$$n=AN=\sqrt{(\dfrac{a^2+b^2}{2a}-a)^2+(\dfrac{a^2+b^2}{2a}-b)^2}=(a-b)\sqrt{\dfrac{a^2+b^2}{2a}},$$

然后计算出面积差，即：

$$S_1 - S_2 = \frac{1}{2} \cdot OF \cdot |x_N| - \frac{1}{2} \cdot OF \cdot |x_C|$$

$$= \frac{1}{2} \cdot \frac{a^2 + b^2}{a} \cdot \left(\frac{a^2 + b^2}{2a} - b\right)$$

$$= \frac{1}{2} \cdot \frac{a^2 + b^2}{a} \cdot \frac{(a-b)^2}{2a}$$

$$= \frac{(a^2 + b^2)(a-b)^2}{4a^2}$$

$$= \frac{1}{2} n^2 \text{。}$$

步骤四 回顾与反思

解题后的回顾与反思是一个重要步骤，不可忽视，后者会让学生感到解题是"来也匆匆，去也匆匆"，既不知道解法是如何发现的，也不知道该题与其他问题在类型、方法等方面的广泛联系，更不清楚题目还会有怎样的发展。但该步骤也不只是就题论题，只囿于解答题目本身，或局限于"检查解答是否正确"，不然就出现流于形式和低层次化，起不到培养创造性思维的目的，也不符合该步骤的真正涵义。

实际上，该步骤不仅仅提供找到一个更优美或更简单解答的可能性，它还能让学生体验到如何提出数学问题，如果借助 GeoGebra 软件工具的实验探究，还能让学生体验到数学实践的味道，也能体验到激动人心的数学思维方法。

通过分析和回顾，我们至少可以提出以下问题：

【问题1】为什么只求面积差？若是求 $S_1 + S_2$，则它与 n 有没有类似的函数关系式？

以解法1为例，设 $OQ = x$，$NQ = y$，则 $S_1 - S_2$ 刚好能消去 x，但 $S_1 + S_2 = x^2 = OQ^2$，而 OQ 和 AN 没有直接的数量关系。

【问题2】由题意可知，是旋转角度 α 引起两个面积产生变化，为什么两个面积差不是以 α 为自变量的函数关系式？命题者是怎么想到"$AN = n$"这个自变量及其表达？

实际上，若面积差以 α 为自变量，限于初中数学知识，学生难以解答。而"$AN = n$"这个自变量，是命题者精心设置的难点所在，考查数学的转化等思想方法。

【问题3】题目中直线 $y = x$ 隐含了 45°角，若把这条直线改为其他直线，则两个面积差还是仅与 n 有关吗？

命题者并没有囿于所谓的"半角模型"，而是从问题解决的需要出发，培养学生解决问题能力，在前述 5 个解法中，即有学生常见的相似、全等知识应用，或借助四点共圆的特征，以及常规的建系开展代数计算等方法，实际上是在问题解决过程中，深度考察学生的直观想象、数学运算、逻辑推理等核心素养。

实际上，通过 GeoGebra 软件作图发现，点 G 的轨迹随着角度 β 的变化而变化，像是一个二次函数，如图 6，由此猜想：改为任意的直线 $y=\tan(\beta)x$，所求的面积差，都是和 n 有关的二次函数！证明和推广留给有兴趣的读者。

每年中考题都有大量立意新颖、构思精巧、设计独特、灵活性强的几何综合题，其往往涉及多个知识点，能有效地考查学生分析问题和解决问题的能力。若是教师在课堂上按照波利亚的解题四步骤引导学生解决这些综合题，能有效发展其数学思维，提升综合素养。特别是在回顾与反思阶段，应该把这种积极的思维活动与探究行为完全呈现，因为这是让学生探索、发现、创造的源泉，也是在"做中学""创中学"。正如波利亚所言：回顾已经完成的解答是工作中的一个重要且有启发性的阶段……当你找到第一个蘑菇或做出第一个发现后，继续观察，再四处看看，就能发现一堆蘑菇，因为它们总是成群生长。实际上这是在告诫我们在解题教学中，要善于运用好解题过程的理解和解题方案的尝试以及解题后的回顾与反思。

在现实中，很多学生缺乏回顾与反思的意识和能力，而无法提出新的问题进而产生新的发现，这是许多学生难以学好数学的是主要原因之一。为了让回顾与反思更有成效，借助一些动态作图软件作为数学实验工具，把问题的图形准确地绘制出来，开展一般化的探究，创设能让学生做出引申、推广和提出猜想的机会，创造条件让学生寻找到数学问题与其他问题之间的广泛联系，可以帮助学生走进深度学习。

6.3　融合案例 2：培养直观想象，发展理性思维——以 2023 年广州市中考第 24 题的教学为例

《义务教育数学课程标准（2022 年版）》明确提出了"增加代数推理，

增强几何直观"的主张,体现了借助代数予以表达、通过几何建立直观的现代数学的基本特征。然而传统教学过于重视演绎推理和结论模型的套用,在学生学习的过程中省略了知识的发生或发现过程,囿于技术,教师难以呈现动点的运动过程和几何的旋转、平移、翻折等动态过程,学生因此产生很多困惑或不解,容易导致学生学习兴趣和动力不足,甚至产生厌学和畏难情绪,较难达成学生数学核心素养的培养。

初中学业水平考试是国家重要考试之一,中考的试卷分析对改进教师教学和指导学生复习都有着很重要的作用。教学中利用中考真题进行教学,往往有两种倾向,一种倾向是认为"考过的不会再考",认为教往年的压轴题没有意义,即丢弃往年的真题,转而去"猜题和押题";第二种倾向是选用了真题进行教学,但往往局限于"就题解题",尽管学生有一定的感受,但是没有抓住机会,"解完"了也没有进一步的发现,难以有效地培养学生的数学核心素养。为了改进以上的不足,在中考真题的解题教学中,对于学生感觉特别困难的问题,基于 GeoGebra 软件平台,笔者建议采用下面的教学流程。

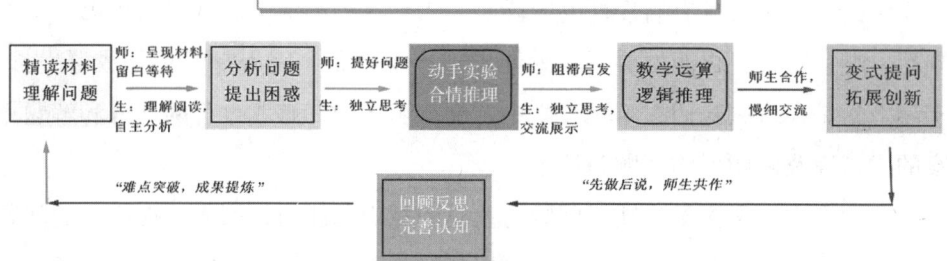

图 6-3-1 渗透核心素养的培养

说明:上述流程要结合具体问题进行合理的排序和选择。

已知点 $P(m, n)$ 在函数 $y = -\dfrac{2}{x}(x < 0)$ 的图像上。

(1) 若 $m = -2$,求 n 的值;

(2) 抛物线 $y = (x-m)(x-n)$ 与 x 轴交于两点 M, N(M 在 N 的左边与 y 轴交于点 G,记抛物线的顶点为 E。①m 为何值时,点 E 到达最高处;②设 $\triangle GMN$ 的外接圆圆心为 C,$\odot C$ 与 y 轴的另一个交点 F。当 $m+n \neq 0$ 时,是否存在四边形 $FGEC$ 为平行四边形;若存在,求此时顶点 E 的坐标;若不存在，请说明理由。

步骤一 理解题目

本课题只研究对于学生而言难度较大的（2）中的②。

由此题的条件可得 $mn = -2$，所以抛物线 $y = (x-m)(x-n)$，实际上只有一个参数，不妨以 m 作为参数，即 $y = (x-m)(x+\dfrac{2}{m})$，分析结论，自然提出问题，从代数或几何的角度，如何描述这4个点能否构成平行四边形？此题的结论能否推广到一般的抛物线？尽管此时，这4个点，特别是题意所说的外接圆和 y 轴的交点 F，有什么"特点"还有待揭晓．但是，这样的"推广"问题，常规的纸笔作图，学生难以发现"运动中的不变量"，所以，借助数学软件 GeoGebra 进行实验探究教学。

GeoGebra 软件绘图过程：

（1）创建范围为 $-5 \sim 5$ 的数值滑动条 m；

（2）输入指令，$y = (x-m)(x+2/m)$ 得到曲线 f，利用基本工具得到：$N = $ 交点 $(f, x$ 轴$)$，$M = $ 交点 $(f, x$ 轴$)$，$G = $ 交点 $(f, y$ 轴$)$，c：圆周 (G, N, M)，$C = $ 中心 (c)，$F = $ 交点 $(c, y$ 轴$)$，$E = $ 顶点 (f)，绘制出题意的图形，如图 6-3-2 所示。

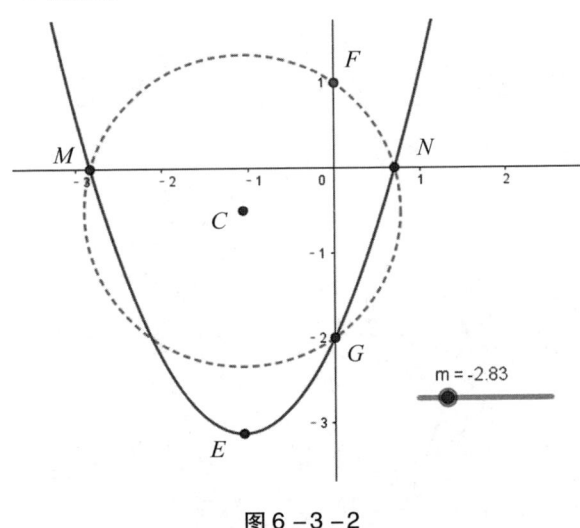

图 6-3-2

（3）由题意，四边形 $FGEC$ 的顶点是顺次连接的，所以可以直接使用多边形指令，即多边形 (F, C, E, G)，得到 $q1$，（如果四边形 $FGEC$ 的顶点不是顺次连接，则可以使用凸包的指令），得到效果如图 6-3-3 所示。

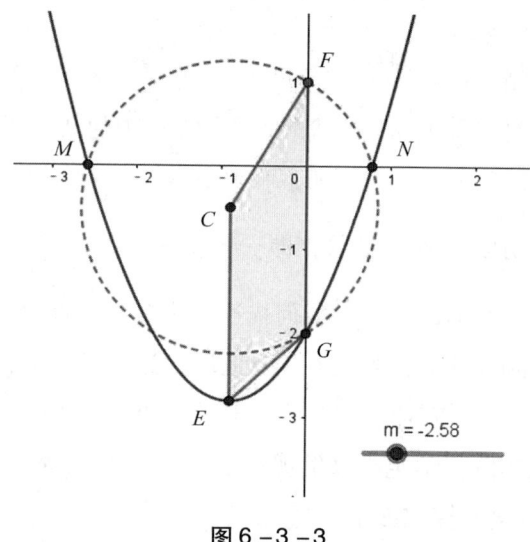

图 6-3-3

步骤二　拟定方案

拉动滑动条 m，观察 $\triangle GMN$ 的外接圆 $\odot C$ 和四边形 $FGEC$ 的形状变化，会发现，随着 m 的变化，抛物线和 y 轴的交点 G 不会移动。$\odot C$ 和 y 轴的交点 F 也是始终不动的。即点 F 和和点 G 都是一个定点。

如何进一步的推理论证呢？

由条件 $mn = -2$，$y = (x-m)(x-n) = x^2 - (m+n)x - mn = x^2 - (m+n)x - 2$，所以抛物线和 y 轴的交点 $G(0, -2)$，它是一个定点。效果如图 6-3-4 所示。

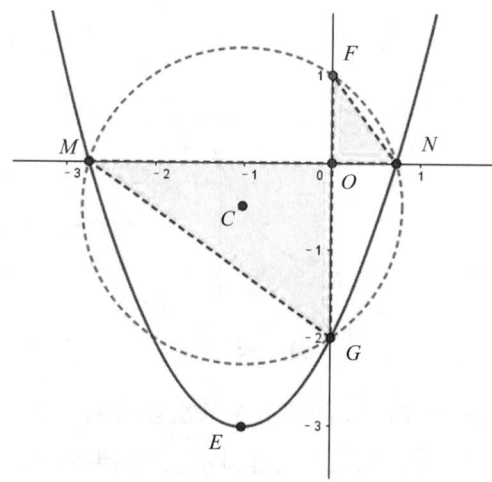

图 6-3-4

如图6-3-4所示，连接 MN，FG，容易证得△GOM∽△FON。

所以 $OF \cdot OG = OM \cdot ON$，由条件 $mn = -2$，所以 $OM \cdot ON = 2$，又因为 $OG = 2$，所以 $OF = 1$，即 $F(0,1)$，这是解决此题最关键的一步。

此问要探究四边形 FGEC 为平行四边形，画图得到图6-3-5，而由抛物线的对称轴知 FG 平行 CE，下一步的关键是要用线段相等。

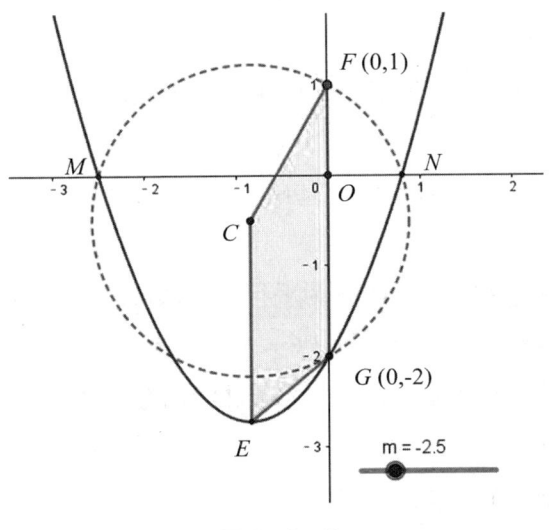

图6-3-5

即要用到 $FG = EC$，现在点 G 和点 F 已知，下面则必须要把剩下2个点——点 C 和点 E 的坐标求出来（即用 m，n，表示出来）！

点 E 为抛物线的顶点，所以，利用配方或公式法，可以求出点 E 的坐标。

因为 $y = x^2 - (m+n)x - 2$，配方得 $y = (x - \frac{m+n}{2})^2 - \frac{(m+n)^2}{4} - 2$，所以 $E(\frac{m+n}{2}, -\frac{(m+n)^2}{4} - 2)$。

如何求点 C 的坐标呢？

注意到点 C 为△GMN 的外接圆圆心，所以它的横坐标是点 M、N 的中点的横坐标，它的纵坐标是点 F、G 的中点的纵坐标，所以 $C(\frac{m+n}{2}, -\frac{1}{2})$，所以 $CE = -\frac{1}{2} + 2 + \frac{(m+n)^2}{4}$，$FG = 1 - (-2) = 3$。

由条件 CE//FG，要使得 FGEC 为平行四边形，则 $CE = FG$，

即 $-\frac{1}{2} + 2 + \frac{(m+n)^2}{4} = 3$，解得 $(m+n)^2 = 6$，即 $m + n = \pm \sqrt{6}$。

代入 $E(\frac{m+n}{2}, -\frac{(m+n)^2}{4} - 2)$，则：

当 $m + n = \sqrt{6}$ 时，$E(\frac{\sqrt{6}}{2}, -\frac{7}{2})$；

当 $m + n = -\sqrt{6}$ 时，$E(-\frac{\sqrt{6}}{2}, -\frac{7}{2})$。

步骤三 执行方案

提问1：学生在考场上，不借助软件，仅仅利用纸笔画图，怎么才能发现点 F 是定点呢？

在仔细审题、充分理解题意的基础上，学生可以沿下述的思考路径进行探究。

（1）总体分析，要确保 $FGEC$ 为平行四边形，已知有 $CE \mathbin{/\mkern-6mu/} FG$，接下来的几何条件是确保这组线段相等，即 $CE = FG$，问题转化为用 m，n 表示出四个顶点的坐标，建立方程求解，这是几何条件转化为代数计算的基本方法；

（2）简单计算，由 $y = x^2 - (m+n)x - 2$，所以抛物线和 y 轴的交点 $G(0, -2)$，它是一个定点；

（3）手工画图，得到点 M，N 的位置，条件信息中，$mn = -2$，$y = (x-m)(x-n)$，这组代数的关系式，隐含了几何的性质：$OM \cdot ON = 2$；

（4）由相似三角形或相交弦定理，得到 $OF \cdot OG = OM \cdot ON$，这样得到 $OF = 1$，即 $F(0, 1)$；

（5）由二次函数的表达式得到点 E 坐标，最后，由外心的性质，得到点 C 坐标。

如果学生能遵从这一思考路径，则点 F 为定点的事实，可能得以发现。

从上述的解决过程，经历了由几何条件→代数表示（坐标）→几何转化（相似）→代数求解的两个转化过程，的确十分精彩。

提问2：题目所示的抛物线和 x 轴、y 轴的交点构成的外接圆，有一个"奇怪的特点"，即和 y 轴的交点为定点，推广到任意的二次函数，这样的外接圆是否也有这样的"特点"呢？

转化为数学命题，即：任意的抛物线 $y = ax^2 + bx + c$，如果它与 x 轴正负半轴都有交点，则经过 x 轴、y 轴交点的圆 C，是否必经过 y 轴的另一个定点？

为此，继续使用 GeoGebra 软件进行探究教学。

实验步骤:

(1) 建立三个数值滑动图 a,b,c,范围采用系统默认的 $-5\sim5$;

(2) 输入 $y=ax^2+bx+c$,得到曲线 f;

(3) 分别拉动滑动条 a,b,c,确保 f 和 x、y 轴有交点;

(4) 利用交点工具,A = 交点(f,x 轴),B = 交点(f,x 轴),D = 交点(f,y 轴);

(5) 利用外接圆工具,得到 d:圆周(B,D,A);

(6) 利用交点工具,E = 交点(d,y 轴),得到图 6-3-7;

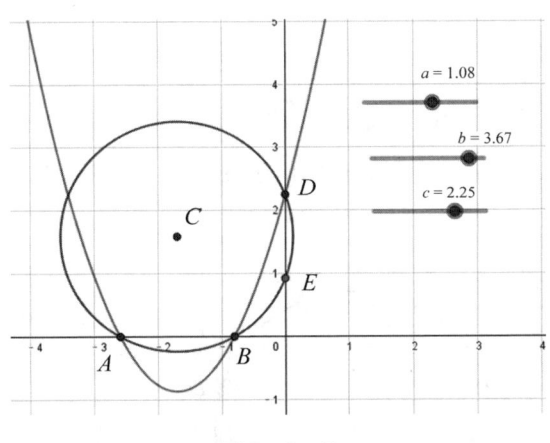

图 6-3-7

(7) 分别拉动滑动条 a、b、c,观察点 E 的情况,发现,不论 a 是否为正数,只要 a 值确定,滑动条 b、c,点 E 是不会随着移动的,即此时点 E 为定点;但只要拉动滑动条 a,则点 E 会跟着移动。

猜想:点 E 的坐标,仅仅和 a 有关。

利用 GeoGebra 软件的计算功能,发现点 E 的坐标为:$E(0,\dfrac{1}{a})$。

这个道理,就是此题出题的背景,原来如此。

如何证明呢?

不妨假设 $a>0$ 的抛物线 $y=ax^2+bx+c$,与 x 轴有两个交点 $A(m,0)$ 和 $B(n,0)$,其中 $m<0<n$,则该抛物线等价于 $y=a(x-m)(x-n)$。

此时令 $x=0$,得它与 y 轴的交点坐标为 $D(0,mna)$。

记 $\triangle ABD$ 的外接圆圆 C 与 y 轴的交点为 E,应用圆中相交弦定理(原点 O

在圆 C 内，如图 6-3-8 所示）或切割线定理（原点 O 在圆 C 外，图 6-3-9 所示）。

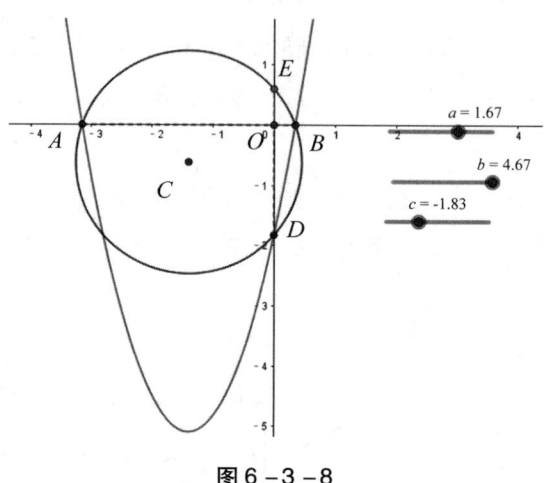

图 6-3-8

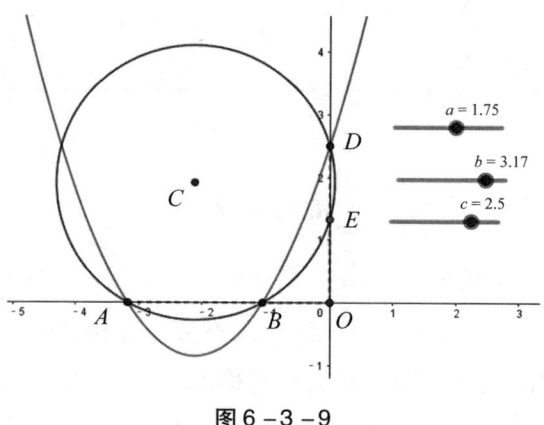

图 6-3-9

$$OA \cdot OB = OD \cdot OE,$$

得 $-m \cdot n = -mna \cdot OE$，所以得 $OE = \dfrac{1}{a}$，从而 $E\left(0, \dfrac{1}{a}\right)$。

对于 $a<0$ 的情况，证法类似，这里不再赘述。

步骤四　回顾反思

在中考复习过程中，要加强对历届中考试题的回顾反思和变式探究，例如，广州市 2018 年的中考第 24 题，实际上也有这个背景。

（2018 年广州市中考第 24 题）已知抛物线 $y = x^2 + mx - 2m - 4(m > 0)$。

（1）证明：该抛物线与 x 轴总有两个不同的交点。

（2）设该抛物线与 x 轴的两个交点分别为 A，B（点 A 在点 B 的右侧），与 y 轴交于点 C，A，B，C 三点都在⊙P 上。

①试判断：不论 m 取任何正数，⊙P 是否经过 y 轴上某个定点？若是，求出该定点的坐标；若不是，说明理由；……

尽管中考复习阶段，不少学校也给学生进行了此题的练习，但是从考后反馈来看，大多数学生仍然不能正确的解答出 2018 年的这道题，除了此题的位置因素，还应该对我们以往的解题教学进行反思。

每年中考的试卷分析对改进教师教学和指导学生复习都有着很重要的作用。教师在复习时应该紧扣课本，结合历年真题进行有效教学，在打好基础上进行拓展与发散，为学生的深度学习创造条件，以发展学生核心素养。

2023 年广州中考第 24 题不仅仅考查了反比例函数、二次函数、平行四边形等的知识点，也重点考察了学生的抽象能力、推理能力、模型观念、几何直观和运算能力，这些能力是初中数学核心素养的主要表现。数学核心素养是在教学过程中逐步形成和发展的，其中模型观念的形成更离不开新授课和复习课的教学过程。因此在平时新授课和中考复习的解题教学过程中均不应该只关注学生对知识的掌握，更应该立足于学生核心素养的发展。例如，在新授课的函数教学过程中，可以借助数学软件 GoeGebra 呈现函数图形，同时多让学生动手画图，以此来培养学生的几何直观，在求函数表达式时注意锻炼学生的运算能力，在将现实问题转化为函数问题时注意锻炼学生的抽象能力与模型观念，在整个函数的解题过程中应注意锻炼学生的推理能力等。

关于直观想象和合情推理，波利亚曾指出："数学家的创造性工作成果是论证推理，即证明，但是这个证明是通过合情推理，通过猜想而发现的。"所以，不论在新授课中，还是在中考复习课中，教师都要巧妙创设问题情景，充分利用 GeoGebra 软件其独特的代数区与几何区，可以在数与形的转换上快速操作，具有可视化、动态性和直观性等优势，调动起学生学习的积极性，鼓励学生"动手做实验"，鼓励学生去"猜想"，并给学生充分思考和探索的空间，由"维持性"的学习转变为"创新性"的学习，力争在教学中，让学生有所发现。

历年广州中考的函数压轴题往往"不给图"，要求学生"无图想图""无图画图",会给缺少直观想象能力和理性思维能力的学生产生巨大压力,感觉这题难度很大,从而失去解题的信心与耐心。具有较强直观想象能力和理性思维的学生可以很快提取题干中的有效信息,并且有理有据一步一步得到答案。所以说直观想象能力和理性思维在学习与生活中都很重要,需要教师在教学过程中潜移默化地培养。在教学过程中,教师除了可以指导学生进行直观想象能力和推理证明题的训练之外,还可以通过改编题目、设置题组、变式训练、设置开放型题目等方式,锻炼学生的思维能力,要注意打破学生的惯性思维,锻炼学生思维的灵活性和敏捷性。

当然,GeoGebra 软件画图尽管精确,能动态演示,但是对于目前的学生而言,脱离电脑或其他工具能绘制比较准确的图像,会做题,能拿分,是归宿点也是落脚点,软件演示起到的是"看见不可见"的作用。重要的是,拓展探究做数学实验,发现规律并激发学生的数学学习兴趣,这才是数学软件真正发挥作用的地方,也是魅力所在。

有些观点认为,中考复习都应该采用"模拟仿真"的解题教学,让学生逐个套题的训练,导致不少的解题教学往往停留在"就题解题"或者"解一题丢一题",师与生没有时间去"回顾反思",也不知道如何通过"回顾反思"来提出新的问题并进而产生新的发现,也有观点认为实验探究教学应该开始在起始课、新授课中,中考复习剩下的只有不断地"刷题",师生在人为制造的考试压力下出现"不敢反思""无时间反思""无力反思"等现象。

但是,众多的学习解题经验表明,在自觉反思中,分析典型例题的解题过程是学会解题的有效途径,通过反思回顾,可以通过有限道题,领悟解无限道题的智慧。为了让自觉的变式提问、回顾反思更有成效,笔者建议利用动态作图软件 GeoGebra 作为重要的实验工具,把问题的图形准确地绘制出来,利用角度或数值滑动条进行一般化的探究,创设能让师生做出引申、推广和提出猜想的机会,创造条件让学生寻找到数学问题与其他问题之间的广泛联系,实现真正的深度教学和深度学习。

6.4　融合案例3：让学习可见，让思维发生——以2022年广州市中考第25题的探究为例

如图6-4-1所示，在菱形 $ABCD$ 中，$\angle BAD = 120°$，$AB = 6$，连接 BD。

（1）求 BD 的长。

（2）点 E 为线段 BD 上一动点（不与点 B，D 重合），点 F 在边 AD 上，且 $BE = \sqrt{3} DF$。

①当 $CE \perp AB$ 时，求四边形 $ABEF$ 的面积；

②当四边形 $ABEF$ 的面积取得最小值时，$CE + \sqrt{3} CF$ 的值是否也最小？如果是，求 $CE + \sqrt{3} CF$ 的最小值，如果不是，请说明理由。

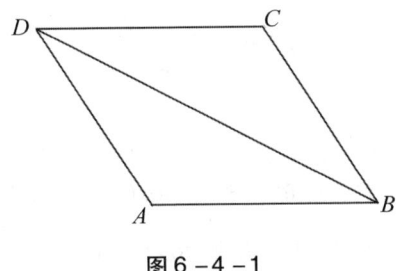

图6-4-1

步骤一　理解题目

本文只研究难度较大的第（2）②小问。

此问题意精炼，对于学生的难点在于点 E 是动点，并且在运动中保持 $BE = \sqrt{3} DF$。而出题者所给的图形并没有绘制出点 E、F，需要学生画图（图6-4-2），然后结合图形思考探究两个问题：

（1）四边形 $ABEF$ 的面积如何表示？

（2）如何求 $CE + \sqrt{3} CF$ 的最小值？

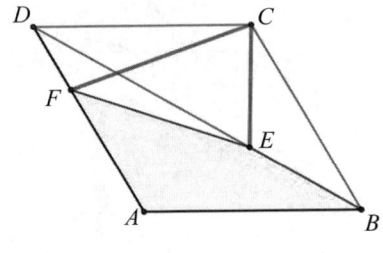

图6-4-2

当然，作为解题研究，自然想到问题（3）：把目标 $CE+\sqrt{3}CF$ 中的 $\sqrt{3}$ 修改为其他数值，或者一般化，即 $CE+aCF$，（a 为大于 0 的常数），还有最小或最大值吗？

对于上述的 3 个自主提出的问题，学生不要怕挫折，而是从题目的条件和结论双向分析。

学生在考场上要有先易后难的解题策略。

此处求四边形 $ABEF$ 的面积不会太难，优先考虑。

由条件 $\triangle ADB$ 为三边和三内角已知的三角形，要求四边形 $ABEF$ 的面积最小，可转化为求 $\triangle DEF$ 的面积最大，这样的好处在于不用求四边形的面积，减少运算量。

设 $DF=x$（$0<x<6$），则 $BE=\sqrt{3}DF=\sqrt{3}x$，由于 $BD=6\sqrt{3}$，所以 $DE=DB-BE=6\sqrt{3}-\sqrt{3}x$，所以 $S_{\triangle DEF}=\dfrac{1}{2}DF\cdot DE\cdot\sin 30°=\dfrac{3}{4}(6-x)x=-\dfrac{3}{4}(x-3)^2+\dfrac{27}{4}$。

当 $x=3$ 时，$S_{\triangle DEF}$ 最大，此时四边形 $ABEF$ 的面积最小，点 F 为 DA 的中点，由于 $BE=\sqrt{3}DF$，所以此时点 E 是 BD 的中点。

此题的难点在于 $CE+\sqrt{3}CF$ 的长，能否用 x 表示？

观察图 6-4-3，在 $\triangle DCF$ 中，$CD=6$，$DF=x$，$\angle CDF=60°$，所以根据余弦定理，CF 直接可以用 x 表示出来，同理，CF 在 $\triangle BCE$ 中，也可以用 x 表示，只是这个余弦定理的背景虽然提供了直接的思路，但超出了初中学生所学知识的范围。

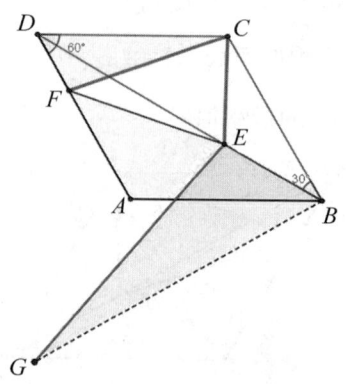

图 6-4-3

所以，此题的解决方案，应该转化 $\sqrt{3}\,CF$，即化曲为直。

那么如何转化呢？思路是构造相似三角形进行转化。

如图 6-4-4 所示，联系到条件 $BE=\sqrt{3}\,DF$，$\angle CDF=60°$，$\angle CBE=30°$，而且题目的菱形恰好隐含了 $BD=\sqrt{3}\,CD$，所以想要构造相似转化 $\sqrt{3}\,CF$，则过 B 点作 BC 的垂线，并截取 $BG=BD$，这样 $\triangle DCF \backsim \triangle BGE$（SAS），这样就有 $EG=\sqrt{3}\,CF$，问题即转化为求 $CE+EG$ 的最小值。

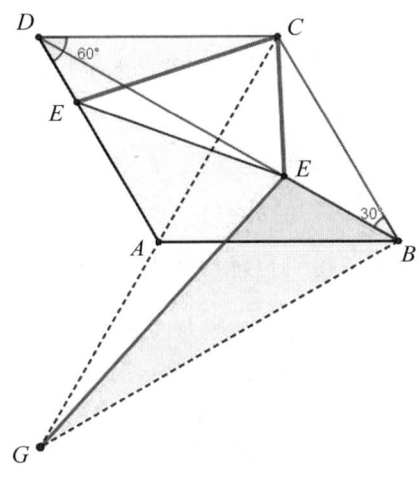

图 6-4-4

如图 6-4-4 所示，连接 CG，易证 CG 过 BD 的中点，

在 $\triangle CBG$ 中，利用勾股定理计算出 $CG=12$，即当且仅当 C、E、G 三点共线，即点 E 为 BD 的中点时，$CE+EG$ 最小。

这样原问题得到解决。

步骤二　制订方案

四边形 $ABEF$ 的面积最小时，E、F 皆为各边的中点，此时恰有 $CE \perp BD$，$CF \perp AD$，即 CE、CF 同时取得最小值，那么 $aCE+bCF$ 是否也取得最小值（自然包括 $CE+\sqrt{3}\,CF$）？

如果这个猜想成立，那么不需要上述构造相似的过程了。

在许多公众号的解法中，认为这是"天然"成立的。

这个猜想究竟是否成立呢？

由于这个问题已经从特殊推广到一般，对于学生的理解和证明都有一定的困难，结合 GeoGebra 软件有"最小值点"等优化指令，于是教师可以引导学生一起利用 GeoGebra 动手实验。

把上述猜想简化为：假设 λ 是大于 1 的任意正数，目标是探究 $CE + \lambda CF$ 什么时候最小，利用计算机检验（最小值点指令）。

实验步骤：

（1）利用基本工具和点的运算绘制出菱形 $ABCD$；

（2）创设滑动条 a，范围 0～1，增量 0.01；

（3）创设滑动条 λ，范围 1～3，增量 0.01；

（4）$E = B + a$ 单位向量 $(D - B)$，$F = D +$ 单位向量 $(A - D) a/\lambda$，（说明：目的是保证点 $BE = \lambda DF$）；

（5）$k =$ 线段 (C, E)，$l =$ 线段 (C, F)，$G =$ 中点 (D, B)，$H =$ 中点 (D, A)；

（6）指令栏输入 $k + \lambda l$，得到目标函数 b；

绘制的图形如图 6-4-5 所示。

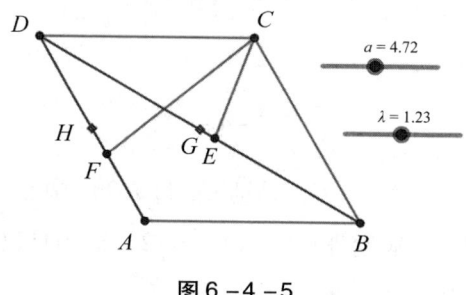

图 6-4-5

（7）创建一个按钮，按钮脚本为：赋值（a，复制自由对象（最小值点 (b, a)）），标题为"最小"，如图 6-4-6 所示。

第6章　关于GeoGebra软件和数学教学深度融合的思考

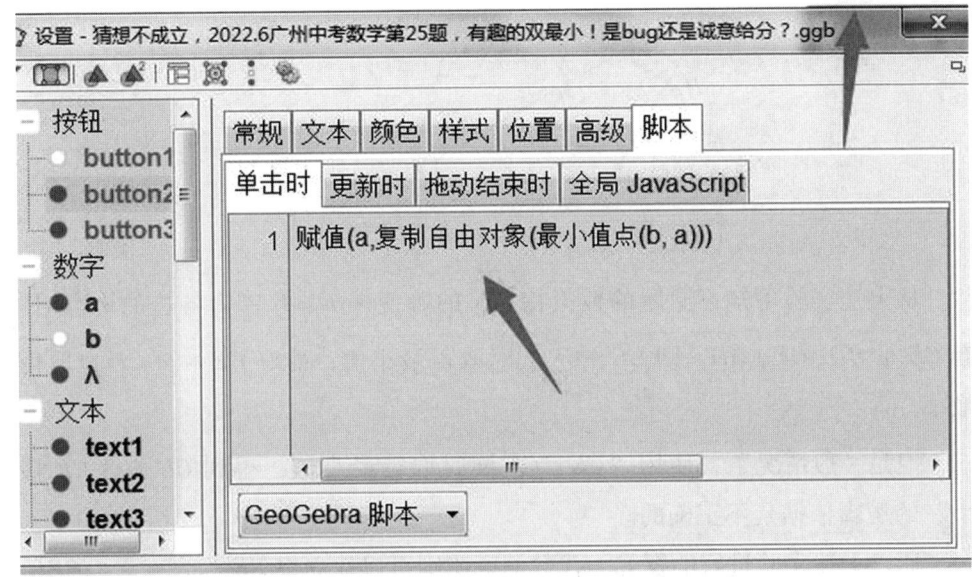

图6-4-6

如图6-4-7所示，把 λ 拉动到任意数值，然后拉动滑动条 a，观察数值 $b = k + \lambda l$ 的变化。

点击按钮"最小"，发现当数值 b 最小时，点 E 和点 F 一般不在相应边的中点上，即猜想并不成立。

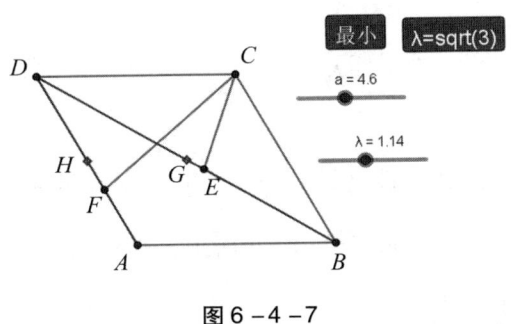

图6-4-7

（8）创建标题为"λ = sqrt（3）"的按钮，单击脚本为"赋值（λ，sqrt（3））"，点击该按钮，再点击"最小"按钮，发现此时的点 E、F 恰好是各边的中点。如图6-4-8所示。

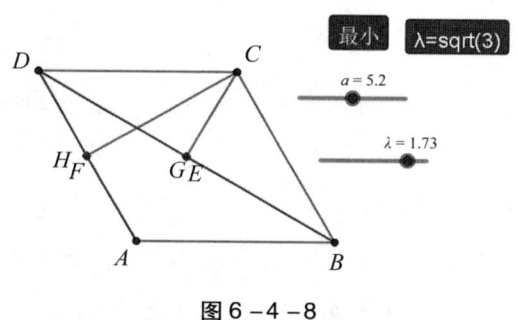

图 6-4-8

从上述实验可知，原题的数值特点，的确使得 E、F 皆为各边的中点时，有 $CE \perp BD$，$CF \perp AD$，即 CE、CF 同时取得最小值，恰好 $CE + \sqrt{3} CF$ 也取得最小。

但是一般情况下，使用"CE、CF 同时取得最小值，得到 $CE + \sqrt{3} CF$ 最小"的逻辑依据是不正确的。

通过上述实验进行的探究，代数的证明则可以建立以 BE 为自变量、$CE + \sqrt{3} CF$ 为目标的函数，利用导函数的知识进行一般化的证明，有兴趣的老师或同学可以尝试。

步骤三　回顾反思

从上述解析过程可知，四边形 $ABEF$ 的面积相对容易处理，难点在于如何求解 $CE + \sqrt{3} CF$ 的最小值。除了上述的方法外，还可以对 $CE + \sqrt{3} CF$ 做出变形，得到解法 2。

【解法 2】$CE + \sqrt{3} CF = \sqrt{3} \left(\dfrac{1}{\sqrt{3}} CE + CF \right)$，问题转化为求 $\dfrac{1}{\sqrt{3}} CE + CF$ 的最小值。

考虑到此题菱形的特殊性（即 $\angle CBA = 30°$，$\angle CDA = 60°$），所以作 $DG \perp CD$，并且 $DG = \dfrac{6}{\sqrt{3}} = 2\sqrt{3}$，如图 6-4-9 所示，则易知 $\triangle BCE \backsim \triangle DFG$（SAS），所以 $FG = \dfrac{1}{\sqrt{3}} CE$。

这样 $\dfrac{1}{\sqrt{3}} CE + CF = CF + FG$，当且仅当 C，F，G 三点共线时，$CF + FG$ 取得最小。

连接 CG 交 AD 于点 P，在 $Rt\triangle DPG$ 中，可求出 $DP=3$，即点 P 为 AD 的中点，所以当点 F 位于 AD 中点 P 时，$CF+FG$ 取得最小，这样和四边形 $ABEF$ 的面积取得最小时的位置是一样的。

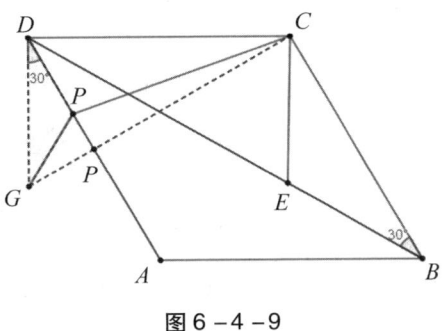

图 6-4-9

【解法 3】继续处理如何求解 $CE+\sqrt{3}\,CF$ 的最小值，除了解法 1 外，还有其他方法构造 $\sqrt{3}\,CF$ 的线段吗？

可以构造顶角为 120 的等腰三角形转化 $\sqrt{3}$。

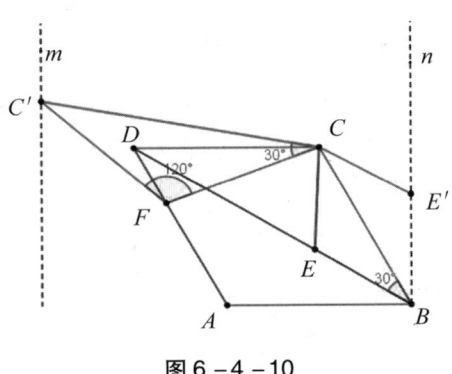

图 6-4-10

如图 6-4-10 所示，以 CF 为边构造等腰 $\triangle CC'F$，且 $\angle CFC'=120°$，作点 E 关于 BC 的对称点 E'。

当点 F 在边 AD 上运动时，点 C' 在与 CD 垂直的直线 m 上运动；

当点 E 在边 BD 上运动时，点 E' 在与 CD 垂直的直线 n 上运动。

显然 $m//n$。

因为 $FC=FC'$，$\angle CFC'=120°$，所以 $CC'=\sqrt{3}\,CF$，并且易证 $CE=CE'$，所以 $CE+\sqrt{3}\,CF=CC'+CE'$，当且仅当 C、C'、E' 三点共线时，$CC'+CE'$ 取得最小，如图 6-4-11 所示。

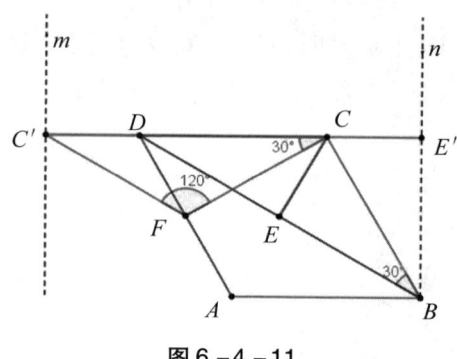

图 6-4-11

下面可以通过锐角三角函数的知识论证此时点 F 为 AD 的中点，此处略。

从此题的结构来看，题目顶角 60°的菱形蕴含的 $\sqrt{3}$ 和条件所给的 $BE = \sqrt{3} DF$，这两者应该有必然的联系。所以，可以抽象出一般的模型。

模型特点：①存在双动点；②两动点到两定点之间距离成定比。

模型解决方法：

（1）选定一个动点构造相似三角形将双动点问题转化为单动点。

（2）借助最短路径模型求解出最小值。

变式 1：如图 6-4-12，在正方形 $ABCD$ 中，$AB = 2$，E、F 分别为 AB、BC 上的点，$BE = BF$，则 $AF + DE$ 的最小值为多少？

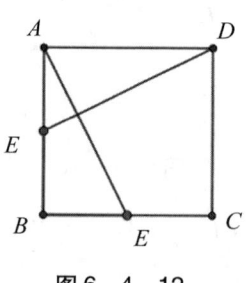

图 6-4-12

变式 2：如图 6-4-13，已知 $BC \perp AB$，$BC = AB = 3$，E 为 BC 边上一动点，连接 AE，D 点在 AB 延长线上，且 $CE = 2BD$，则 $AE + 2CD$ 的最小值。

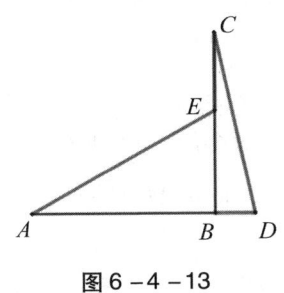

图 6-4-13

变式3：如图6-4-14，等腰 Rt△ABC 中，斜边 $BC=2$，点 D、E 分别为线段 AB 和 BC 上的动点，$BE=\sqrt{2}\,AD$，求 $AE+\sqrt{2}\,CD$ 的最小值。

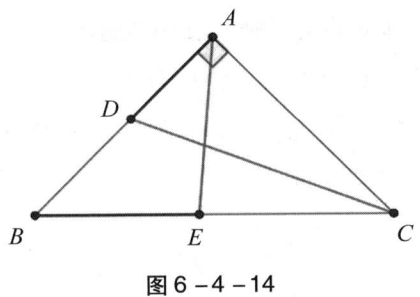

图 6-4-14

这3题的解决方法可在笔者的公众号、历史文章、搜索"逆等线"查到。

数学作为一门研究数量关系与空间形式的科学，数与形是其研究的两个重要对象。GeoGebra 同时具备处理数与形问题的功能，教师恰当地运用 GeoGebra 可使数学问题直观化、动态化，引导学生在可视化的环境下用数学眼光观察世界。

充分广度是指教材知识的背景与"知识背景图"，激发知识学习的兴趣和动力。在本文的案例中，笔者精选了2022年的中考真题（所选问题有动态变化的因素），引导学生在 GeoGebra 平台上进行提出问题和实验操作，师生一起不断地经历直观感知、观察发现、归纳类比、抽象概括、演绎证明、反思与构建等思维过程，激发探究的兴趣。

充分深度是指教材知识的概念、观念、思想、方法，促进知识结构化向知识观念化进阶，构造"知识的全景图"，此题作为中考压轴题，涉及菱形、等边三角形、相似、面积计算等多方面的知识，通过变式追问，引发更多更深入的思考，在实验中探究，在"做中学"，促进学生对于多个知识的理解。

充分关联度是教材知识与学生经验、社会生产和社会生活实际,以及历史文化和学生想象的联系,构造"知识的动态图"。对于数学解题而言,此例我们以 2022 年广州中考第 25 题为母题,衍生出多种变式,从多个角度思考问题,通过回顾和反思,探究一题多解,提出变式问题,从特殊到一般化进行探究,达到举一反三、触类旁通、脱离题海的目的。

6.5 融合案例 4:借助信息技术(GeoGebra)探究一道高考模拟题的曲折过程

(1)问题提出

在某个高中数学教师群的吴老师通过拍照给出了一个动点的轨迹问题。如图 6-5-1 所示,矩形 $ABCD$ 中,E 为边 AD 上的动点,将 $\triangle ABE$ 沿直线 BE 翻转成 $\triangle A_1BE$,使平面 $A_1BE \perp$ 平面 $ABCD$,则点 A_1 的轨迹是(　　)。

A. 线段　　　B. 圆弧

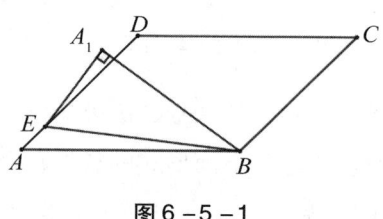

图 6-5-1

按照常规选择题的设置,应该是四个选项的,但是该老师只拍了两个选项。

吴老师提出,这题涉及到主动点引起的被动点运动的轨迹,学生比较难想象,在传统的教学中,教师只能利用黑板和粉笔图形尝试将轨迹画出来,但所绘制的"草图"比较粗糙,不但没有足够的趣味性,也无法让学生在直观的观察中获得深刻认知。GeoGebra 是亚特兰大大学数学教授设计的一款开放源代码软件,能同时显示代数关系和几何图形,揭示数学各要素之间复杂动态的逻辑关系,直观地、动态地呈现图形变化。此题能否利用动态数学软件 GeoGebra 演示呢?答案是可以!借助 GeoGebra 辅助教学,能够提供探索实验的环境,渗透猜想与验证思想,展示几何元素的动态生成过程,引导学生领悟知识本质,提升数形结合能力,下面展示探究的曲折过程。

用 GeoGebra 软件制作过程:

不妨假设矩形的长为 2,宽为 1.5,打开 3D 绘图区,利用多边形工具绘制出矩形 ABCD,利用多边形工具得到 △AEB,代数区显示为:t1 = 多边形 (B,E,A),然后建立数值滑动条 e,范围选择为 0~1,增量为 0.01,利用指令:E = 描点(线段(A,D),e),得到受滑动条 e 控制的动点 E,再利用指令:A_1 = 旋转(A,(-π)/2,线段(E,B)),即得到目标点 A_1,最后利用指令:loc1 = 轨迹(A_1,e),即可以绘制出点 $A\_\{1\}$ 的轨迹,如图 6-5-2 所示。

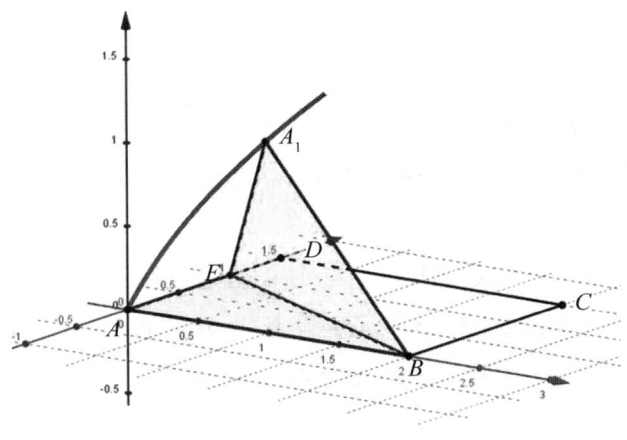

图 6-5-2

拉动滑动条 e,得到点 E 的动态运动图,变换 3D 图形的观察视角,发现点 A_1 的轨迹看起来"挺像"一个圆弧。

而拍的题目不全,只有两个选项,此题似乎应选择 B,即圆弧。

这个猜想是否正确呢?

笔者进一步思考,如果是圆弧,那么此圆的圆心和半径是多少?

由旋转的边长不变性可知,如果是圆弧,该圆的圆心为点 B,半径为 BA,利用 GeoGebra 软件的圆周指令,得到效果如图 6-5-3 所示。

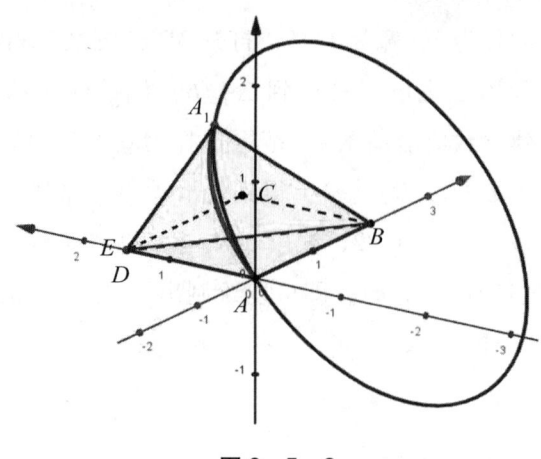

图 6-5-3

发现点 A_1 的轨迹和圆并不重合。

问题出现在哪里呢？难道 GeoGebra 的轨迹指令有误差？

应该把点 A_1 的轨迹方程尝试求出来。

利用空间解析几何的数学知识，点 A_1 的轨迹方程推导过程如下。

如图 6-5-4 和图 6-5-5 所示，设点 A_1 在平面 XOY 的射影为点 G，线段 AB 的中点为 O，设 $\angle ABE = \theta$，则 $\angle AOG = 2\theta$，作 $GM \perp AD$ 于 M，$GN \perp AB$ 于 N，则 $\angle GON = 2\theta$。

所以 $x_G = OA - ON = 1 - \cos2\theta$，$y_G = GN = \sin2\theta$，又 $A_1G = AG = 2\sin\theta$，所以 $A_1(1 - \cos2\theta, \sin2\theta, 2\sin\theta)$。

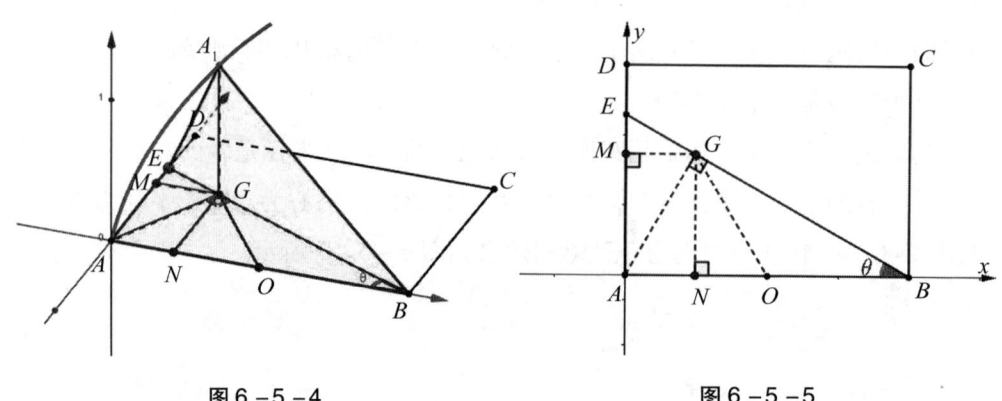

图 6-5-4　　　　　　图 6-5-5

即点 A_1 的轨迹就可以用曲线指令绘制，即指令：
曲线 $(1-\cos(2t),\sin(2t),2\sin(t),t,0,\pi)$
效果如图 6-5-6 所示。

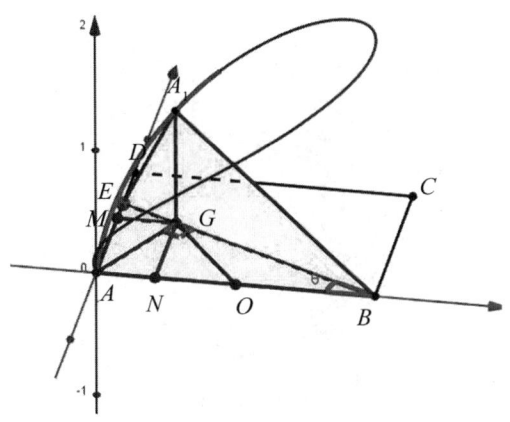

图 6-5-6

这个曲线看起来非常"奇特"。

如果改变参数 t 的范围，则：曲线 $(1-\cos(2t),\sin(2t),2\sin(t),t,-\pi,\pi)$，得到的是如图 6-5-7 所示"美丽"的曲线！

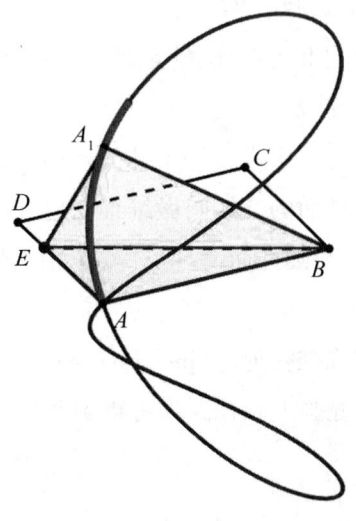

图 6-5-7

再以点 B 为圆心，BA 为半径画球，得到效果如图 6-5-8 所示。

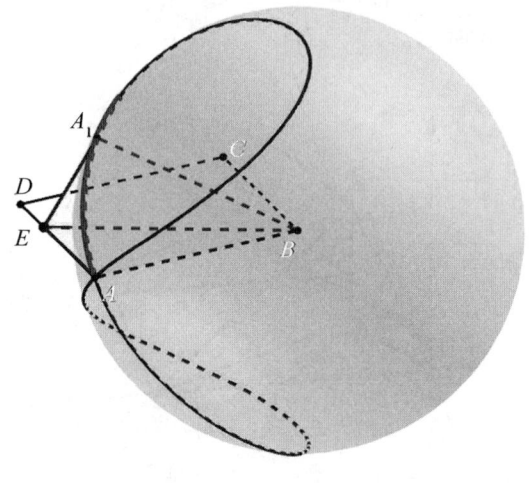

图 6-5-8

发现点 A_1 的轨迹在这个球面上，不是一个平面的圆，所以不能选 B。

这是"双纽线"吗？

双纽线也称伯努利双纽线，它的定义为：设定线段 AB 长度为 $2a$，动点 M 满足 $MA \cdot MB = a^2$，那么 M 的轨迹称为双纽线。

所以上述点 A_1 的轨迹并不是双纽线。那这个轨迹究竟是什么呢？难道可以起个名字，就叫"空间双纽线"？

很快有老师指出，此题上述点 A_1 的是现行的初高中教材上暂时还没有编入的维维安尼（Viviani）曲线。

一个半径为 a 的球面与一个直径等于球的半径的圆柱面，如果圆柱面通过球心，那么这时球面与圆柱面的交线叫做维维安尼（Viviani）曲线。

球面 $x^2 + y^2 + z^2 = a^2$ 与圆柱面 $x^2 + y^2 = ax$ 相交的曲线称为维维安尼曲线（Viviani's curve）。

它是以意大利数学家维维安尼（Vincenzo Viviani）的名字命名的曲线。

所以在图 6-5-8 补充画上圆柱，即可得到效果如图 6-5-9 所示。

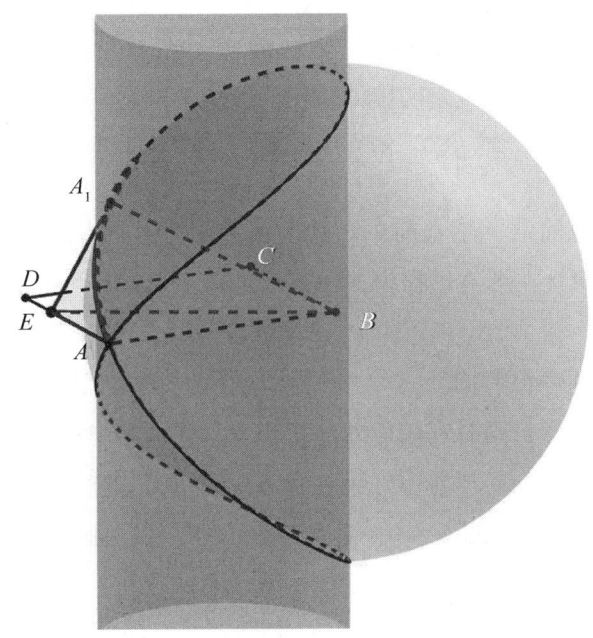

图 6-5-9

用 GeoGebra 软件画得真漂亮！

6.6 融合案例 5：始于直观想象，终于逻辑推理——以 2022 年全国新高考 Ⅰ 卷第 8 题为例

2022 年全国新高考数学 Ⅰ 卷立体几何试题涵盖了数学试题中的单选题、多选题、解答题。8 道单选题中就包含 2 道立体几何题，3 道小题，打破了"一大两小"的传统安排。在所占分值方面，往年大多数年份高考数学试卷中的立体几何试题一般为 22 分，占全卷总分的 15% 左右。2022 年则"3 小 1 大"共 27 分，占比 18%，比往年有所提升。

其中第 8 题表面上考立体几何，实际上以棱锥的外接球为背景，综合考查了立体几何、函数与导数、函数与不等式等多个知识，解决过程中学生需要空间问题平面化、几何问题数量化，考查学生的直观想象、逻辑推理和数学运算素养，突出对转化与化归的数学思想的要求，体现了一定的创新导向。

（1）理解题目

已知正四棱锥的侧棱长为 l，其各顶点都在同一球面上。若该球的体积为 36π，且 $3 \leqslant l \leqslant 3\sqrt{3}$，则该正四棱锥体积的取值范围是（　　）。

A. $\left[18, \dfrac{81}{4}\right]$　　　　B. $\left[\dfrac{27}{4}, \dfrac{81}{4}\right]$　　　　C. $\left[\dfrac{27}{4}, \dfrac{64}{3}\right]$　　　　D. $[18, 27]$

初看此题题意简洁，感觉简单，其实很容易犯"在端点处取得最值"的错误而误选 B，而且在解决过程中，在方法选择方面，有可能难倒了相当一部分学生。

第一步：此题"没有图"，学生需要"无图想图，无图画图"，即需要先画出图形，理解题意，同时利用球的体积公式，先求出半径 R。

在考场的草稿纸上，球并不好画（图 6-6-1），但实际上此题并不需要把球绘制出来，画出如图 6-6-2 所示的图即可。由球的体积公式 $V = \dfrac{4}{3}\pi R^3$，求出球的半径 $R = 3$。

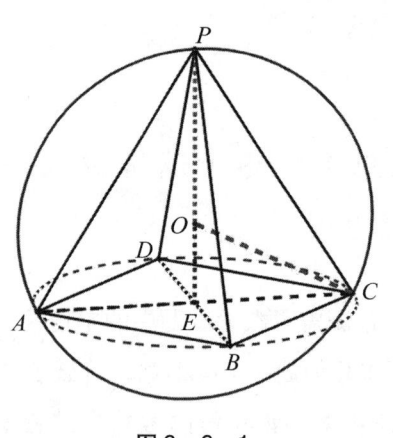

图 6-6-1

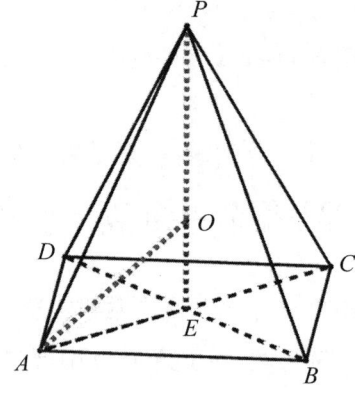

图 6-6-2

第二步：求出正四棱锥体积，此题求体积过程中，本来有多个变量，但最后可以把体积统一为关于某个变量的函数，方便我们选用导数或者不等式的方法求最值。关键是选择什么作为最终的变量，此题最终的变量可以选择侧棱长，或者高，或者高与侧棱的夹角，下面给出 4 个方法，作为学习的资料，同时做出对比优化。

(2) 一题多解

【方法1】（统一为高 h）：如图 6-6-1 所示，正四棱锥 $P-ABCD$ 各顶点都在同一球面上，连接 AC 与 BD 交于点 E，连接 PE，则球心 O 在直线 PE 上，连接 OA。

设正四棱锥的底面边长为 a，高为 h，

在 $Rt\triangle PAE$ 中，$PA^2 = AE^2 + PE^2$，即 $l^2 = \left(\dfrac{\sqrt{2}a}{2}\right)^2 + h^2 = \dfrac{1}{2}a^2 + h^2$，

∵ 球 O 的体积为 36π，∴ 球 O 的半径 $R = 3$。

在 $Rt\triangle OAE$ 中，$OA^2 = OE^2 + AE^2$，即 $R^2 = (h-3)^2 + \left(\dfrac{\sqrt{2}a}{2}\right)^2$，

∴ $\dfrac{1}{2}a^2 + h^2 - 6h = 0$，∴ $\dfrac{1}{2}a^2 + h^2 = 6h$，

∴ $l^2 = 6h$，又 ∵ $3 \leqslant l \leqslant 3\sqrt{3}$，∴ $\dfrac{3}{2} \leqslant h \leqslant \dfrac{9}{2}$，

∴ 该正四棱锥体积 $V(h) = \dfrac{1}{3}a^2 h = \dfrac{1}{3}(12h - 2h^2)h = -\dfrac{2}{3}h^3 + 4h^2$，

∵ $V'(h) = -2h^2 + 8h = 2h(4-h)$，

∴ 当 $\dfrac{3}{2} \leqslant h < 4$ 时，$V'(h) > 0$，$V(h)$ 单调递增；当 $4 < h \leqslant \dfrac{9}{2}$ 时，$V'(h) < 0$，$V(h)$ 单调递减，

∴ $V(h)_{max} = V(4) = \dfrac{64}{3}$，

又 ∵ $V\left(\dfrac{3}{2}\right) = \dfrac{27}{4}$，$V\left(\dfrac{9}{2}\right) = \dfrac{81}{4}$，且 $\dfrac{27}{4} < \dfrac{81}{4}$，

∴ $\dfrac{27}{4} \leqslant V(h) \leqslant \dfrac{64}{3}$。

即该正四棱锥体积的取值范围是 $\left[\dfrac{27}{4}, \dfrac{64}{3}\right]$，故选 C。

【方法2】（统一为侧棱长 l）：由球的体积为 36π，得球的半径 $R=3$。

设正四棱锥的底面边长为 a，高为 h，则 $h^2 = l^2 - \dfrac{1}{2}a^2$，$R^2 = (h-R)^2 + \dfrac{1}{2}a^2(h-R)^2 + \dfrac{1}{2}a^2$，解得 $h = \dfrac{l^2}{2R} = \dfrac{l^2}{6}$，$a^2 = 2l^2 - \dfrac{l^4}{18}$，于是正四棱锥的体积

$V = \dfrac{1}{3}a^2h = \dfrac{l^2}{18}\left(2l^2 - \dfrac{l^4}{18}\right)$，设 $x = l^2 \in [9, 27]$，则 $V = \dfrac{1}{18}\left(2x^2 - \dfrac{1}{18}x^3\right)$，求导得 $V' = \dfrac{1}{18}\left(4x - \dfrac{1}{6}x^2\right)\dfrac{1}{9}\left(2x - \dfrac{1}{12}x^2\right)$，由 $V' > 0$ 得 $9 \leqslant x < 24$，由 $V' < 0$ 得 $24 < x \leqslant 27$，故 V 在 $[9,24]$ 上增，在 $[24, 27]$ 上减，当 $x = 24$ 时 V 取最大值 $\dfrac{64}{3}$，当 $x = 9$ 时，V 取最小值 $\dfrac{27}{4}$，V 的取值范围是 $\left[\dfrac{27}{4}, \dfrac{64}{3}\right]$。

【方法3】（统一为侧棱和高的夹角 θ），如图 6-6-所示 3，由球体积得 $R = 3$。所以 $OP = OC = 3$。设 $\angle EPC = \theta$，则在三角形 OPC 中，由余弦定理，$\cos\theta = \dfrac{3^2 + l^2 - 3^2}{2 \times 3l} = \dfrac{l}{6}$，

因为 $3 \leqslant l \leqslant 3\sqrt{3}$，所以 $\dfrac{l}{6} \in \left[\dfrac{1}{2}, \dfrac{\sqrt{3}}{2}\right]$，即有 $\theta \in \left[\dfrac{\pi}{6}, \dfrac{\pi}{3}\right]$，

$BD = AC = 2EC = 2l\sin\theta = 12\sin\theta\cos\theta$，$PE = l\cos\theta = 6\cos^2\theta$，

所以 $V = \dfrac{1}{3} \times \dfrac{1}{2}AC \times BD \times h = 144(\sin\theta\cos^2\theta)^2$，

设 $y = \sin\theta\cos^2\theta = \sin\theta - \sin^3\theta$，$\theta \in \left[\dfrac{\pi}{6}, \dfrac{\pi}{3}\right]$，

设 $x = \sin\theta$，$y = -x^3 + x$，$x \in \left[\dfrac{1}{2}, \dfrac{\sqrt{3}}{2}\right]$，

$y' = -3x^2 + 1$，

令 $y' > 0$，求得 $x \in \left[\dfrac{1}{2}, \dfrac{\sqrt{3}}{3}\right)$，此时函数单调递增，

令 $y' < 0$，求得 $x \in \left(\dfrac{\sqrt{3}}{3}, \dfrac{\sqrt{3}}{2}\right]$，此时函数单调递减，

所以 $y_{\max} = -\left(\dfrac{\sqrt{3}}{3}\right)^3 + \dfrac{\sqrt{3}}{3} = \dfrac{2\sqrt{3}}{9}$，

$V_{\max} = 144 \times \left(\dfrac{2\sqrt{3}}{9}\right)^2 = \dfrac{64}{3}$，

$y_{\min} = \min\left\{\left(\dfrac{1}{2}\right)^3 + \dfrac{1}{2}, -\left(\dfrac{\sqrt{3}}{2}\right)^3 + \dfrac{\sqrt{3}}{2}\right\} = \dfrac{\sqrt{3}}{8}$，

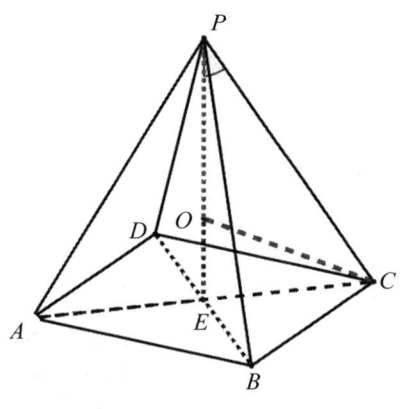

图 6-6-3

【方法4】（运用三元基本不等式+边界值求解）

同方法2，函数变量统一为侧棱 l 之后，$V = \frac{1}{3} \cdot (2a)^2 \cdot h = \frac{2}{3} \cdot 2a^2 \cdot h = \frac{l^4(36-l^2)}{324}$

由条件易得 $l^2 \in [9, 27]$，

$\frac{l^4(36-l^2)}{324} = \frac{l^2 \cdot l^2 \cdot (72-2l^2)}{648} \leq \frac{24^3}{648} = \frac{64}{3}$，

又当 $l^2 = 9$ 时，$V = \frac{27}{4}$，$l^2 = 27$ 时，$V = \frac{81}{4}$。

所以 V 的取值范围是 $\left[\frac{27}{4}, \frac{64}{3}\right]$。

（3）回顾反思。

本题将空间几何体与函数、基本不等式进行综合，要求学生能恰当引入自变量建立函数关系，并能应用基本不等式或导数求最值，综合考查直观想象、数学建模、运算求解等关键能力，要求考生在解题时更多地关注数学内容的联系性与综合性，重视模型的应用与结果的估算，注重解题过程中数学思想（如数形结合思想、等价转换思想、方程思想与元思想）的运用。

（4）问题拓展。

原题的背景是四棱锥，如果修改为三棱锥、五棱锥、六棱锥等其他情况呢？

利用动态软件 GeoGebra 可以创建一个整数滑动条，对此类问题进行一般化研究。

如图6-6-4至图6-6-6所示。

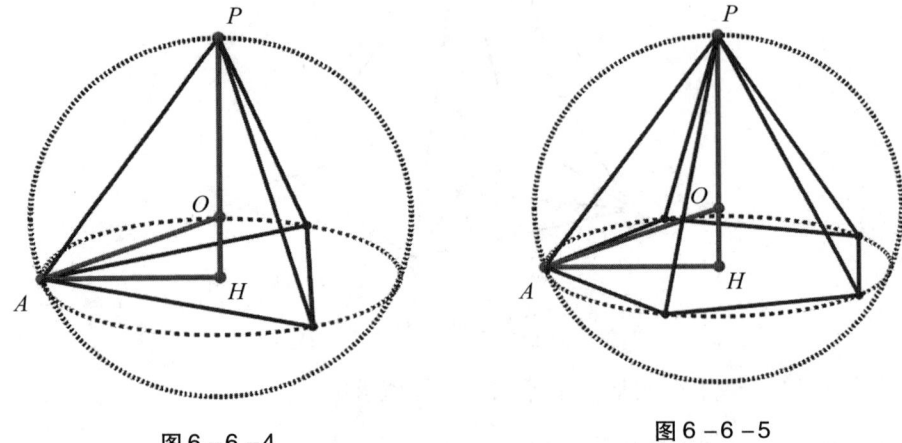

图6-6-4　　　　　　　　　图6-6-5

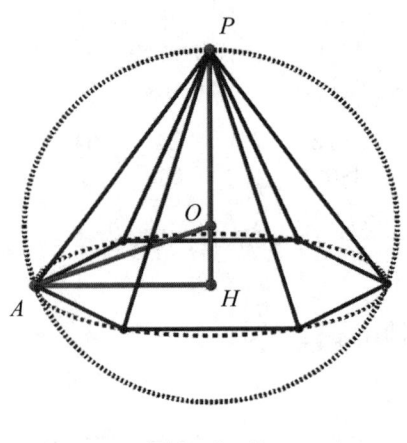

图6-6-6

解决的方法类似四棱锥，以如三棱锥的背景为例，此时最大值为$8\sqrt{3}$，大家可以作为练习尝试。

参 考 文 献

[1] 中华人民共和国教育部. 义务教育数学课程标准（2022年版）[M]. 北京：北京师范大学出版社，2022.

[2] 中华人民共和国教育部. 普通高中数学课程标准（2017年版2020年修订）[M]. 北京：人民教育出版社，2020.

[3] 张景中. 点几何纲要[J]. 高等数学研究，2018，21（1）：1-8.

[4] 郭华. 深度学习及其意义[J]. 课程·教材·教法，2016，36（11）：25-32.

[5] 马云鹏. 深度学习的理解与实践模式：以小学数学学科为例[J]. 课程·教材·教法，2017，37（4）：60-67.

[6] 郑毓信. "数学深度教学"的理论与实践[J]. 数学教育学报，2019，28（5）：24-32.

[7] 汤明清，李善良. 核心素养视角下数学深度教学的策略研究[J]. 中小学教师培训，2018（10）：48-51.

[8] 朱立明，冯用军，马云鹏. 论深度学习的教学逻辑[J]. 教育科学，2019，35（3）：14-20.

[9] 华志远. 在深度学习中构建数学核心素养[J]. 中国数学教育（高中版），2017（5）：2-4，9.

[10] 加涅. 学习的条件和教学论[M]. 皮连生，王映学，郑藏，等译. 上海：华东师范大学出版社，1999.

[11] 波利亚. 数学的发现：对解题的理解、研究和讲授（第一卷）[M]. 欧阳绛，译. 北京：科学出版社，1982.

[12] 谭国华. 高中数学解题课型及其教学设计[J]. 中学数学研究（华南师范大学版），2013（15）：12-16.

[13] 郭元祥. 论深度教学：源起、基础与理念[J]. 教育研究与实验，2017（3）：1-11.

[14] 郭元祥.“深度教学”：指向学科育人的教学改革实验［J］.中小学管理，2021（5）：18-21.

[15] 李文革.解读《义务教育数学课程标准（2011年版）》［J］.数学教学，2012（8）：6-8，32.

[16] 张志勇.高中数学可视化教学：原则、途径与策略：基于GeoGebra平台［J］.数学通报，2018，57（7）：21-24，28.

[17] 吴华，周鸣.GeoGebra环境下基于APOS理论的数学概念教学研究：以导数概念为例［J］.数学教育学报，2013（2）：87-90.

[18] 杨芳，杨浩苑.运用Hawgent动态数学软件优化教学：以"正弦函数的图象"为例［J］.长治学院学报，2020，37（2）：60-63.

[19] 张志勇，罗建宇.点几何理论与GeoGebra实践［J］.数学通报，2020，59（5）：54-58.

[20] 周李晓.基于GeoGebra设计与实现椭圆可视化动态课件［J］.中小学数字化教学，2021（9）：55-58.

[21] 左晓明，田艳丽，负超.基于GeoGebra的数学教学全过程优化研究［J］.数学教育学报，2010，19（1）：99-102.

[22] 伍春兰，李红云.基于GeoGebra的数学探究学习的实践与思考：以探究四边形全等条件为例［J］.数学通报，2018，57（7）：25-28.

[23] 陈晓娣.GeoGebra软件与人教数字教材融合：缘起、功能与展望［J］.中小学数字化教学，2022（12）：62-66.

[24] 章建跃.课程改革呼唤数学实验［J］.江苏教育（中学教学版），2017（27）：18.

[25] 曹一鸣.数学实验教学模式探究［J］.课程·教材·教法，2003，23（1）：46-48.

后 记

"可可托海的牧羊人"的故事和 GeoGebra 软件案例学习

2021 年央视春晚的第 25 个节目，歌手王琪奉献唱了一首精彩的《可可托海的牧羊人》歌曲，现在各大网络平台仍有这首歌传唱。

一首好的歌，内容往往不是空洞无物的，而是隐含着一个故事，让人感受其中的故事情节，如此才能打动人。同样，一节好的课，一个好的 GeoGebra 作品，最好也能演绎一个故事（或情境）或包含一个精彩的问题或能形成一个良好的案例。

实际上，学习 GeoGebra 软件和学习数学等学科的方法类似，需要在"案例"（或故事）中学习。

在案例（情境）中，需要设置问题，因为学起于疑，没有疑问，没有自己提出的问题，就没有自己的思考。真实情境的问题，才是引发思考的第一动力。所以，笔者的文章非常重视提出问题，争取提出有价值的数学问题。

当然，对于教学的案例，要结合学生的认知起点，所提的问题最好能"低起点，缓坡度"，形成问题链——关于问题链设计的教学，目前有相当丰富的研究成果可供学习和使用。

笔者的教学中也非常重视一题多解，这是培养学生思维创新力的方法之一。即一个问题的解法往往是多样的，对比不同的解法，找出优化的方法，并且抽象推广，这就是学好数学、学好 GeoGebra 的途径之一。

在学习和使用 GeoGebra 软件的过程中，笔者深深感受到 GeoGebra 软件的好"玩"之处，不仅仅在于其技术本身，更在于它代表了数学的好"玩"，在基于 GeoGebra 平台的信息技术世界里，我们可以深入地探究数学的奥秘，思考数学的逻辑，从而获得无尽的乐趣。这种感觉就像是在一个巨大的迷宫中寻找出口，每一步都充满了挑战和惊喜。

GeoGebra 作为免费、轻量级的动态数学软件，是构建数学实验的良好平台，正确使用能让数学教育从"解题训练场"回归"思维生长地"。在数学实验教学中，争取让学生在问题中见天地、在探究中明真理、在内化中得智慧、在感悟中立品格，努力实现"考分提高"与"育人提质"的双向奔赴。

回顾自己学习和接触 GeoGebra 软件的经历，更多的是感谢！包括何小亚、吴有昌、李样明、费伦孟、肖建伟、孟宝兴、唐大仕、张志勇、白金强、赵林、萧茂若、杨磊、文海平、孙生富、刘玉平、朱安强、唐家军、潘立强、金晓亮、万述波、陈晓、宋书华、李静依、陈品德、俞海波、苏洪雨、谭枫、刘喆、王喜建、彭上观、刘永东、吴坚、伍晓焰、彭海燕、李均强、吴和贵、陈永耀、罗晓斌、李平、顾明哲、张蜀青、庞新军、邓军民、霍锐泉、吴光潮、钟进均、邓铁文、苏国东、陈文阳、李大伟、周琼、刘玫、谢伯夷、黄丽君、古土城等老师（其中有不少是知名的专家、教授或正高级教师），还有笔者的名师工作室成员们。

感谢本校主管科研的领导和老师，感谢科组的每一位同事！

通过这几年的学习，我看到了 GeoGebra 无限的可能性，它一次次地突破我的认知范围。学无止境。